元華文創

公平交易法釋義一

限制競爭篇 ——— 范建得 著

完整追蹤我國公平交易法的立法與修法軌跡以利使用者查考

以兼顧法律專業及法學教育需求之理念來撰寫冀滿足多元要求

透過數位發行以利持續而即時且符合成本效益的更新

自 序

　　自 1989 年以來，在前東吳大學校長章孝慈教授、法學院院長成永裕教授，以及一路扶持我的李文儀教授照護下，有幸在東吳開啟了自己的教師生涯；這其中執教鞭是為老師，伏案著作是為學者，但更多的是感到教授作為社會公共財的啟發與挑戰。如今，在轉至清華大學參與科技法律所的創建迄今，超過 30 多年的杏壇生涯，究竟為師為學者之人應如何自許？仍然令人沉思反省！而迅速盤點自己的學術過往，應是參與公平交易法制度化的點點滴滴，佔據了自己大半的學術生涯，也最令人難忘。

　　始自王澤鑑與朱敬一兩位教授合辦的法律經濟分析研討會，初生之犢般的我，發表了企業結合的管制問題，也接受了當時廖義男教授的點評，這是生涯第一次學術研討會，既結下了和公平交易法的緣分，也開始參與公平交易委員會籌備、修訂公平法施行細則，並透過密集的演講與撰文邀請，深化了對公平交易體制的認識。這段時間，有幸和已故摯友，時任中興大學經濟系莊春發教授攜手，在幾乎每晚的法律與經濟對話過程，補強了自己在經濟分析領域的不足，並讓自己有信心在 1992 年於東吳開設了第一堂的公平交易法課程。

　　時光荏苒，期間經過多年公平會的委託以及和委員的合作研究，其中包括早年由王志綱主任委員延攬法律、經濟、財經專家針對不當贈品贈獎規範所作研議，後續時任公平會副主委蘇永欽教授主持的公平法除外規定之研究，以及廖義男教授卸下副主委職務後主持的公平法注釋研究，透過法學及跨領域大師的提點，

個人也逐漸能建構出自己所認為的臺灣公平法體系，並陸續參與了一些修法。

迨至個人轉往清華大學任教，並聚焦於科技法律領域之研究，也將公平交易法的關注移往了智慧財產、資通訊、生醫與能源環境等相關議題的探討，其中對於國際相關競爭法議題的快速發展，卻已逐漸感到力有未逮。千禧年應是一個關鍵轉捩點，資訊社會的成型帶動了資訊傳輸、管理與數位內容產業的快速發展與競合，並自點線面的競爭關係，發展成平臺與系統的競爭結構，這不單在數位產業，更呈現在生醫大數據時代的創新醫藥產業價值鏈，與糾葛在全球氣候法制及 WTO 規範體系下的再生能源產業。如今人工智慧的發展更進一步牽動了競爭法的疑慮，其中從軟硬體到雲端運算，都攸關後續市場應用的競爭條件，而面對不確定的效能經濟與消費者福祉期許，國際競爭法的關切又開啟了新的象度，也再一次帶給了自己廉頗老矣的提示。

出版這套公平交易法，自己是抱持著回饋社會的心。韓愈以聞道先者為師，這些彙整出來的素材，正是出自許多聞道先進；有機會加以彙整並與大家分享這些先進的智慧，誠有其意義。其次，學者應是社會良心，透過客觀援引官方與其他專家學者的多元見解，儘可能呈現相關知識的真實樣貌，或許也稱得上是善盡社會良心之學者本分吧。

傳道授業解惑之外，著書立說往往也是學界中人的一種執念，而公平交易法則一直是個人所未曾忘懷者，然在日趨忙碌的生活中，這套書若非藉由許多學生和年輕律師的協助，恐怕還要再拖更久才能完稿。衷心感謝我的學生葉采蓉、陳瑋安、黎昱萱、王韻慈等，以及黃鳳盈、陳丁章、李昱恆三位律師的協助，未來的增訂版，就要由他們傳承了。

目　次

問題目錄

案例目錄

前　言

　　公平交易法自 80 年 2 月 4 日公布後，歷經 8 次修改，或因條文規定不盡周詳，有窒礙難行之處、或因組織再造而配合調整、或因數位經濟發展等科技因素而略作修正，這幾年來計有大大小小條文的修正，其中以 104 年 2 月修法篇幅最大，實質修正比例達 7 成，是係公平交易法執行以來最大幅度的修正。該次修法主要係因應行政院組織改造，並配合國內外社經環境變化、長期執法經驗及參照外國法制趨勢，務求正確評估事業市場力量、規制殘害市場競爭之行為、提升行政罰裁處效能及完善競爭法制體系[1]。爾後更有兩次小調整，如 104 年 6 月為強化聯合行為查處、新設反托拉斯基金條文，106 年 6 月修改結合有關審查作業之規範等而進行修改。

　　本書立足於作者早年的《公平交易 Q&A 範例 100》基礎，除將章節重新調整外，為方便讀者了解，特別在每章安排實務案例，相信將能有效的幫助讀者了解公平法規定。其次，作者曾參與《公平交易法之註釋研究系列（一）第一條至第十七條》撰寫工作，深知該書之嚴謹與專業，故而在某些章節又持續引用單一學者文章現象，實乃沒有其他更值得加以納入的參考資料之故。

---

*　感謝黃鳳盈律師、李昱恆律師在編寫、資料蒐集與彙編過程中所提供之協助，並感謝清大科法所王韻慈同學協助校對工作。
[1]　洪萱，〈新修正公平交易法〉，《公平交易委員會電子報》，26 期，頁 1-2。

第一章 公平交易法體系

　　幾乎所有對法律有初步認識的人，都知道法條體系圖的重要性係不可言喻的。本章節提及體系圖，可謂公平交易法（下稱公平法）在觀念建立時非常重要的心法之一。本書以公平法規範架構，嘗試將公平法操作模式繪製成簡明（或許堪稱清晰）的流程圖，並且搭配簡要的說明，以期讓讀者能夠一目了然。即便在閱讀其他公平法的相關資料時，亦可作為輔助理解的工具。

第一節　現行公平法規範架構

　　在進入細部體系圖的解說前，本書要先對現行公平法的規範架構作一簡要介紹：

表 1：公平法規範架構

章節	名稱	起始條號
第一章	總則	§1
第二章	限制競爭	§7
第三章	不公平競爭	§21
第四章	調查及裁處程序	§26
第五章	損害賠償	§29
第六章	罰則	§34
第七章	附則	§45

　　有關我國公平法之脈絡，可依廠商行為區分為兩大支脈，即「限制競爭」（第7條以下至第20條）以及「不公平競爭」（第21條以下至第25條）。「限制競爭」除規範廠商間的獨占（第7條）、結合（第10條）以及聯合行為（第14條）外，尚包括了第19條的限制轉售價格，以及第20條的杯葛、差別待遇、不當利誘、脅迫他事業參與聯合或結合行為、以及不正當限制交易相對人之事業活動等。

　　而「不公平競爭」則是處理事業的不實廣告（第21條）、仿冒（第22條）、不當贈獎（第23條）、損害他人營業信譽（第24條）等。最後，第25條則是在處理，若事業間的行為有不法的成分，無法以第7條至第24條完全評價時，則以第25條為之。

　　在公平法第五章損害賠償章節，如果事業的權益「受到侵害」或「有受有侵害之虞」，得依據本法第29條，向法院聲請，做權利保護，排除（可能之）侵害；如事業受有損害，本法第30條提供了損害賠償之請求權基礎。本法第31條則仿造美國立法例，對事業的故意侵害行為處以3倍以下懲罰性損害賠償金。

　　公平法第六章罰則的部分，因立法時並未全然依照上述體系，故需要特別整理，筆者本書僅就與限制競爭相關之罰則部分予以討論，剩餘部分將於他書另行說明。

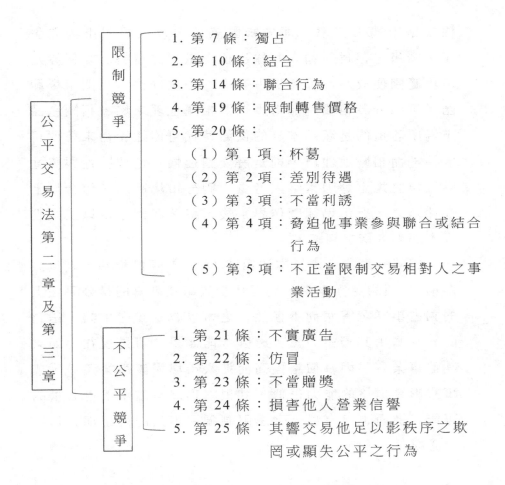

圖1：公平交易法第二章及第三章架構

資料來源：自行整理

第二節 公平法操作體系

一、公平會獨占事業的決定流程

公平會在認定一事業是否為獨占廠商時，最常見的指

標就是市場占有率，即先審酌該事業及該相關市場之生產、銷售、存貨、輸入及輸出值（量）之資料。如何界定市場範圍便成為計算市場占有率的先決條件。相關市場範圍又可細分為相關產品市場以及相關地理市場。相關產品市場所著重的是產品本身的供給替代可能性和需求替代可能性；而相關地理市場則是將交通運輸、地理特性與該地區法規之規定等因素納入考量。劃分市場範圍，綜合以上條件為之。對市場範圍作界定後，接著我們才得以正式進入本法第 8 條之判斷。

假若一事業真滿足本法第 8 條第 1 項的標準，且無該條第 2 項的免責事由，是否代表該事業就真的是公平法上的獨占事業？答案尚不盡然。之所以認定獨占事業，是為防範其濫用其獨占力量，影響效能競爭。可是現在，如果其他事業容易因為價格提高而進入市場與該事業競爭，或事業影響價格的能力很低，其根本也沒有濫用獨占力量的可能，進而也沒有以公平法限制獨占事業的規定部分相繩之必要。

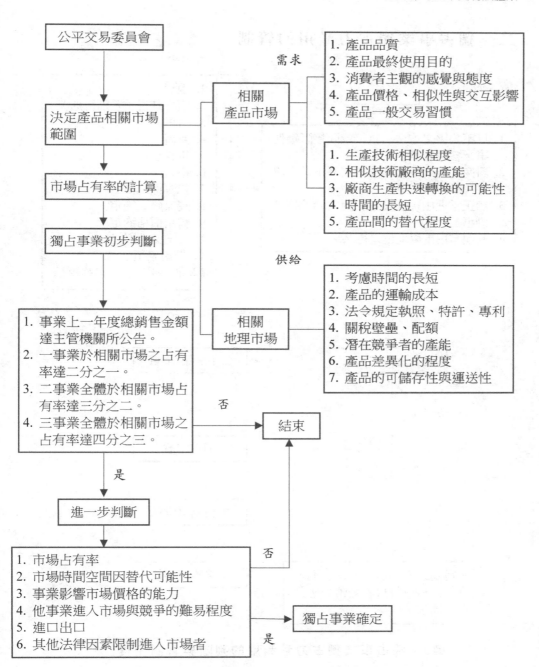

圖2：公平會對於獨占事業的認定流程

資料來源：自行整理

二、獨占事業獨占力濫用的管制

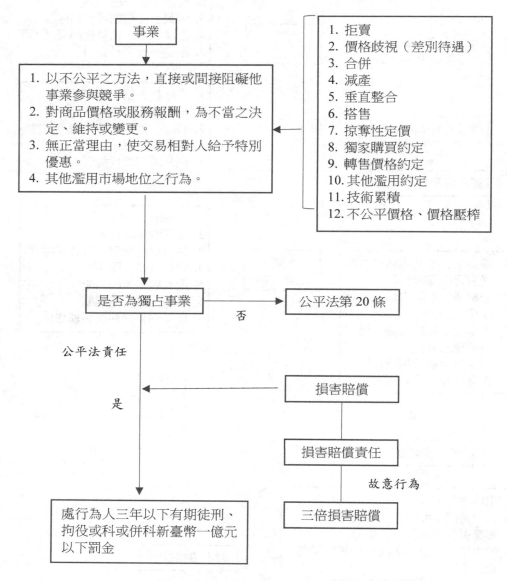

圖3：獨占事業獨占力量濫用的判斷與管制流程

資料來源：自行整理

通常實務操作上，獨占事業的認定並不那麼直觀。我們較常見的是事業為搭售、掠奪性定價、獨家購買約定、轉售價格約定等行為。一旦有這些可能破壞市場競爭效能的行為出現，我們才針對該等行為廠商做「身份上的認定」。承一、，如果受檢查事業本身不符合獨占事業定義，我們將會進一步認定其是否違反公平法第 20 條禁止限制競爭行為規定。

惟，假如一事業被認定為公平法上的獨占事業，那麼，接下來要檢視：該事業是否濫用其獨占力量？如，以不公平之方法，直接或間接阻礙他事業參與競爭、對商品價格或服務報酬，為不當之決定、維持或變更等，即事業是否違反公平法第 9 條所規定的 1 到 4 款。若答案是肯定的，那麼行為人除了必須面對三年以下有期徒刑、拘役或科或併科新臺幣一億元以下罰金外，對於受損害者仍需負擔損害賠償責任。故意為之，則法院得將損害賠償額提高至 3 倍。

三、結合行為的規範

在臺灣，事業之結合會產生一定的市場力量，是以大部分事業間結合是需要先向公平會與目的事業主管機關報備。首先，認定事業所為之行為是否符合「結合」之定義乃報備的前提條件。公平法第 10 條提供明確的判斷原則：除了表徵上一看即知的結合外，更對取得他事業一定比例的「具有表決權」之股份或資本額的事業加以納入規範，（現行公平法的門檻是取得超過 1/3 以上的有表決權股份或

資本總額）。除此之外，受讓或承租他事業全部或主要部分之營業或財產，或與他事業經常共同經營或受他事業委託經營，甚至是控制對方的人事任免。這些雖然並不一定具有結合的外觀，可是卻都是事業對另一事業取得實質的控制力的手段。至於公平法上如何認定事業間是否具有「控制與從屬關係」，則留在後面的章節做介紹。

事業如具備第 10 條所羅列的標準，再來要觀察參與結合的事業其本身的市場占有率是否達該市場之 1/4，或結合後的事業，本身的市場占有率是否達該市場之 1/3，或參與結合之事業，其上一會計年度銷售金額，是否超過主管機關所公告之金額。上述規定在第 11 條第 1 項。事業間結合，若符合第 12 條的例外條款，或如果彼此規模都偏小，則不至於影響公平法所欲維護的交易秩序，也不對消費者利益產生過度危害，則公平法亦無介入之必要。

再來，結合裡面的第三道關卡，即為公平會將審酌事業間的結合，其所產生的整體經濟利益是否大於限制競爭之不利益。若是，結合即合法；若否，且事業又逕行結合，事業可能面臨新臺幣二十萬元以上五千萬元以下罰鍰及其他諸如限期令分設事業、免除擔任之職務等行政罰。

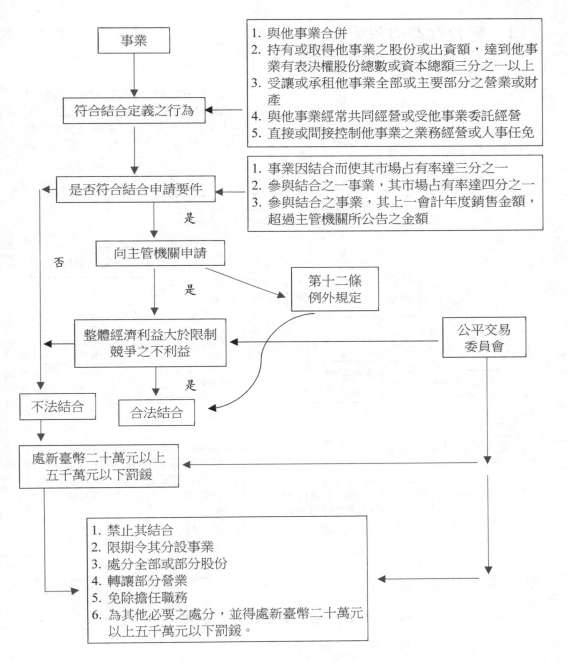

圖4：結合行為的認定與規範流程

資料來源：自行整理

四、聯合行為的規範

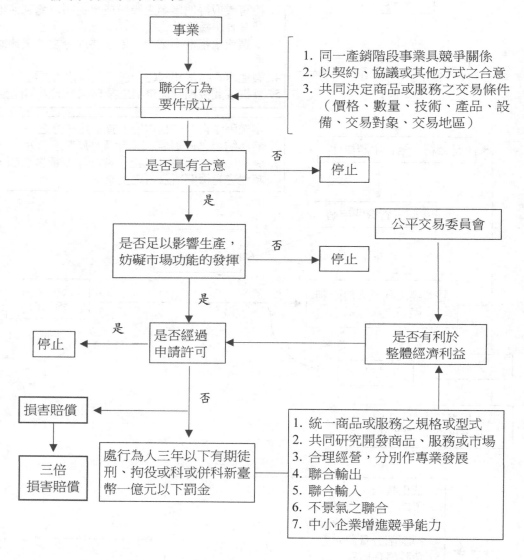

圖5：聯合行為的認定的規範流程

資料來源：自行整理

聯合行為在經濟學上又稱勾結,其形成的組織成為卡特爾(secret cartel)。公平法上第 14 條所稱聯合行為,指具競爭關係之同一產銷階段事業,以契約、協議或其他方式之合意,共同決定商品或服務之價格、數量、技術、產品、設備、交易對象、交易地區或其他相互約束事業活動之行為,而足以影響生產、商品交易或服務供需之市場功能者。在外觀上,若事業間彼此有競爭關係,並且以契約等方式,共同決定交易條件則屬之,至於彼此間所定契約只需事實上可導致共同行為者,是否有法律上強制力,在非所問。若彼此間並無合意,則不屬之。針對實務上公平會對行為的舉證不易,在 104 年修法的時候增訂第 14 條第 3 項,聯合行為之合意,得依市場狀況、商品或服務特性、成本及利潤考量、事業行為之經濟合理性等相當依據之因素推定之,以利公平會做判斷。若事業間的聯合行為足以影響生產,妨礙市場功能的發揮,除非事業自行停止。否則一旦公平會認定事業間的聯合行為對整體經濟利益帶來的不利益大於限制競爭的利益,為聯合行為之人將可能被處以三年以下有期徒刑、拘役或科或併科新臺幣一億元以下罰金。若造成他人損害,則需負擔損害賠償。故意且情節嚴重者,更得處行為人損害賠償額的三倍。

現在問題來了,如果事業是為了共同研發,或在經濟不景氣的時候為了自保,難道這樣也有違法之虞嗎?為避免發生此種不合理之情形,公平法第 15 條對聯合行為提供了一個安全港。只要事業的聯合行為符合「益於整體經濟與公共利益」這個大前提下,經申請主管機關許可者,則事業彼此間就不需冒著被處罰的風險,為第 15 條各款所規定的行為。

五、公平法中有關不公平競爭禁止部分之分析架構

　　圖 6 以行為主體和客體是消費者或事業作劃分，上半部的行為主體與客體都是事業，而下半部的行為主體是事業，行為客體是消費者。請先看上半部，英文大寫 A 有兩個，代表事業與事業間是處於同業的競爭關係；同樣的，英文大寫 B 亦有兩個，代表事業彼此間是處於上下游關係。

　　若事業與事業間是處於同業的競爭關係，則公平會規範的就是事業間的杯葛、脅迫他事業參與聯合或結合行為以及第 21 條的不實廣告、第 22 條的仿冒、第 23 條的不當贈獎、第 24 條的損害他人營業信譽、第 25 條的其他足以影響交易秩序之欺罔或顯失公平之行為。

　　若事業彼此間是處於上下游關係，則公平會管制的是事業間第 19 條的限制轉售價格、第 20 條的杯葛、差別待遇、不當利誘、不正當限制交易相對人之事業活動，以及第 25 條之其他足以影響交易秩序之欺罔或顯失公平之行為。

　　接著，如果行為主體是事業，而客體是消費者，則公平會欲規範者為何？即第 19 條至 23 條的行為，各該法條規範之行為態樣已於前面詳述，於此不再多著墨。

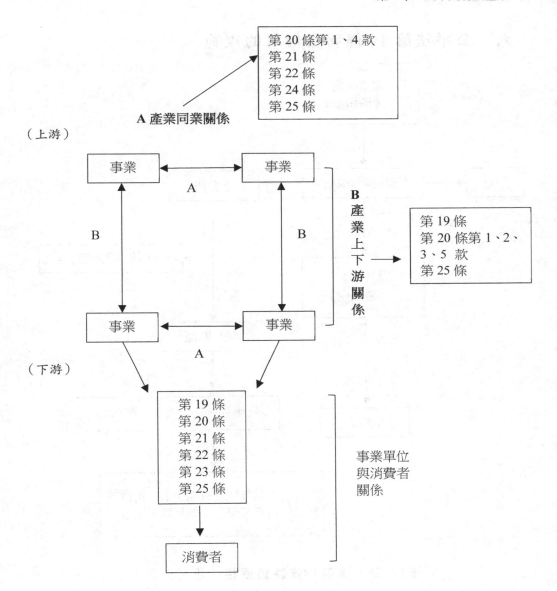

圖6：公平法中有關不公平競爭禁止部分之分析架構

資料來源：自行整理

六、公平法第 19 條轉售價格的規範

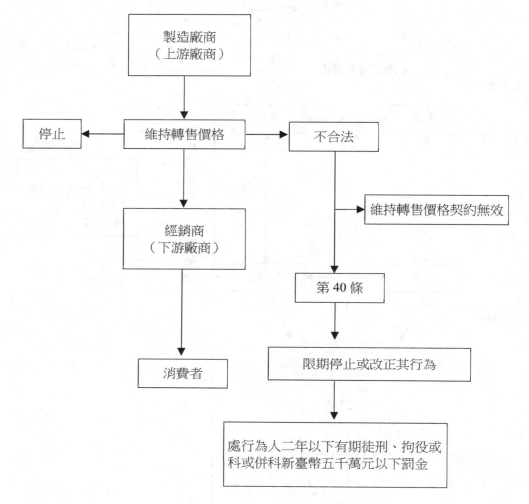

圖7：公平法第19條轉售價格的規範流程

資料來源：自行整理

在判斷是否有違反第 19 條限制轉售價格的行為，首先要確認廠商與廠商間，或廠商與消費者間的交易地位是否處於上下游關係。即便是同業，如果同業間彼此互相調

貨，如 A 水泥銷售者生意興隆，水泥提早賣完了，向 B 買了 100 噸水泥作為為履約之用。雖然 A 與 B 之間在其他筆水泥交易上屬於同業關係，可是這裡 A 向 B 買 100 噸水泥的行為中，B 的地位對 A 而言卻是不折不扣的上游廠商。只要 B 在出售，為 A 周轉水泥時，對 A 轉售水泥的價格有所限制，就違反第 19 條，不得維持轉售價格的強行規定，其約定無效。

　　若違反第 19 條，公平會除了得限期令停止、改正其行為或採取必要更正措施，並得處新臺幣十萬元以上五千萬元以下罰鍰；若屆期仍不改，得繼續限期令停止、改正其行為或採取必要更正措施，並按次處新臺幣二十萬元以上一億元以下罰鍰，至停止、改正其行為或採取必要更正措施為止。

　　杯葛行為有三方當事人，杯葛發起人、杯葛參與人以及受杯葛人。圖 8 的最上方最大的長方形，左半部描繪斷絕購買，即發起杯葛的經銷商要求其他經銷商不要向特定製造商購買的行為；右半部描繪斷絕供給，即發起杯葛的製造商要求其他製造商不要向特定經銷商供給的行為。而斷絕購買與斷絕供給正是杯葛行為的兩個典型態樣。杯葛與聯合行為的差異，請參閱第二冊「問題：百貨公司相互約定在一定期間內打折促銷是否合法？」

七、公平法第 20 條第 1 款杯葛的規範

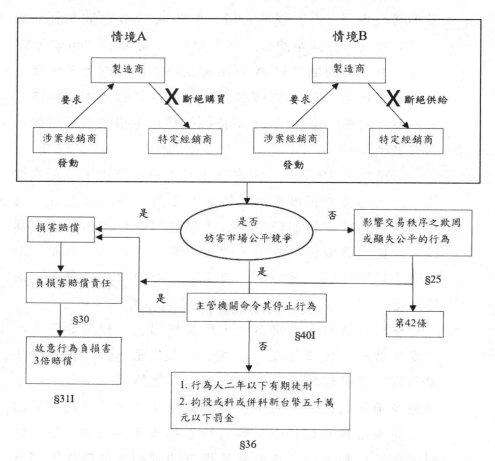

圖 8：公平法第20條第1款：聯合杯葛

資料來源：自行整理

　　如果杯葛發起人的行為對市場上公平競爭造成妨礙，公平會除了得依據第 40 條第 1 項限期令停止、改正其行為或採取必要更正措施，並得處新臺幣十萬元以上五千萬元以下罰鍰。如事業仍然置之不理，公平會除了能加重罰鍰外，更得依據第 36 條，處行為人二年以下有期徒刑、拘役

或科或併科新臺幣五千萬元以下罰金。

如果杯葛發起人的行為並未對市場上公平競爭造成妨礙，並不代表其行為就得被默許。若杯葛發起人有其他影響交易秩序之欺罔或顯失公平的行為，則有違反第 25 條之嫌疑，並應依第 42 條論處。

無論是事業因杯葛行為，或為其他響交易秩序之欺罔或顯失公平的行為而造成他人損害，受有損害之一方得向造成損害的他方依據第 29 條請求損害賠償，自不待言。

第二章 我國公平交易法制發展沿革[2]

| 前公平交易法時期 | → | 單一立法的決策與施行細則 | → | 與國際經濟法體制接軌的修正 | → | 知識經濟時代的挑戰 |

圖9：公平交易法發展沿革

資料來源：自行整理

第一節　前公平交易法時期[3]

在公平交易法（下稱本法）制定之前，我國以「非常時期農礦工商管理條例（原名戰時農礦工商管理條例）」規範投機、壟斷等操縱行為，該條例第 12 條規定「指定之企業及物品，其生產者或經營者，不得有投機壟斷或其他操縱行為。」，同法第 31 條另訂罰則「違反第十二條之規定，而有投機、壟斷或其他操縱行為者，處五年以下有期徒刑，並科所得利益一倍至三倍之

---

[2] 公平交易委員會網站，公平交易法立法背景及修法沿革，https://www.ftc.go
v.tw/internet/main/doc/docDetail.aspx?uid=1396&docid=166&mid=1396（最後
瀏覽日：01/31/2024）；公平交易委員會網站，公平交易法歷次修正情形為
何？，https://www.ftc.gov.tw/internet/main/doc/docDetail.aspx?uid=1202&doc
id=14304&mid=1201（最後瀏覽日：01/31/2024）；廖義男、王以國（200
3），〈註釋公平交易法——導論〉，廖義男（等著），《公平交易法之註釋
研究系列（一）第一條至第十七條》，行政院公平交易委員會合作研究報
告，頁 8-13。

[3] 廖義男，〈公平交易法應否制定之檢討及其草案之修正建議〉，《台大法學
論叢》，頁 67-112。

罰金。」

行政院民國 48 年 8 月 7 日台四八經字第 4311 號令，對該條例所稱壟斷或操縱行為，做進一步解釋：

「謂凡意圖獲得不法利益而有下列情形之一者，即屬之：

1. 意圖壟斷市場以單獨或聯合力量控制經營或兼併經營一種或數種事業；

2. 意圖操縱國內交易而以公開或秘密方法議定共同或分別遵守之物品買賣或服務供需之價格；

3. 意圖操縱國內交易而以公開或秘密方法議定共同或分別遵守之物品產量或其品質之標準或交易區域；

4. 意圖操縱國內交易而以公開或秘密方法議定共同或分別遵守之成交對象或不與成交對象。」

上述條例訂定於民國 27 年，屬非常時期之特別立法。時至民國 70 年代已不合時宜，且該條例規定過於籠統，是否能涵蓋適用獨占、寡占及聯合壟斷行為，常生疑義。又該條例僅適用於少數經指定之物品或企業，以致不能為有效規範，再者，依據行政院台四八經字第 4311 號令，尚須證明行為人有獲得不法利益及壟斷市場或操縱國內交易之意圖，始能處罰，此種主觀意圖難以證明，故實務上少引用此條例對壟斷行為予以制裁。該條例在公平交易法施行後，行政院台四八經字第 4311 號令於民國 83 年廢止。

第二節　單一立法的決策與施行細則[4]

一、民國 81 年制定公平交易法

　　公平交易法（下稱本法）於民國 80 年 2 月 4 日公布，自公布後一年施行，條文共計七章、共 49 條[5]。本法立法方向有二：

（一）本法採單一立法，除將對於事業「限制競爭」與「不公平競爭」規範於同一部法典外，並以公平會為主管機關，並規定相關行政刑事及民事責任，有別於德國、日本等採用分別立法，將限制競爭與不公平競爭分別規範，並將不公平競爭納入司法體系交由法院審理之作法，有所不同[6]。

（二）「限制競爭」重在防弊，採低度立法、「不公平競爭」重在禁止，採高度立法之精神[7]。

　　本法體系架構即主要內容如下表：

---

[4] 有關公平法修法沿革，可進一步參考：《認識公平交易法》，總編第一章，增訂第十九版，公平交易委員會出版，2021/07。

[5] 張國訓（1991），〈公平交易法立法經過〉，《立法院院聞》，19 卷 4 期，頁 13、23-25。

[6] 廖義男、王以國（2003），〈註釋公平交易法——導論〉，廖義男（等著），《公平交易法之註釋研究系列（一）第一條至第十七條》，行政院公平交易委員會合作研究報告，頁 7。

[7] 孫克難、莊春發、藍科正，〈公平交易法草案對工業發展的影響〉，《台北市銀月刊》，22 卷 2 期，頁 20。

表 2：公平交易法之法典體系架構（800204 總統令公布）

章節	章名與條號	內容概述	立法階段曾討論之爭議[8]
第一章	總則 (1-9)	明定立法目的(1)、名詞定義(2 至 8)及中央、省（市）及縣（市）主管機關(9)	同業公會是否納入規範？
第二章	獨占、結合、聯合行為 (10-17)	禁止獨占濫用(10)、事業結合之申請許可制(11-13)、禁止聯合行為(14-17)	
第三章	不公平競爭 (18-24)	禁止約定轉售價格(18)、禁止妨礙公平競爭(19)、禁止仿冒(20)、不實廣告(21)、損害他人營業信譽(22)、禁止不當多層次傳銷(23)、禁止其他足以影響交易秩序之欺罔或顯失公平行為之概括條款(24)	是否另立多層次傳銷法？
第四章	公平交易委員會 (25-29)	明定公平交易委員會職掌、調查程序及獨立行使職權	公平會之位階，究應設於經濟部或行政院？當時院會推翻審查會的決議，將公平會提升至設在行政院內。
第五章	損害賠償 (30-34)	違反本法行為之民事責任	

---

[8] 張國訓（1991），〈公平交易法立法經過〉，《立法院院聞》，19 卷 4 期，頁 13-25。

章節	章名與 條號	內容概述	立法階段曾討論 之爭議
第六章	罰則 (35-44)	違反本法行為之刑事、行政責任	
第七章	附則 (45-49)	本法之適用範圍及施行日期	公營事業是否適用及如何適用公平法？

資料來源：自行整理

　　公平交易委員會（下稱公平會）於民國81年6月24日訂定發布公平交易法施行細則（下稱施行細則）共計 32 條。透過施行細則補充、闡明本法適用上之疑義。例如施行細則第3、4條，就獨占事業之認定應審酌市場占有率、年度銷售總金額等等的補充規定[9]；第 5 條補充本法第 7 條聯合行為之定義「**足以影響生產、商品交易或服務供需之市場功能**」等。

---

[9] 本法施行細則第 3 條（81 年 6 月 24 日，非現行法規）
　中央主管機關依本法第十條第二項公告獨占事業時，應審酌左列事項：
　一、事業在特定市場之占有率。
　二、商品或服務在特定市場中時間、空間之替代可能性。
　三、事業影響特定市場價格之能力。
　四、他事業加入特定市場有無不易克服之困難。
　五、商品或服務之輸入、輸出情形。
　本法施行細則第 4 條（81 年 6 月 24 日，非現行法規）
　事業無左列各款情形者，不列入前條獨占事業認定範圍：
　一、一事業在特定市場之占有率達二分之一。
　二、二事業在特定市場之占有率達三分之二。
　三、三事業在特定市場之占有率達四分之三。
　有前項各款情形之事業，其個別事業在該特定市場占有率未達十分之一或上會計年度事業總銷售金額未達新臺幣十億元者，該事業不列入獨占事業之認定範圍。
　事業之設立或事業所提供之商品或服務進入特定市場受法令、技術之限制或有其他足以影響市場供需可排除競爭能力之情事者，雖有前二項不列入認定範圍之情形，中央主管機關仍得認定其為獨占事業。

二、民國 88 年第一次修法

　　本法施行後於民國 88 年 2 月 3 日公布第一次修正，修法原因在於考慮公平會業務執行有窒礙難行者、前後條文不相配合者、法條用語不夠明確易生爭議者、配合國家政策需要者及公平會執法上有事實之需要者等[10]，重點如下[11]：

（一）刪除獨占事業及市場占有率五分之一之事業公告規定：

　　1. 原條文第 10 條第 2 項規定「獨占之事業，由中央主管機關定期公告之。」立法本意乃提醒市場上已處於獨占地位之廠商，不得濫用其市場地位。然執行該項規定耗費大量行政成本，且個案行為發生時，原認定之資料及結果，如與行為時點不一致，尚不能直接援用，仍須重新調查市場資料，顯屬無意義，故刪除之。

　　2. 又原條文第 11 條第 2 項關於結合之規定「市場占有率達五分之一之事業，由中央主管機關定期公告之。」目的原在於使事業申請結合時有所遵循，具警示作用，惟實施以來，發現公告市場占有率（五分之一）與法定須申請許可之占有率（四分之一）尚有差距，致預警效果不大。且公告資料為全國性市場資料，實際案件若處於區域

---

[10] 呂玉琴（1993），〈公平交易法修法工作概況〉，《公平交易季刊》，1 卷 2 期，頁 110。

[11] 廖義男（1993），〈公平交易法修正之重點與理由〉，《公平交易季刊》，1 卷 4 期。

市場時，易生適用上之問題，故刪除之。

（二）刪除一般消費者之日常用品得例外於禁止限制轉售
價格之規定：

1. 原條文第 18 條但書及第 2 項對於限制轉售價格之
行為，設有例外得容許合法有效存在之情形「但
一般消費者之日常用品，有同種類商品在市場上
可為自由競爭者，不在此限。前項之日常用品，
由中央主管機關公告之。」

2. 惟本法實施後，公平會並未公告日常用品。蓋依
公平會第 76 次委員會議：「維持轉售價格行為有
使價格偏高之趨勢……，對於是否符合第十八條
所稱『日常用品』應採嚴謹態度，經本會審慎研
析結果尚未發現有符合公平法第十八條所稱『日
常用品』」[12]，且需耗費大量行政成本調查日常
用品，並無實益，因此刪除此規定，修法理由有
三：第一、一般消費者之日常用品，在國內市場
並非為完全競爭之市場；第二、反映與水平價格
聯合一致之規範理念，垂直轉售價格限制將有助
於經銷層形成水平卡特爾；第三、參考美國法之
精神，以及日本發展趨勢[13]。

---

[12] 公平會第 76 次委員會議：「維持轉售價格行為有使價格偏高之趨勢……對於
是否符合公平法第 18 條所稱『日常用品』應採嚴謹態度，經本會審慎研析結
果尚未發現有符合公平法第 18 條所稱之『日常用品』。」資料來源：顏廷棟
（2017），〈限制轉售價格規範之回顧與前瞻〉，《公平交易委員會電子
報》，89 期，頁 1。

[13] 顏廷棟（2017），〈限制轉售價格規範之回顧與前瞻〉，《公平交易委員會
電子報》，89 期，頁 1。

（三）加強規範多層次傳銷，適度處罰違法行為（第23條、第23條之1至4及第42條）：

    1. 將原屬於法規命令性質之多層次傳銷管理辦法之部分重要規定，包括參加人之解除契約及其退貨、終止契約及其多層次傳銷事業買回、解除權及終止權等規定提升至法律位階，以加強保護參加人權益。另刪除原條文第23條第2項規定，增訂第23條之4，將授權主管機關訂定管理辦法之內容、範圍明確化，以符合大法官會議第313號解釋所揭示之授權明確性原則。

    2. 修正第42條違法多層次傳銷之處罰規定，依不同輕重情節之違法行為，予以不同程度之行政處罰。

（四）貫徹「先行政後司法」（或稱「附從行政監督之犯罪行為」），並大幅提高罰金上限（第35及36條）：

    1. 原第36條就違反第19條（禁止妨礙公平競爭）之行為，原本即採經中央主管機關命其停止其行為而不停止者，始課以刑責之「先行政後司法」立法模式，本次修法是將構成犯罪行為之前提要件之行政糾正內容，規定得更為明確。

    2. 另，依原第35條規定，違反第10條（獨占事業濫用市場地位）、第14條（聯合行為）、第20條（仿冒）或第23條第1項（不正當的多層次傳銷），則是將該行為直接定性為犯罪行為而處以刑罰。

3. 然而，基於比例原則，及刑罰之最後手段性。如
學者廖義男在〈公平交易法修正之重點與理由〉
所提，「……第 35 條所處罰之行為，尤其事業是
否『獨占』或有無『濫用』市場地位、聯合行為
是否『足以影響生產、商品交易或服務供需之市
場功能』、仿冒行為所侵害之他人商品或服務之
表徵是否為『相關大眾所共知』等不確定法律概
念，均需對產業資料與市場情況有所掌握，始能
加以判斷，因此，須由平時負有調查及蒐集產業
資料及市場情況執掌之公平會先行介入，較為妥
當[14]。審酌第 36 條以『先行政後司法』為其處理
原則，第 35 條本於相同之考量，亦採用相同處理
原則為宜」。

4. 故修正第 35 條：違反第 10 條、第 14 條、第 20 條
第 1 項者改採「先行政後司法」，由行政權先行
介入限期糾正，逾期仍未停止或改正其違法行
為，或停止後再為相同或類似違反行為者，始構
成犯罪；至於不正當的多層次傳銷，因立法者認
為違法型態明確且影響重大，故仍維持「行政司
法併行原則」。

（五）將損害他人營業信譽行為改為告訴乃論，並提高徒
刑為二年，以配合刑法妨害名譽及信用罪章之規定
（第 37 條）。

---

[14] 廖義男（1993），〈公平交易法修正之重點與理由〉，《公平交易季刊》，
1 卷 4 期，頁 32。

（六）賦予公平會對違反本法之事業，得逐處罰鍰之權限，並提高罰鍰上限及增訂罰鍰下限（第 40 條及第 41 條）：

　　依原第 41 條，公平會對於違反本法之事業「得限期命其停止或改正其行為；逾期仍不停止或改正其行為者，得繼續限期命其停止或改正其行為，並按次連續處新臺幣一百萬元以下罰鍰，至停止或改正為止。」僅予公平會糾正權，使事業存有可違法一次而不受處罰鍰之僥倖心理，為增強執法效果，爰增定公平會得逐處罰鍰之規定，修正為「得限期命其停止、改正其行為或採取必要更正措施，並得處新臺幣五萬元以上二千五百萬元以下罰鍰；逾期仍不停止、改正其行為或未採取必要更正措施者，得繼續限期命其停止、改正其行為或採取必要更正措施，並按次連續處新臺幣十萬元以上五千萬元以下罰鍰，至停止、改正其行為或採取必要更正措施為止。」公平會得併行糾正權及處罰權。

（七）確立本法為經濟基本法地位，調和競爭政策與產業政策（第 46 條）：

1. 依原第 46 條第 1 項規定「事業依照其他法律規定之行為，不適用本法之規定。」事業雖為本法所規範之禁制行為，如其他法律明文規定且在目的事業主管機關監督之下得以為之，則排除本法之適用。

2. 為確立本法為經濟基本法之立法旨意，爰修正為「事業關於競爭之行為，另有其他法律規定者，

　　　　於不牴觸本法立法意旨之範圍內，優先適用該法律之規定。」在「不牴觸本法立法意旨」之範圍內，始排除適用本法。

3. 另因本法自 80 年公布後已逾 5 年，故刪除原第 46 條第 2 項「公營事業、公用事業及交通運輸事業，經行政院許可之行為，於本法公布後五年內，不適用本法之規定」之規定。

三、民國 89 年第二次修法

　　此次修法係配合臺灣省政府功能業務與組織調整暫行條例及地方制度法之通過，而刪除省級主管機關之規定。

四、民國 91 年第三次修法

　　本次修法主要係配合行政程序法與「經濟發展諮詢委員會」共識修正事業結合管制部分而進行公平法修法作業，本法於 91 年 2 月 6 日公布，修正重點有二，第一是使公平會的行政行為符合行政程序法；第二是為因應產業結構調整及我國當時經濟環境的需求，並配合「經濟發展諮詢委員會」產業分組會議結論要求政府就企業併購，應秉持簡化程序、排除障礙及提供適當獎勵原則的共識，修正結合管制的相關規範，以符合國際管制潮流並建立公平合理的競爭機制：

（一）配合行政程序法而修正之部分：

1. 將原定於本法施行細則及多層次傳銷管理辦法之部分規定提升至母法位階，以符合行政程序法第

150 條第 2 項之本旨，包括：

(1) 原施行細則第 3 條就認定獨占事業之規範內容增訂於本法第 5 條之 1。

(2) 原施行細則第 5 條就聯合行為定義之補充規定新增於本法第 7 條第 2 至 4 項。

(3) 原多層次傳銷管理辦法第 3 條「多層次傳銷事業之定義」、第 4 條「參加人之定義」及第 24 條「外國多層次傳銷之管理」之規範內容增訂於第 8 條第 3 至 5 項。

(4) 施行細則第 34 條有關公平會命停止營業期間之處分，對違法事業權益影響甚鉅，將之增訂於第 42 條之 1。

2. 配合行政程序法之規定或用語，增修訂聯合行為例外許可決定的處理期間（第 14 條第 2 項）、附款種類（第 15 條、第 17 條）與許可之廢止規定（第 16 條）。

3. 於本法第 23 條之 4 增訂多層次傳銷管理辦法的授權範圍包含「財務報表應經會計師簽證並對外揭露」、「重大影響參加人權益之禁止行為」及「對參加人之管理義務」，蓋此均為限制傳銷事業之權力或課以義務，或令其對參加人權益保障之重要事項，宜有法律明確之授權。

4. 配合行政程序法第 46 條規定，增訂本法第 27 條之 1 當事人申請閱覽資料或卷宗的處理原則及其授權依據。

（二）配合「經濟發展諮詢委員會」共識修正事業結合管

制部分：

1. 將原第 11 條對於事業結合所採「事前許可制」改為「事前申報異議制」，事業提出申報後，如中央主管機關未於一定期間提出異議者，該結合案件即可合法生效。

2. 將原「單一事業門檻」修改為「雙重門檻」之管制方式：原第 11 條第 1 項第 3 款所採之單一事業門檻之管制方式，將大型事業與小型事業間所為對市場結構並無實質影響之結合型態，納入本法結合管制之規範，徒然造成主管機關審查成本與結合事業申報成本之不必要支出。故改採雙重門檻之制，由主管機關對於參與結合事業之銷售金額門檻分別公告，要求結合雙方之銷售金額均須達到一定標準，以適度篩選對市場競爭影響輕微之結合申請案件[15]。

3. 增訂第 11 條第 2 項，銷售金額得由公平會就金融機構事業與非金融機構事業分別公告之。

4. 增訂第 11 條之 1 對於市場競爭機能並無減損的事業結合除外適用規定，關係企業間股權、資產或營業調整之結果，雖符合結合態樣，然因其僅涉及原有經濟體內部之調整，並非當然產生規模經濟擴大、市場競爭機能減損之效果；又事業依公司法第 167 條第 1 項但書或證券交易法第 28 條之

---

[15] 王志誠（2023），〈事業結合之典範變遷、執法檢討及展望〉，《公平交易季刊》，31 卷 3 期，頁 1-58。

2 規定為結合之情形，屬事業負責人依善良管理
人注意義務所行使之正當權利，且其結合之發生
係由於發行股份之公司之行為所致，與本法為事
先防範事業結合弊害之管制意旨有間，爰增訂得
除外適用之規定。

5. 增訂第 12 條、第 13 條中央主管機關對於事業結
合得附加附款，以賦予中央主管機關彈性處理之
機制，以及違反附款之法律效果。

五、民國 99 年第四次修法[16]

鑒於名人代言不實廣告之爭議層出不窮，99 年 6 月 9
日公布修正第 21 條，增訂不實廣告薦證者須負民事連帶損
害賠償責任之規定，並明定廣告薦證者之定義：

不實廣告氾濫問題廣受輿論關注，原第 21 條第 4 項雖
已規定明知或可得而知之廣告代理業及廣告媒體業之民事

---

[16] 民國 99 年第 21 條修法理由：
「一、一至三項未修正。二、修正第四項。目前我國對於薦證廣告之規範僅
有『行政院公平交易委員會對於薦證廣告之規範說明』，其中對於違反公平
交易法之薦證廣告中的薦證者雖訂有罰則，但由於是項規範係屬行政命令，
且所謂名人代言責任的相關規範內容並不明確，須由行政院公平會個案認定
才可裁處罰款，因此在實務上從未針對薦證者代言不實部分予以處罰，導致
名人代言不實廣告的爭議，層出不窮。現行公平交易法第二十一條第四項雖
規定廣告代理業在明知或可得知情形下，仍製作或設計有引人錯誤之廣告，
與廣告主負連帶損害賠償責任；廣告媒體業在明知或可得知其所傳播或刊載
之廣告有引人錯誤之虞，仍予傳播或刊載，亦與廣告主負連帶損害賠償責
任，但對於明知或可得而知之不實廣告薦證者須負連帶賠償責任之規範則付
闕如。爰提案增修公平交易法第二十一條，增訂不實廣告薦證者亦須負民事
連帶損害賠償責任。三、增訂第五項，明定廣告薦證者之定義。」詳參：立法
院第 7 屆第 5 會期第 13 次會議議案關係文書、院總第 1375 號委員提案第
9168 之 1、立法院法律系統查詢。

連帶損害賠償責任，但對於不實廣告薦證者須負連帶賠償責任之規範則付闕如。為阻遏薦證代言廣告不實，立法委員提出修正草案，增修「廣告薦證者明知或可得而知其所從事之薦證有引人錯誤之虞，而仍為薦證者，與廣告主負連帶損害賠償責任。」，並增訂第 5 項，明定廣告薦證者之定義為「前項所稱廣告薦證者，指廣告主以外，於廣告中反映其對商品或服務之意見、信賴、發現或親身體驗結果之人或機構。」

第三節　與國際經濟法體制接軌的修正

一、民國 100 年第五次修法

本次修法於 100 年 11 月 23 日公布，重點如下：

（一）再次修正第 21 條，限定非知名廣告薦證者之民事連帶損害賠償責任：

本修正草案由立法委員提出，目的著眼於消費者多誤信具有高度消費意向影響力之知名公眾人物、專業人士或機構及其負責人（含外國人士），是以應將該等人士之責任與素人（一般消費者）有所區別，限縮素人薦證廣告之民事賠償責任，爰修正本法第 21 條，增訂「但廣告薦證者非屬知名公眾人物、專業人士或機構，僅於受廣告主報酬 10 倍之範圍內，與廣告主負連帶損害賠償責任[17]。」

---

[17] 公平交易委員會網站，公平交易法第二十一條、第三十五條之一及第四十一條修正條對照表，https://www.ftc.gov.tw/internet/main/doc/docDetail.aspx?ui

（二）增訂第 35 條之 1「寬恕條款」：

　　為與國際經濟法體制接軌，公平會在參加 95 年 2 月 9 日經濟合作暨發展組織（OECD）全球競爭論壇後，而引進寬恕政策（Leniency Program/Policy）。按聯合行為之蒐證確已日益困難，各國競爭法主管機關之執法經驗顯示寬恕政策係預防及偵查聯合行為之有效工具，從而在 100 年 11 月 23 日正式通過公平交易法第 35 條（寬恕條款），以期有效遏止及查處不法之聯合行為。同時，為使寬恕政策執行更臻明確，復依該條文第 2 項之授權，訂定「聯合行為違法案件免除或減輕罰鍰實施辦法」，為我國執行寬恕政策主要規定。詳細規定公告於公平會寬恕政策專區[18]。

　　我國公平交易法所採寬恕政策屬於行政寬恕（免除或減輕罰鍰）類型，可減輕或免除行政罰鍰，只適用於有水平競爭關係之聯合行為。

（三）修正第 41 條，提高特定行為之罰鍰上限：

　　觀諸公平會對獨占及聯合行為若干處分案例，有違法事業被處罰鍰金額與其不法獲利額度顯不相當，甚至不法獲利額度可能超過原第 41 條之法定罰鍰新臺幣兩千五百萬元罰鍰額度之上限者。立法者參酌美國聯邦量刑委員會（Federal Sentencing

---

d=1396&docid=170&mid=1396（最後瀏覽日：01/31/2024）。

[18]　公平交易委員會網站，我國寬恕政策簡介，https://www.ftc.gov.tw/internet/main/doc/docDetail.aspx?uid=1573&docid=15568&mid=1573（最後瀏覽日：01/31/2024）

Commission）1991 年訂定之「對團體組織被告之量
刑指導方針」（Sentencing Guidelines for Organizational
defendants）、歐盟執委會 2006 年訂定之「依據第
1/2003 號規則之第 23(2)（a）條課徵罰鍰裁定方法
之指令」（Guidelines on the Method of Setting Fines
Imposed Pursuant to Article 23(2)（a）of Regulation
No 1/2003）、及日本獨占禁止法等規定，當事業實
施不正當之交易限制行為時，若違法情節重大時，
中央主管機關得適當地提高罰鍰額度，以嚴懲該行
為之不法所得，達到遏止違法之效果。爰增訂第
2、3 項「事業違反第十條、第十四條，經中央主管
機關認定有情節重大者，得處該事業上一會計年度
銷售金額百分之十以下罰鍰，不受前項罰鍰金額限
制。」、「前項事業上一會計年度銷售金額之計
算、重大違法情節之認定、罰鍰計算之辦法，由中
央主管機關定之。」

二、民國 104 年第六次修法

第六次修法於 104 年 2 月 4 日公布，乃本法公布以來
最重大的修法，修正重點有下列四大部分[19]：

（一）第一部分：配合行政院組織改造。

修正主管機關名稱為公平交易委員會，刪除地
方主管機關之規定。（第 6 條）

---

[19]　立法院公報（2014），第 103 卷，第 65 期，院會紀錄第 295；立法院第 8 屆
第 5 會期第 2 次臨時會第 1 次會議議案關係文書。

（二）第二部分：調整限制競爭與不公平競爭行為之體系、修訂與完善各行為類型。

1. 調整章節體系：

(1) 修正第二章章名，從「獨占、結合、聯合行為」修改為「限制競爭」，並將原本置於第三章不公平競爭之原第 18 條約定轉售價格及原第 19 條各款行為（除原第 19 條第 3 款處理不當贈品贈獎促銷之行為及第 5 款不當取得營業秘密之行為外），移至本章規範。另將獨占、結合及聯合行為之定義性條文，移至本章，使本章規範結構更合理妥適。

(2) 刪除多層次傳銷之條文，另訂專法。

2. 修正「事業」之定義：將同業公會以外之事業團體納入規範。（第 2 條）

3. 修正獨占事業之認定範圍：授權由公平會視經濟發展情況之變動，適時調整獨占事業認定門檻公告金額。（第 8 條）

4. 修正結合相關規定（第 10 條至第 13 條）

(1) 結合型態：

   I.   增訂第 10 條第 2 項：「與該事業受同一事業或數事業控制之從屬關係事業所持有或取得他事業之股份或出資額一併計入。」即認定持有或取得他事業之股份或出資額達一定總額之結合形態時，應將「兄弟公司」之股份或出資額一併計入。

   II. 增訂第 11 條第 3 項：「對事業具有控制性

持股之人或團體，視為本法有關結合規定之事業。」理由為商業實務上，集團內相關事業常有由特定自然人控制業務經營或人事任免，或該自然人透過其他信託人、親屬、其他關係企業持股，以規避揭露其實際持股控制之情形，有必要將該等透過自然人持股以達實質結合效果之行為予以納入規範，以免脫法。

(2) 結合申報門檻：

I.　原第 11 條第 1 項之市場占有率門檻仍予保留，另增訂第 2 項關係企業的銷售金額應併入結合申報門檻計算「具有控制與從屬關係之事業及與參與結合之事業受同一事業或數事業控制之從屬關係事業之銷售金額」，以正確評估經濟上具一體性事業之市場力量。

II.　原第 11 條第 2 項規定銷售金額原得由公平會「就金融機構事業與非金融機構事業分別公告之」，修正為得由公平會「擇定行業分別公告」，此乃參酌美國及德國均有區分行業別而定結合申報門檻之彈性規定，為避免實際上於特定產業具獨占、寡占地位之事業因銷售金額未達結合門檻而無法納入管制之弊。

(3) 增訂無須申報結合之類型：

增列第 12 條第 1 款、第 5 款對市場結構並無

影響之情形，並增訂第 6 款概括條款，使主管
機關得視實務需要，適時調整免予申報類型。

(4) 結合之申報異議之審查：

加長主管機關就結合申報案件得延長審理之期
間為 60 日。（第 11 條第 5 項）

5. 修正聯合行為相關規定（第 14 條至第 18 條）：

(1) 增訂第 14 條第 3 項聯合行為合意之推定「聯
合行為之合意，得依市場狀況、商品或服務特
性、成本及利潤考量、事業行為之經濟合理性
等相當依據之因素推定之。」，以減輕主管機
關之舉證負擔。

(2) 修正聯合行為例外許可制度：

I. 服務之提供亦為事業營業內容而可能成為
聯合行為之標的，爰修正第 15 條第 1 項第
1 款、第 2 款及第 5 款，增列「服務」二
字。

II. 增訂第 15 條第 8 款聯合行為例外許可之概
括條款鑒於現代經濟活動之多樣性考量，
原條文採列舉式立法，無法窮盡、涵蓋所
有有益於整體經濟與公共利益之聯合行為
態樣，例如智慧財產權及技術之共同取得
等情形，為避免此種不合理之管制現象，
爰增列概括規定。

III. 修正第 16 條，將許可期限及延展期限上限
修正為 5 年。

IV. 修正第 17 條，增訂事業違反聯合行為許可

　　　附款之法律效果。

6. 明文禁止限制轉售價格行為，引進合理原則，並明定準用於服務（第 19 條）：

(1) 將原條文所採約定轉售價格無效，修改為明文禁止限制轉售價格：

　　　原第 18 條「事業對於其交易相對人，就供給之商品轉售與第三人或第三人再轉售時，應容許其自由決定價格；有相反之約定者，其約定無效。」所謂約定無效，究屬民事契約之效力規定，或歸責該行為具限制競爭內涵之違法性格而為禁止規定，時有爭議。為杜爭議，本次修法明定禁止限制轉售價格行為。

(2) 原條文採「當然違法」，修正為原則違法、例外許可[20]：

　　　依原第 18 條，經主管機關認定違法，不容許行為人舉反證推翻。本次修正參酌國際潮流趨勢，引進合理原則，於第 1 項增列但書規定，容許事業舉證其具有正當理由。

(3) 增加服務轉售：

　　　修正後之第 19 條條文為「事業不得限制其交易相對人，就供給之商品轉售與第三人或第三人再轉售時之價格。但有正當理由者，不在此限。前項規定，於事業之服務準用之。」

---

[20] 顏廷棟（2017），〈限制轉售價格規範之回顧與前瞻〉，《公平交易委員會電子報》，89 期，頁 2。

7. 修正有限制競爭之虞之行為類型、增訂不公平競爭行為類型（第 20 條及第 23 條）：

(1) 修正明定事業不得為對市場造成限制競爭效果之不當低價競爭或其他阻礙競爭行為（第 20 條第 3 款）；另將不當贈品贈獎促銷行為移列不公平競爭專章之第 23 條。

(2) 修正事業使他事業參與限制市場競爭行為之規範，擴及至參與垂直限制競爭之行為。（第 20 條第 4 款）

(3) 刪除原條文第 19 條第 5 款「以脅迫、利誘或其他不正當方法，獲取他事業之產銷機密、交易相對人資料或其他有關技術秘密之行為。」回歸營業秘密法。

8. 修正不實廣告行為規範（第 21 條第 1 項及第 2 項）：

(1) 第 21 條第 1 項增訂「與商品相關而足以影響交易決定之事項」亦不得為虛偽不實或引人錯誤之表示或表徵，立法理由為，在不實廣告案件中，事業除以商品本身之價格、數量、品質、內容等事項為廣告以招徠交易相對人外，亦常以事業之身分、資格、營業狀況等與商品相關而具有足以影響交易決定之事項為廣告，故增列「與商品相關而足以影響交易決定之事項」亦不得為虛偽不實或引人錯誤之表示或表徵。

(2) 為解決原條文存在之列舉或例示之爭議，此次

修法第 21 條第 2 項採例示規定，以臻明確。

9. 修正仿冒行為規範（第 22 條）：

(1) 修正第 22 條第 1 項：參考商標法之用語，將仿冒要件由「相關事業或消費者所普遍認知」修正為「著名」。又為避免與已註冊商標之保護有所失衡，本條對於未註冊商標之保護，應限於同一或類似之商品或服務。

(2) 增訂第 22 條第 2 項，明文排除已註冊商標之適用，回歸適用商標法。

(3) 刪除原條文第 1 項第 3 款對未經註冊之「外國」著名商標予以特別規範，理由除原條文違內外國人平等原則外，商標著名與否應以國內消費者之認知為準，尚無區分內、外國商標之必要。

10. 不當贈品贈獎（第 23 條）：

事業以贈品贈獎方式進行促銷，其性質屬不公平競爭之範疇，爰將該類型案件單獨立一條文，並授權主管機關就執行本條之一般技術性、細節性事項另以法規命令訂之。

（三）第三部分：提升行政罰裁處效能。

1. 依據不同違法行為類型訂定不同罰鍰額度，將限制競爭行為之罰鍰額度提高，違法結合行為得處新臺幣二十萬元至五千萬元罰鍰、其他一般限制競爭行為得處新臺幣十萬元至五千萬元罰鍰；至於不公平競爭行為則維持原規定之新臺幣五萬元至兩千五百萬元。（第 39 條、第 40 條及第 42

條）

2. 增訂限制競爭行為裁處權時效為 5 年，不適用行政罰法之 3 年時效一般規定。（第 41 條）

3. 明定同業公會或其他事業團體違法時，得對參與之成員予以併罰。（第 43 條）

（四）第四部分：其他程序規定。

1. 新增第 28 條中止調查制度，藉由事業之主動停止、改正以及主管機關之監督等措施，更快速消弭可能持續傷害市場秩序之行為。

2. 新增第 48 條，免除訴願程序。

表 3：修法後體系表

章節	章名與條號	內容概述
第一章	總則(1-6)	立法目的(1) 名詞定義-事業(2)、交易相對人(3)、競爭(4)及相關市場(5)主管機關(6)
第二章	限制競爭(7-20)	獨占-定義(7)、認定範圍(8)、禁止濫用(9) 結合-定義(10)、申報(11)、申報豁免(12)、申報審查(13) 聯合-定義(14)、原則禁止例外許可(15-18) 禁止約定轉售價格(19) 禁止妨礙公平競爭(20)
第三章	不公平競爭(21-25)	不實廣告(21) 禁止仿冒(22) 不當提供贈品或贈獎(23) 損害他人營業信譽(24) 禁止其他足以影響交易秩序之欺罔或顯失公平行為之概括條款(25)

章節	章名與條號	內容概述
第四章	調查及裁處程序 (25-28)	明定本法主管機關之職掌、調查程序及獨立行使職權
第五章	損害賠償(29-33)	違反本法行為之民事責任
第六章	罰則(34-44)	違反本法行為之刑事、行政責任
第七章	附則(45-50)	本法之適用範圍及施行日期

資料來源：自行整理

三、民國 104 年第七次修法

104 年 6 月 24 日公布增訂第 47 條之 1，設立反托拉斯之特種基金，並明定基金來源與用途。

四、民國 106 年第八次修法

106 年 6 月 14 日公布修正本法第 11 條，本次修正內容分為兩大部分，第一為事業結合審查期限由日曆天修正為工作日，第二是增設非合意結合（敵意併購）之資訊提供、意見徵詢並作成決定，以助於結合審查之周延性。

第三章 公平交易法之適用及其政策

第一節　立法目的

一、本法規定

　　本法第 1 條明定立法目的，民國 80 年 2 月 4 日訂定之條文原規定「為維護交易秩序與消費者利益，確保公平競爭，促進經濟之安定與繁榮，特制定本法；本法未規定者，適用其他有關法律之規定。」

　　民國 104 年 2 月 4 日修正該條文為「為維護交易秩序與消費者利益，確保自由與公平競爭，促進經濟之安定與繁榮，特制定本法。」

　　修正理由為：

1. 本法規範之行為類型有第二章之「獨占、結合、聯合行為」及第三章之「不公平競爭」。前者屬限制競爭範疇，旨在排除限制競爭之行為，促進市場之自由競爭；後者著重在消弭不公平競爭行為，促進事業之公平競爭。原條文僅規定「確保公平競爭」，不足以涵蓋上開自由競爭之意旨，爰修正為「確保自由與公平競爭」，以切合實際。

2. 另按本法未規定之事項，若其他法律有特別規定，則應適用其他法律之規定，此為當然解釋，故依法制體例刪除原條文後段規定。

二、政策抉擇

　　本法立法目的涉及多元價值，事實上在當時以「維護消費者利益」為立法目的即引發爭議不斷，如學者何之邁認為：「所謂維護『消費者利益』，究指經由市場機制之正常運作而反射出價格降低、品質提高，乃至於資源有效分配，最終使消費大眾全體獲益之間接利益，抑或本法確有保障個別消費者之功能[21]。」又如石世豪、廖義男所述，「本條所謂『消費者利益』，參照日本立法例、德國學說及實務見解，應從『公共利益』而非個人法益之觀點，解釋為『一般消費者利益』或『消費者整體利益』，而且，係透過公平競爭所促成者為限，不應與個別消費者在個案交易中的實際利益相混淆[22]。」

　　如學者石世豪在《公平交易法之註釋研究系列》探討消費者利益之立法目的所提，略以「本法『維護消費者利益』之型態，又與消費者保護法不同，是以『確保公平競爭』之方式，使事業在開放、自由之市場中相互競爭，藉以提升效率、研發創新，從而以較佳之交易條件爭取消費者，間接促成消費環境之健全發展。因此，本法第 1 條中所稱消費者利益，應解為『一般消費者利益』或『消費者整體利益』，如因確保公平競爭而對個別消費者權益產生實際上之保障作用，在法律上僅屬反射利益[23]。」

---

[21]　何之邁（2001），《公平交易法實論》，頁 4，自刊。

[22]　石世豪（2003），〈註釋公平交易法──第一條〉，廖義男（等著），《公平交易法之註釋研究系列（一）第一條至第十七條》，行政院公平交易委員會合作研究報告，頁 51。

[23]　石世豪（2003），〈註釋公平交易法──第一條〉，廖義男（等著），《公

三、立法目的之意義與作用

本法第 1 條揭示之立法目的，雖無直接的規範效力，亦非請求權基礎，但對於本法各條之解釋適用具指導作用，於民、刑事或行政訴訟程序中，亦為司法機關適用本法各條規定、審查主管機關行使本法所定職權之合目的性及適法性，提供其所需之價值判斷標準[24]。

第二節　適用主體

一、本法規定

本法規範之對象為「事業」。民國 80 年 2 月 4 日訂定之條文原規定：

「本法所稱事業如左：

一、公司。

二、獨資或合夥之工商行號。

三、同業公會。

四、其他提供商品或服務從事交易之人或團體。」

其立法理由明定事業之定義，認事業包括公司、行號、公會暨其他提供商品或服務從事交易之人或團體。同時，考量日本關於禁止私的獨占及確保公平交易法第二條

平交易法之註釋研究系列（一）第一條至第十七條》，行政院公平交易委員會合作研究報告，頁 53。

[24] 石世豪（2003），〈註釋公平交易法——第一條〉，廖義男（等著），《公平交易法之註釋研究系列（一）第一條至第十七條》，行政院公平交易委員會合作研究報告，頁 47-49。

稱「事業人」，指經營商業、工業、金融業或其他事業之人。

民國104年2月4日修正該條文為：

「本法所稱事業如下：

一、公司。

二、獨資或合夥之工商行號。

三、其他提供商品或服務從事交易之人或團體。

事業所組成之同業公會或其他依法設立、促進成員利益之團體，視為本法所稱事業。」

修正理由為：

1. 原條文列為第一項，並酌作文字修正。

2. 增訂第二項。鑒於事業常藉由同業公會為違法行為，故原條文第三款明定同業公會為本法之事業，納入規範。惟倘事業藉由組成同業公會以外之團體為違法行為，因非屬同業公會組織，且該組成團體不符合原條文第四款「提供商品或服務從事交易」之要件，將造成無法歸責之法律漏洞，爰明定依法設立及促進成員利益之團體，視為本法之事業，並將原條文第三款移至第二項合併規範[25]。

二、各種類型之「事業」

本法第2條於第1項第1款、第2款例示該當於事業之組織型態；第3款以功能描述之立法方式，藉由事業之一般性特徵，界定本法之規範對象，而條文第2項將「同

---

[25] 公平交易法法條沿革，立法院法律系統查詢。

業公會或其他依法設立、促進成員利益之團體」擬制為事業。茲將本法第 2 條所規範四種類型之「事業」，說明如下：

（一）公司

1. 係指依照公司法組織、登記、成立之社團法人。包括無限公司、有限公司、兩合公司及股份有限公司。依照外國法律組織登記之外國公司，同屬本款之事業（公司法第 1、2、4 條參照）。另依特別法設置之公司，如依金融控股公司法第 2 條第 1 項設立之金融控股公司、依金融資產證券化條例第 2 條第 2 項設立之特殊目的公司等，雖因其性質特殊，公司之組織設立非依一般公司法，而係以特別法方式賦予其設立依據，亦有本款之適用。

2. 107 年公司法修法，廢除外國公司認許制度後，依照外國法律組織登記之外國公司，直接依本法第 2 條第 1 款規定，屬本法所規範之事業。

（二）獨資或合夥之工商行號

此指以獨資或合夥方式經營，依商業登記法或其他法令，經主管機關登記之行號。由於本款之文義，除獨資或合夥外，尚加上「工商行號」之文言，故本款之重心，並非獨資或合夥之實質，而是其是否向主管機關依法登記、取得「商業名稱」（即一般所稱之行號或商號），並得以此商業名稱為交易主體。申言之，該當於本款規定之獨資或合

夥等工商行號，限於依商業登記法或其他法令登
記、取得商業名稱者，而其他未登記之獨資或合夥
組織（例如商業登記法第 5 條各款之小規模商
業），應屬本法第 1 項第 3 款之功能性事業[26]。

（三）其他提供商品或服務從事交易之人或團體

1. 本款為概括性規定，用以涵蓋前兩款未規定之類
型，主要指不具備前兩款所定之組織形式，但卻
具有「**經常性（繼續性）**」、「**獨立性**」，並從
事**經濟交易活動之人或團體**，為符合本款之功能
性事業。凡符合此特徵之人或團體，其行為對於
特定商品或服務供需之市場秩序及競爭關係有所
影響者，即屬之，**至於是否以營利為目的，則在
所不問。**

2. 例如：

(1) 農會、漁會[27]、合作社等組織。

(2) 依法成立非以營利為目的之人民團體。

　　司法實務如何認定非以營利為目的之人民
團體（例如慈善事業），是否為本法所規範之
事業，可參考「中華全球城市選拔協會」一
案，法院認為：「上訴人（即中華全球城市選
拔協會）雖為依法成立非以營利為目的之人民
團體，此有內政部之人民團體證書可稽。惟上

---

[26] 黃銘傑（2003），〈註釋公平交易法——第二條〉，廖義男（等著），《公
平交易法之註釋研究系列（一）第一條至第十七條》，行政院公平交易委員
會合作研究報告，頁 73。

[27] 98 年公處字 98141 號。

訴人自 95 年開始舉辦『全球城市小姐』選美活動，為募集選美活動所需之經費及相關資源，上訴人確有招攬廠商贊助活動經費及提供相關商品或服務，諸如保養品、營養品、首飾、服裝及醫美服務等項目，上訴人並協助贊助廠商刊登廣告或以置入性行銷、擔任產品代言人等方式，協助贊助廠商推廣產品及提高能見度等服務，業經上訴人提出 102 年至 105 年之贊助廠商合約書、贊助經費及商品統計表為證。證人○○○亦於原審結證稱：上訴人有當贊助廠商代言人、行銷化妝與保健產品等語。……。準此，足徵**上訴人雖為非以營利為目的之人民團體，然其提供商品或服務從事交易之團體**，為維護交易秩序與相關消費者利益，確保自由與公平競爭，應屬公平交易法第 2 條所指之事業[28]。」

(3) 自行開業之專門職業人員，如地政士、律師、會計師、建築師。

公平會 85 年 2 月 13 日（85）公法字第 00594 號函，就土地代書業是否屬於本法所稱「其他提供商品或服務從事交易之人」釋示：「依土地登記專業代理人管理辦法第 11 條[29]規定，專業代理人開業，應設立專業代理人事務

---

[28] 智慧財產法院 106 年度民公上字第 3 號民事判決。

[29] 土地登記專業代理人管理辦法業於 92 年 4 月 24 日內政部內授中辦地字第 0920081595 號令發布廢止。現行相關規定請參見「地政士法」。

　　　　　　　　所執行事務，均有一固定執行業務場所－代書
　　　　　　　　事務所，可以獨立從事土地登記代理工作，**為**
　　　　　　　　實際上提供服務從事交易之人，符合公平交易
　　　　　　　　法第 2 條第 4 款[30]所稱之事業，自應受公平交
　　　　　　　　易法所規範。」

問題 1：國家／行政機關有無本法第 2 條第 1 項第 3 款之適用[31]？

　　行政機關以機關本身名義對外為行為，具有「行為主體」
之地位。是以行政機關是否為本法所規範之事業，須視其行
為，係在行使公權力或進行私經濟行為而定：

①行使公權力

　　指高權行政（公權力行政），乃行政機關居於統治者地位
適用公法規定所為之各種行政行為，並非提供商品或服務從事

---

[30]　本法 104 年 2 月 4 日修正後，條次變更為第 2 條第 1 項第 3 款。

[31]　公平交易委員會網站，行政機關是否屬於公平交易法第 2 條所稱之事業？又
　　行政機關的需求行為，是否應受公平交易法之規範？
　　（一）行政機關係代表國家或地方自治團體等公法人對外為行為之組織體，
　　在其權限範圍內，以機關本身名義代表所屬法人對外為行為，因而具有「行
　　為主體」之地位。惟行政機關是否為公平交易法第 2 條所稱之事業，須視其
　　行為，係在行使公權力或進行私經濟行為而定：1.若行政機關係居於國家統
　　治權地位行使公權力或為公法行為，並非在提供商品或服務從事交易，與公
　　平交易法定義事業須具備之要件不符，故非屬公平交易法所稱之事業。2.惟
　　若行政機關立於私法主體之地位，從事一般私法上之交易行為或經濟活動
　　時，為確保其交易相對人及競爭者之公平交易與競爭機會，仍應比照一般私
　　人經營之事業同受公平交易法規範。
　　（二）行政機關以私法行為提供具市場經濟價值之商品或服務，或因提供商
　　品或服務而收取規費所引起等需求行為，不論在需求時是否已為該項商品或
　　服務之提供，均應受公平交易法之規範。又行政機關委託民間或其他機構辦
　　理以私法行為提供具市場經濟價值之商品或服務為業務或目的，所引起之需
　　求行為，不論在需求時是否已為該項商品或服務之提供，亦同。
　　https://www.ftc.gov.tw/internet/main/doc/docDetail.aspx?uid=1203&docid=143
　　07&mid=1201（最後瀏覽日：03/15/2024）；何之邁（2001），《公平交易

交易，與本法定義事業須具備之要件不符，故非屬本法所稱之事業。

此可參考公平會 81 年 4 月 18 日公研釋 001 號政府對公立醫院補助是否屬公平交易法規範範圍之疑義，謂：「……政府機關為公法行為時，其主體並非公平交易法第 2 條所稱之事業，因之政府對公立醫院依法或依政策編列公務預算予以補助，非公平交易法規範之範圍。」

②私經濟行為

指國庫行政，乃行政機關以私法方式達成行政任務的行為，亦即其立於與私人相當之法律地位，並在私法支配下所為各種行為，性質上係私法上之交易行為或經濟活動，為確保公平交易與競爭之機會，亦應屬本法第 2 條第 1 項第 3 款之規範對象[32]。

※ 相關案例：臺灣港務股份有限公司高雄港務分公司被檢舉向高雄港區業者收取錨泊管理費案（公平會 109 年 8 月 12 日第 1501 次委員會議決議書）

公平會多數委員決議，認為高雄港務分公司收取錨泊管理費之機制，屬提供服務從事交易之私經濟行為，有本法相關規定之適用。其說理如下：「

一、按臺灣港務股份有限公司係依『國營港務股份有限公司設置條例』，由交通部設立並由政府獨資經營之事業機構，其主要營業項目為停泊、曳船、裝卸及倉儲業務，統轄基

法實論》，頁 11-12，自刊。

[32] 林洲富（2018），《公平交易法：案例式》，增訂三版，頁 8。

隆、臺中、高雄及花蓮 4 個港務分公司，經營臺灣國際商港港埠相關業務，為特許經營之國營事業，故**臺灣港務股份有限公司之組織型態為公司，屬公平交易法第 2 條第 1 項第 1 款之事業。**

二、本會前曾於 82 年 6 月依照修正前公平交易法第 5 條規定公告基隆、臺中、高雄港務局為相關港埠服務之獨占事業，嗣並以 103 年 4 月 16 日公處字第 103043 號處分書，認定行為時之臺中港務局（處分時已改制為臺灣港務股份有限公司）提供碼頭後線土地及倉棧設施租賃服務之私經濟行為違反公平交易法相關規定。**關於本案錨泊管理費之收取，依交通部意見，係以公民營事業機構依業務需求而使用錨地者為主要對象，且係本於私法自治及契約自由原則，採契約方式辦理。**準此，本案高雄港務分公司收取錨泊管理費並非受交通部或該部航港局依行政程序法第 2 條第 3 項規定委託行使公權力之行為，而難認屬行政機關之高權行為。

三、本案錨泊管理費之收取固有『公民營事業機構投資興建或租賃經營商港設施作業辦法』第 9 條第 1 項規定之依據，惟該規定並未就錨泊管理費用之收費方式訂定標準，亦未訂有相關監管機制，故現行規範並未設有確保競爭機制之管制手段，尚無從認定有無牴觸公平交易法之立法意旨，爰尚難依公平交易法第 46 條但書規定排除同法之適用。綜上，本案**高雄港務分公司以公司之組織形式與使用錨地之航商簽訂契約，以提供港區錨地予其船舶下錨停泊，並收取錨泊費用之行為，屬於提供服務從事交易之私經濟行**

為，仍有公平交易法相關規定之適用。」

　　魏杏芳委員提出不同意見書，認為入出港許可管制與錨地指泊為國家公權力的行使，非私經濟或私法契約行為，無公平交易法之適用，理由在於：細究錨泊管理費發生的原因事實，則與船舶的入出港查核管制與錨地指泊作業流程有關，依現行法規觀之，包括錨泊管理費在內的整體措施其目的、作用與運作方式，本質上是國家機關依法行使海洋管制公權力的表現，無公平法之適用，此與國家立於私人地位或以港務公司身分，以財貨勞務爭取與人民進行交易，增益國家財政的目的不同。」

（四）事業所組成之同業公會或其他依法設立、促進成員利益之團體，視為本法所稱事業

1. 同業公會

　　本法所稱同業公會之範圍，規定於本法施行細則第 2 條第 1 項，包括：「一、依工業團體法成立之工業同業公會及工業會。二、依商業團體法成立之商業同業公會、商業同業公會聯合會、輸出業同業公會及聯合會、商業會。三、依其他法規規定成立之律師公會、會計師公會、建築師公會、醫師公會、技師公會等職業團體。」

　　故可見，公平交易法之同業公會，指由經營、從事相同或類似行業之成員（競爭同業），依據法律所組成之事業團體。

　　同業公會之成立宗旨，是為促進會員間之共

同利益，進而居中協調、主導會員之行動[33]，其實並不符合公平交易法第 1 條第 1、2 款之組織型態，亦不符合第 3 款所描述的一般性特徵。但由於同業公會須定期或不定期開會，並以多數決的方式達成決議，其會員無論是否參加決議、或同意決議內容與否，均須受決議內容之拘束，且同業公會之法定任務[34]，易與聯合行為有不同程度之關係，因此，同業公會相較於一般事業，更容易透過合意、章程、會員大會決議、理事會議決議等，發生聯合行為。再者，我國對於同業公會，是採取「業必歸會」制度[35]，同業公會又具有自律功能，得訂定獎懲，會員通常不敢違背同業公會之決議，因此公會的決議通常可順利被執行[36]、[37]。

---

[33] 黃銘傑（2003），〈註釋公平交易法——第二條〉，廖義男（等著），《公平交易法之註釋研究系列（一）第一條至第十七條》，行政院公平交易委員會合作研究報告，頁 74。

[34] 工業團體法第 4 條、商業團體法第 5 條。

[35] 依工業團體法第 13 條規定：「同一區域內，經依法取得工廠登記證照之公營或民營工廠，除國防軍事工廠外，均應於開業後一個月內，加入工業同業公會為會員……」；商業團體法第 12 條規定：「同一區域內，依公司法或商業登記法取得登記證照之公營或民營商業之公司、行號，均應於開業後一個月內，加入該地區商業同業公會為會員……」從業者依法律強制要求，必須加入同業公會。

[36] 毛書傑（2015），〈同業公會與聯合行為〉，《公平交易季刊》，23 卷 3 期，頁 98。

[37] 公處字第 108044 號：「同業公會利用其自律公約而為限制競爭之行為，例如某保全商業同業公會以經會員大會通過之自律公約及『報價參考基準對照表』限制保全同業報價，並對報價低於該標準之會員處以罰款，涉及限制會員之價格決定，違反本法聯合行為規定」。

　　　　行政院草擬「公平交易法草案」時，第 2 條
原不包括「同業公會」[38]，惟立法院審查時，立
法委員即基於「依我國之情形，聯合壟斷及聯合
漲價均係同業公會所主導、左右」之理由，將同
業公會也列為事業形態之一，而應受本法之規範
[39]。

2. 其他事業團體

　　　　本法施行細則第 2 條第 2 項規定「所稱其他
依法設立、促進成員利益之團體，指除前項外其
他依人民團體法或相關法律設立、促進成員利益
之事業團體。」

　　　　此種團體亦不符合公平交易法第 2 條第 3 款
「提供商品或服務從事交易」之要件，但與同業
公會一樣，具有協調同業關係、主導會員行動之
功能，而易促成聯合行為。職是之故，立法者為
避免無法歸責之法律漏洞，亦將同業公會以外之
其他依法設立、促進成員利益之團體，擬制為事
業，受公平交易法之規範。

3. 對參與會員之併罰

　　　　公平交易法於 104 年增訂第 43 條併罰之規
定：「第 2 條第 2 項之同業公會或其他團體違反
本法規定者，主管機關得就其參與違法行為之成

---

[38]　本法於 80 年訂定時，同業公會原規定於本法第 2 條第 3 款。

[39]　公平交易委員會（2019），《認識公平交易法（增訂第 18 版）》，頁 14。

員併同罰之。但成員能證明其不知、未參與合意、未實施或在主管機關開始調查前即停止該違法行為者，不予處罰。」

立法目的謂「同業公會或其他團體為違法行為時，除得對該組織論處違法責任外，因違法行為常係透過該組織之多數成員以決議或其他方式共同為之，是參與作成違法行為之合意形成、或執行違法行為之成員，實際上亦為違法行為之主體。為避免同業公會或其他團體之成員藉該組織遂行違法行為，卻冀免法律責任，是明定得對參與違法行為之成員予以併罰，以收嚇阻及制裁之效。復參考歐盟理事會 1/2003 號規則『命事業團體之會員償付罰鍰』之立法例，訂定但書規定，倘成員能證明其不知、未參與合意、未實施違法行為或在主管機關開始調查前即停止該違法行為者，因其或非行為主體、或已在主管機關調查前即自行停止為違法行為，則不在併罰之列。」

依上述規定，倘參與之會員未能提出足夠的事證，佐證其具公平交易法第 43 條但書之情，即會與同業公會或其他團體併受處罰。

4. 公平會發布【公平交易委員會對於同業公會等事業團體之規範說明】

使同業公會了解並落實公平交易法之相關規範，並作為公平會處理相關案件之參考。

問題 2：公司遵守同業公會的決議，同時調整價格，這是否違反公平法的規定[40]？

【範例】

　　同業公會來函通知甲公司，下個月將產品價格全部向上調整 10%，甲公司若不依照通知施行，將受同行排擠或譴責，甲公司只好遵照調整價格，這是否違反公平交易法？

【相關條文】

➤公平交易法第 2 條

➤公平交易法第 14 條

➤公平交易法第 34 條

➤公平交易法第 43 條

➤行政罰法第 14 條

【解析】

　　聯合行為的成立最主要的，是有競爭關係的事業彼此之間是否有一致的意思連絡行為。上述公會發出的通知，即屬於公平交易法第 14 條協議的一種，證據確鑿，不容狡辯。若該公司與同業未共同向公平會申請許可，即逕行接受協議的規定漲價，即有違反本法規定的行為。換句話說，依公平交易法的規定，聯合行為的施行並不一定違法，只要業者本身認為其聯合行為有益於整體經濟與公共利益，儘可依公平交易法第 15 條大方地向公平會申請許可，一旦取得許可，其聯合行為便不抵觸公平交易法。

---

[40] 修改自范建得、莊春發，《公平交易法 Q&A 範例 100》，問題 18，頁 81-82，商周文化，1992 年初版，後因授課需要，將原案例進行調整，編為課程講義使用。

依題意，甲公司雖然沒有直接參加同業公會的討論，共同做成調價 10%的決定，但是接到同業公會的漲價通知，遂依照通知，共同將產品價格向上調整 10%，甲公司依公會的決議執行漲價這種行為固然出於無奈（可能還暗自竊喜），但與同業公會其他同行同時漲價的行為，顯然已經造成共同決定價格的效果，有違反聯合行為的事實，不能以若不遵照通知施行，將受同業排擠或譴責作為抗辯的理由。

依公平交易法第 2 條第 2 項規定，同業公會屬於本法所稱的「事業」，所以完全符合第 14 條有關聯合行為定義的當事人的要件。進一步來說，公會的決議是由哪些人做決定的？做成決策的人如果是理事長或總幹事，或是所有會員共同決定，這些人即屬於公平交易法第 34 條所稱的「行為人」，必須為此不法的聯合行為負全責，依據該條的罰則規定，這些人有被處以 3 年以下有期徒刑、拘役或科或併科新臺幣一億元以下罰金的風險，至於未參與決策過程，但仍依照公會決議執行的甲公司，也應屬於上述所稱的「行為人」，按行政罰法第 14 條第 1 項：「故意共同實施違反行政法上義務之行為者，依其行為情節之輕重，分別處罰之。」同業公會及甲公司之責任，按其情節之輕重，分別處罰之。

又依公平交易法第 43 條但書規定，事業在參加同業公會所召開之會議時，倘有討論共同調整價格、減量出貨或劃分銷售區域等議題時，應留意是否有違反公平交易法之法律風險，最好留下未參與合意或拒絕實施之記錄，或未曾實施或在主管機關開始調查前停止實施之事證（例如會議中當場發言表示反對，或離席迴避，並記載於會議紀錄，或會後發存證函表示不

参與實施等）[41]，以避免事後遭到併罰。

【公平交易委員會對於同業公會等事業團體之規範說明】[42]

一、鑑於同業公會等事業團體係以協調成員關係、增進共同利益而成立之組織，其行為與公平交易法之適用關係向為各界所關注。為使同業公會等事業團體了解並落實公平交易法之相關規範，公平交易委員會（以下簡稱本會）爰蒐集彙整並分析同業公會等事業團體可能涉及公平交易法之行為態樣，研訂本規範說明，俾利同業公會等事業團體遵循辦理，同時作為本會處理相關案件之參考。

二、本規範說明所稱同業公會等事業團體如下：

（一）依工業團體法成立之工業同業公會及工業會。

（二）依商業團體法成立之商業同業公會、商業同業公會聯合會、輸出業同業公會及聯合會、商業會。

（三）依其他法規規定成立之律師公會、會計師公會、建築師公會、醫師公會、技師公會等職業團體。

（四）除前三款外，其他依人民團體法或相關法律設立、促進成員利益之事業團體。

三、同業公會等事業團體藉章程或會員大會、理、監事會議決議或其他方法所為下列約束事業活動行為之一，且足以影

---

[41] 張展旗（05/31/2019），〈公平法專欄：公平交易法究竟在規範誰？（中）〉，《群勝國際法律事務所法律專欄》，https://www.btlaw.com.tw/web/Home/NewsInfo?key=0227079976&cont=69223（最後瀏覽日：01/31/2024）。

[42] 原名稱為【行政院公平交易委員會對於同業公會之規範說明】，於82年6月16日第89次委員會議通過，嗣於105年6月8日第1283次委員會議修正名稱及全文、105年6月17日公服字第10512605781號令發布。

響生產、商品交易或服務供需之市場功能者，構成公平交易法第 15 條聯合行為之違反：

（一）約束成員不得價格競爭或訂定成員之商品價格或服務報酬。例如：訂定、製發商品或服務價格(參考)表、收費標準或調整幅度。

決定商品價格或服務報酬之調整時間。

授權理事長制定商品價格或服務報酬並據以實施。

（二）限制成員商品或服務之交易地區、交易對象或交易內容。例如：

限制成員營業據點或銷售區域。

約束成員互不爭取交易對象。

限制成員投標金額、投標與否等投標內容。

要求成員之上、下游事業，斷絕與非成員間之供給、購買或其他交易行為。

（三）限制事業進出相關市場。例如：

抵制非成員之商品銷售或服務供給。

拒絕法律規定須入會始得執業之事業申請入會。

（四）限制成員商品或服務之種類、規格或型式。

（五）限制成員商品或服務之製造、運送、銷售、供給，或產能、規模之擴充。例如：

以配額、產銷或服務數量上下限、存貨量、生產時間、原料購買或取得等方式予以限制。

實施統一或增減休假日、休市日或限制成員參展次數。

限制成員設備之重置或擴充及機器設置。

限制成員技術引進、研發。

　　　　限制成員營業之內容、方式。

　（六）限制成員商品銷售條件、服務條件或其他有關交易
　　　　支付條件。例如：

　　　　限制成員付款期間、付款條件。

　　　　限制成員交貨地點及方法。

　　　　限制成員售後服務之期間、內容及方法。

　（七）其他共同約束事業關於競爭之行為。

四、公平交易法對於聯合行為之規範係採「原則禁止，例外許
　　可」，故同業公會等事業團體倘有公平交易法第 15 條第 1
　　項但書各款所列情形，應由該同業公會等事業團體向本會
　　申請聯合行為許可。

五、同業公會等事業團體之行為雖未構成第 3 點之聯合行為，
　　但以損害特定事業為目的，促使他事業對該特定事業斷絕
　　供給、購買或其他交易之行為，而有限制競爭之虞者，構
　　成公平交易法第 20 條第 1 款之違反。例如：

　（一）以發函、傳真方式並輔以相關約束及制裁手段，促
　　　　使成員或他事業斷絕與特定事業間之供給、購買或
　　　　其他交易行為。

　（二）以損害特定事業為目的，將特定事業列名造冊並周
　　　　知成員，促使成員斷絕與前開特定事業間之交易行
　　　　為。

同業公會等事業團體之行為雖未構成第 3 點之聯合行為，但無
正當理由，對他事業給予差別待遇之行為，而有限制競爭之虞
者，構成公平交易法第 20 條第 2 款之違反。例如：無正當理
由，對於法律規定須入會始得執業之事業，拒絕入會之差別待
遇行為。

同業公會等事業團體之行為雖未構成第 3 點之聯合行為，但以脅迫、利誘或其他不正當方法，使他事業不為價格之競爭、參與聯合或為垂直限制競爭之行為，而有限制競爭之虞者，構成公平交易法第 20 條第 4 款之違反。例如：

（一）以拒絕入會之不正當方法，使申請入會之事業不得不遵照同業公會等事業團體所訂之價格銷售商品。

（二）以向成員揭露產業各類經營成本資料之方式，引導成員調整商品價格或服務報酬，促使成員不為價格之競爭。

（三）同業公會等事業團體之代表人或其代理人自行核算決定商品價格或服務報酬，並通知或建議成員調整商品價格或服務報酬，促使成員不為價格之競爭。

（四）為防止成員削價競爭，以收取押金之方式，促使成員不為價格之競爭。

（五）以要求成員出具切結文件之方式，促使成員拒絕與特定交易相對人之交易，否則移付懲戒或施行懲罰等不正當方法，使成員不為價格之競爭。

（六）以訂定內部規範之方式，促使成員拒絕與特定交易相對人之交易，使成員參與聯合之行為。

六、同業公會等事業團體所為下列行為，原則上不構成公平交易法之違反：

（一）蒐集國內外工商及服務業之市場調查、統計、研究及發展趨勢等產業資料供成員參考。

（二）舉辦成員之從業人員職能教育訓練，以及研發、推廣業務、經營管理方法之講習等事項。

（三）依據農業法規配合農政主管機關所為之產銷調節措

施。

（四）執行目的事業主管機關委託行使公權力之事項。

（五）訂定促使成員遵守法規之自律公約、職業倫理規範
　　　等自律性規範。

七、同業公會等事業團體違反公平交易法相關規定之法律效果：

（一）同業公會等事業團體：

違反公平交易法第 15 條、第 20 條規定者，本會得
限期令停止、改正其行為或採取必要更正措施，並
得處新臺幣（下同）10 萬元以上 5 千萬元以下罰
鍰；屆期仍不停止、改正其行為或未採取必要更正
措施者，得繼續限期令停止、改正其行為，或採取
必要更正措施，並按次處 20 萬元以上 1 億元以下
罰鍰，至停止、改正其行為，或採取必要更正措施
為止。

違反公平交易法第 15 條規定，經本會限期令停
止、改正其行為或採取必要更正措施，而屆期未停
止、改正其行為或未採取必要更正措施，或停止後
再為相同違反行為者，處行為人 3 年以下有期徒
刑、拘役或科或併科 1 億元以下罰金。

違反公平交易法第 20 條規定，經本會限期令停
止、改正其行為或採取必要更正措施，而屆期未停
止、改正其行為或未採取必要更正措施，或停止後
再為相同違反行為者，處行為人 2 年以下有期徒
刑、拘役、或科或併科 5 千萬元以下罰金。

（二）成員：

同業公會等事業團體違反公平交易法規定者，本會

得依同法第 43 條規定，就其參與違法行為之成員併罰。

成員能證明其不知、未參與合意、未實施或在本會開始調查前即停止該違法行為者，不予處罰。

八、本規範說明僅係針對若干同業公會等事業團體常見可能涉及公平交易法之行為態樣加以說明，容或有未盡周延之處，本會將隨時補充修正，至於個案之處理，仍須就實務上具體事實個別認定之。

第三節　市場經濟下的交易關係

一、本法規定

本法第 3 條規定：「本法所稱交易相對人，指與事業進行或成立交易之供給者或需求者。」

「維護交易秩序」為本法立法目的之一，而交易至少存有兩方當事人，其中一方為本法第 2 條所規範之「事業」，另一方與其交易者為本法第 3 條規定之「交易相對人」。

就比較法之觀察，本法就「交易相對人」為定義性之立法，實屬立法上之特例。本法明示列出「交易相對人」之條文，為第 9 條第 3 款「獨占之事業，不得有下列行為：……三、無正當理由，使交易相對人給予特別優惠。」、第 19 條第 1 項「事業不得限制其交易相對人，就供給之商品轉售與第三人或第三人再轉售時之價格。但有正當理由者，不在此限。」及第 20 條第 5 款「有下列各款

行為之一，而有限制競爭之虞者，事業不得為之：……五、以不正當限制交易相對人之事業活動為條件，而與其交易之行為。」，然黃銘傑教授認為：「此規定以具獨立決定權限，可於市場為有效獨立競爭個體為前提，縱使雙方當事人於形式、外觀上有交易關係，但實質欠缺獨立決定權限時，實已難為本條交易相對人。另方面，當形式上雙方當事人有交易行為，但實質卻因一方不符交易相對人之定義，而欠缺交易之實質時，即無法視為交易行為，該當行為之效果、責任和相關經濟利益，應由得獨立為交易決定、屬市場上之獨立的有效競爭個體一體承受。是以本條之規範功能，除前述決定公平交易法相關條文適用之有無外，亦可作為決定特定行為之法定權限、責任及效果之歸屬，而有其固有的規範定位與存在意義[43]。」

二、要件說明

（一）進行或成立

進行與成立乃指交易係處於進行式或完成式，故尚未與事業進行或成立交易之「潛在交易相對人」，並非本條規定所稱之交易相對人[44]。

---

[43] 黃銘傑（2003），〈註釋公平交易法──第三條〉，廖義男（等著），《公平交易法之註釋研究系列（一）第一條至第十七條》，行政院公平交易委員會合作研究報告，頁 101-103。

[44] 黃銘傑（2003），〈註釋公平交易法──第三條〉，廖義男（等著），《公平交易法之註釋研究系列（一）第一條至第十七條》，行政院公平交易委員會合作研究報告，頁 103。

（二）交易

　　界定交易相對人之核心為「對價關係」與「獨立性」。對價關係指：「商品或權利於當事人間進行移轉」，為「交易」之基礎要件；獨立性有無的判斷，則可進一步認定：「當事人間之交易是否出自二個個別獨立主體的自由意思決定，縱令形式上有等價交換的存在」，然黃銘傑教授認為：「若是否交易、相關交易條件之決定，可由一方單獨決定時，此時『交易』行為僅為一事業體內的移動，而非此條所規範之的交易關係[45]。」

三、相關問題：代銷契約中限制銷售價格有無違反公平交易法

　　公平會見解為：是否為代銷契約，不能僅從其契約之字面形式判斷，而應就其實質內容加以認定。如確屬代銷契約中約定有銷售價格者，因代銷之事業所獲得之利潤並非因購進商品再予轉售而賺取其間之差額，因此無轉售價格之問題，不適用公平交易法第 19 條之規定[46]。

　　有關代銷模式之交易相對人，黃銘傑教授指出：「代銷模式中，自商品之交易流通過程來看，委託事業與代銷商間因欠缺本條『交易』應有之對價關係及獨立性二項要

---

[45] 黃銘傑（2003），〈註釋公平交易法——第三條〉，廖義男（等著），《公平交易法之註釋研究系列（一）第一條至第十七條》，行政院公平交易委員會合作研究報告，頁 104。

[46] 公平交易委員會（90）公法字第 00827 號函。

件，而不能認定代銷商為該事業之交易相對人[47]。」

第四節　公平交易法所維護之競爭[48]

一、本法規定

　　公平交易法第 4 條規定：「本法所稱競爭，指二以上事業在市場上以較有利之價格、數量、品質、服務或其他條件，爭取交易機會之行為。」

　　該條立法理由謂：「……競爭……原為經濟學上之名詞，因本法之規定係以公平競爭為基礎，故有明定其定義之必要。」透過立法明文定義競爭之內涵，將原屬經濟學領域之概念納入法律體系，使主管機關與法院適用本法時可資遵循。

二、競爭之意涵

（一）本法第 4 條競爭之概念

　　1. 本法第 4 條對於「競爭」之立法定義，學者石世豪認為屬側重行為層面之動態觀點、兼及於績效層面之消費者利益與資源配置效率觀點，近似於

---

[47] 黃銘傑（2003），〈註釋公平交易法──第三條〉，廖義男（等著），《公平交易法之註釋研究系列（一）第一條至第十七條》，行政院公平交易委員會合作研究報告，頁 108。。

[48] 石世豪（2003），〈註釋公平交易法──第四條〉，廖義男（等著），《公平交易法之註釋研究系列（一）第一條至第十七條》，行政院公平交易委員會合作研究報告，頁 121-128。。

德國法上之「效能競爭（Leistungswettbewerb）」概念；亦即，立法者所重視者，係競爭所應發揮之積極功能，例如：效率、分配、創新、制衡等，並視競爭為一項法制度加以保障[49]。

2. 公平會針對本條規定，亦採取「**效能競爭**」概念之解釋立場，效能競爭是在追求最好的生產方法、品質、原料供應成本及包裝等，希望能透過這方面的事業競爭，達到嘉惠消費者以及維護競爭利益的社會福利。姑不論這種受 1940 至 1960 年代哈佛學派影響的經濟理論，是否能正確反映當代的競爭規範價值，在分析上，我們應以資源配置技術及一般配合（消費者配合）等效率是否能夠達成，來判斷一個行為是否有違反競爭的理念[50]。

3. 司法實務有多數判決肯定效能競爭之觀點（荷蘭營養女神公司使用他人表徵案，89 年度判字第 3830 號、第 3831 號；白人牙膏模仿商品外觀案，89 年度判字第 2549 號；美商普司通警告信案，89 年度判字第 914 號）；在《公平交易法之註釋研究系列（一）第一條至第十七條》研究報告中並認為，有部分判決雖肯定效能競爭概念而另為不

---

[49] 石世豪（2003），〈註釋公平交易法——第四條〉，廖義男（等著），《公平交易法之註釋研究系列（一）第一條至第十七條》，行政院公平交易委員會合作研究報告，頁 125。

[50] 修改自范建得、莊春發，《公平交易法 Q&A 範例 100》，問題 76，商周文化，1992 年初版，後因授課需要，將原案例進行調整，編為課程講義使用。

同之事實認定者（貝恩企業警告信案，最高行政法院 91 年度判字第 361 號判決）；亦有少數判決未採效能競爭概念之論理說明，逕就系爭事實具體認定其不法內涵者（公路總局招標未審核同級品案，91 年度判字第 621 號）。整體而言，效能競爭概念固為公平交易法之競爭規範體系性論理基礎，卻不足以取代個別條文內之法定構成要件要素。因此，關於事業競爭行為違法性之認定，仍應依本法各條實體規定中有關正當性或公平性之要件而定，不得逕依效能競爭概念加以推論[51]。

4. 公平會及司法實務上為適用本法各條規定，亦就競爭概念有關之構成要件解釋如下[52]：

(1) 在飛利浦、新力及太陽誘電等三家事業 CD-R 光碟片技術市場之聯合授權行為案（公處字第 091069 號處分書），公平會援引本法第 4 條，認為：「被處分人等在發展系爭產品技術之初，即存在各自研究、生產、相互競爭的狀態，在 CD-R 光碟片技術市場上，被處分人等各自擁有之專利技術，均為 CD-R 光碟產品製造所必須使用到，則對於擬被授權人（即需求

---

[51] 石世豪（2003），〈註釋公平交易法——第四條〉，廖義男（等著），《公平交易法之註釋研究系列（一）第一條至第十七條》，行政院公平交易委員會合作研究報告，頁 126-127。

[52] 石世豪（2003），〈註釋公平交易法——第四條〉，廖義男（等著），《公平交易法之註釋研究系列（一）第一條至第十七條》，行政院公平交易委員會合作研究報告，頁 127。

者）而言，必須一一尋求渠等三家事業的各別授權，始可製造完成 CD-R 產品，缺一不可，且經飛利浦公司證稱，系爭授權內容所含之各項專利係屬可分開之技術商品，被授權人亦可選擇就不同國家之個別專利分別授權，並支付權利金，且被授權廠商各別在爭取專利權人之授權時，專利權人間倘以勾結方式，迫使被授權廠商無法獲得完整的授權，或共同決定各自或所有授權專利之價格或其他條件，損害被授權人選擇交易的機會，恐將影響該等授權專利之交易及供需的市場功能。被處分人目前所提供之專利技術縱使因共同制定規格而不具替代性，然被處分人同為 CD-R 之技術提供者及製造者，對於其他被處分人所擁有之專利技術，仍然可以透過迴避專利範圍之方式，研發具有類似功能之替代性技術，與其他被處分人就 CD-R 技術授權進行競爭。是以，專利權人所擁有之專利，縱均為製造某種商品所必要，主張該等專利具有互補性，仍無礙渠等事業繫屬同一產銷階段，具有水平競爭關係之認定。據此，被處分人等於系爭 CD-R 光碟片技術市場上，係屬同一產銷階段之事業，其各自擁有之專利縱具有互補性，仍得單獨對被授權人各自以較有利之條件，爭取交易機會，故屬具有水平競爭關係之事業。」

(2) 軟體代理商（83 年公處字第 111 號處分書）案

中，公平會認為事業亦應就其商品或服務軟體
授權在臺之前後任總代理商，業務範圍均為有
關電腦軟、硬體方面產品，雖宣稱產品不同，
散發傳單「提醒消費者」對方價格不合理且產
品有瑕疵，傳單並列有各式產品之價格比較表
等事實，足以推知，二者所各提供之產品實具
有替代可能性，而可認為係屬同一市場範圍之
具有競爭性質產品[53]。

(3) 學者石世豪認為：「品牌內競爭，乃特定市場
內品牌商品之下游通路，仍可於價格、服務範
圍內為競爭（和成欣業股份有限公司案，行政
法院 86 年度判字第 3288 號判決）；在限制轉
售價格事件中，區別品牌內競爭與品牌間競
爭相當重要（金雙氧隱形眼鏡清潔劑案，最

---

[53] 行政院公平交易委員會處分書(83)公處字第 111 號「四、查判斷事業之行為
是否為『競爭之目的』，其前提應以事業間具有『競爭關係』為要件，而所
謂『競爭關係』，公平交易法第 4 條已有明定：『本法所稱競爭，謂二以上
之事業在市場上以較有利之價格、數量、品質、服務或其他條件，爭取交易
機會之行為』。本案中之檢舉人與被處分人，既係頂尖公司產品 TOPFONTS
軟體授權在台之前後任總代理商，其業務經營範圍均為有關電腦軟、硬體方
面產品，雖被處分人於筆錄中宣稱該公司之產品與檢舉人所生產之產品並不
一樣，然由其後在答覆本會詢問該公司為何散發系爭傳單此一問題時，所答
乃『因輝聯公司（即檢舉人）所刊登之價格不合理且頂尖公司之產品有瑕
疵，故本公司之主要用意是在提醒消費者，以免消費者受騙。』等語；復證
以該傳單左下方並列有檢舉人與被處分人各式產品之價格比較表等事實，足
以推知，被處分人與檢舉人所各提供之產品實具有替代可能性，而可認為係
屬同一市場範圍之具有競爭性質產品。因之，被處分人製作、散發系爭傳單
之目的，明顯即係為競爭之目的所為。因若檢舉人之產品與被處分人之產品
完全無涉而不具競爭關係，依常理推之，被處分人實無須耗時費力製作該系
爭傳單，並將之收錄於該公司之測試版磁碟片中，而於有關之電腦展覽中予
以散發、贈送。」

高行政法院 92 年度判字第 825 號判決）[54]。」

（二）補充：「競爭」一詞的多元內涵[55]

1. 以個別產品而言，可區分為「品牌內競爭（Intra-Brand Competition）」與「品牌間競爭（Inter-Brand competition）」。

2. 以市場開放與否，可區分為「市場競爭」與「產業競爭」。

3. 以廠商關係而言，可區分為「水平競爭」與「垂直競爭」。

4. 以影響效果而言，競爭可擴大為「潛在競爭」與「外國競爭」。

　　學者提出，在實務上，反托拉斯政策所欲達成之「競爭內涵」為何？可能需要從更務實的角度出發。其檢視公平交易法條文，獨占力濫用行為的規範，因為規範行為不同，其所追求的競爭內涵，有些可能是多重的，有些則是單一目標。結合的情形亦然，依水平、垂直、多角化結合，其所欲實現的競爭目標可能不同。聯合行為規範所追求的目標是以「市場競爭」為目標；維持轉售價格以「品牌內競爭」為核心；杯葛以「垂直競爭」為重點；差別待遇、搭售、獨家交易則有「市場競爭」與「產業

---

[54] 石世豪（2003），〈詮釋公平交易法——第四條〉，《公平交易法之註釋研究系列（一）第一條至第十七條》，行政院公平交易委員會合作研究報告，頁 127-128。

[55] 莊春發（2002），〈競爭的內涵與公平交易法規範〉，《公平交易季刊》，10 卷 3 期，頁 21-31。

競爭」之內涵。至於地域限制、顧客限制、使用限制等非價約制行為，則強調「品牌內競爭」，追求「市場競爭」。其認為，公平交易法反托拉斯規範中，大部分仍以「市場競爭」為核心，並兼納「產業競爭」、「潛在競爭」、「品牌內競爭」及「垂直競爭」等次目標[56]。

問題 3：不實廣告的管制與消費者的維護有何關聯性[57]？

【範例】

　　某甲看到牛肉麵店廣告圖片，誤以為其中有許多牛肉。點餐後發現，牛肉竟只有小小的兩、三片。試問某甲可否依公平交易法不實廣告的規定來控告該店？

【相關條文】

➢公平交易法第 4 條

➢公平交易法第 21 條

➢行政訴訟法第 5 條

➢消費者保護法第 22 條

【解析】

　　這個問題關係到消費者能否主張公平法來控告廠商，以及公平法與消費者保護究竟有何關係？原則上依據我國公平法的相關規定，我們相信，第 21 條的規定是不能解釋為保護消費

---

[56]　莊春發（2002），〈競爭的內涵與公平交易法規範〉，《公平交易季刊》，10 卷 3 期，頁 31-38。

[57]　修改自范建得、莊春發，《公平交易法 Q&A 範例 100》，問題 57，頁 174-176，商周文化，1992 年初版，後因授課需要，將本案例進行調整，編為課程講義使用。

者的，但並不代表消費者權益不受到公平法的保護。舊有見解僅認為，消費者權益只是附帶或「反射」的條件。

首先，我們要了解，第 21 條屬於第三章「不公平競爭」管制的一種，而**依公平法第四條的規定，「競爭」指的是事業間的競爭，所以只有妨礙競爭利益的不實廣告行為，才是第 21 條所應加以干預的**。目前有部分人士引用美國案例來說明消費者權益與競爭利益的不可分；其所言固然屬實，但美國法之所以能如此解釋，是因和我國公平法不同使然，美國法中對不當廣告的規範，分列於聯邦貿易委員會法案（FTC Act）及拉蘭法案（Lanham Act）；後者明文排除消費者的訴訟權，而前者則將消費者保護納入。

聯邦貿易委員會法案之所以如此解釋，是基於以下兩點與我國的不同：

①法條中沒有定義「競爭」，而把它留給法院來解釋。

②聯邦貿易委員會下設消費者保護處，有執行消費者保護的能力。

反觀我國，公平法既然已明白定義「競爭」的意義，執法者就無擴張解釋的空間，再加上公平會人力有限，執法者更無執行消費者保護的能力。所以不應將公平法解釋為直接保護消費者的立法，但這不代表消費者利益不受保護。惟，自民國 87 年 11 月 20 日司法院大法官釋字第 469 號解釋理由書中，揭示之「保護規範理論」後，使民眾有機會依行政訴訟法第五條第一項，請求法院向公平會課與為行政處分之義務。該解釋理由書謂：「如法律雖係為公共利益或一般國民福祉而設之規定，但就法律之整體結構、適用對象、所欲產生之規範效果及社會發展因素等綜合判斷，可得知亦有保障特定人之意旨時，

則個人主張其權益因公務員怠於執行職務而受損害者，即應憑其依法請求救濟。」蓋，消費者的權益則亦得依消費者保護法第 22 條的規定來加以維護。

公平法第 21 條所維護的競爭利益必然反映在市場占有率的增減上，而市場的增減取決於客戶（消費者）的判斷，當消費者受不實廣告影響而誤判時，廣告主必然因喪失客戶，而流失了部分的市場。因此，我們可以發現，事業競爭利益的損失也就是消費者所受的損害，所以當公平法以第 21 條來保護事業競爭的利益時，消費者權益也「間接」的受到保護。

以本案來說，買到「不實」牛肉麵的消費者應不能「控告」該店，但可以「舉發」其違法；倒是該店的競爭者（其他牛肉麵店）除舉發其違法行為外，尚可依公平法第 29 到 33 條的規定訴請制止或損害賠償。至於消費者，則可能須依民法、消費者保護法及相關行政法令之規定請求損害賠償。

第五節　攸關責任認定的市場定性

一、本法規定

公平交易法於 80 年已明定特定市場之定義，規範於當時公平交易法第 5 條第 3 款，立法理由謂：「按特定市場，係指經濟學上之競爭圈而言，因商品替代性之廣狹、商品銷售地域之不同而解釋其區域或範圍。參考韓國限制獨占法第二條第六項規定及美國判例。」，復於 104 年修訂時由原條文第五條第三項移列，依主管機關過去執法實務，

　　「特定市場」事實上即為國外競爭法所稱之「相關市場」，爰參酌外國立法例，將「特定市場」修正為「相關市場」，俾與國際接軌[58]。

　　公平交易法第 5 條規定：「**本法所稱相關市場，指事業就一定之商品或服務，從事競爭之區域或範圍**」。

　　依法條定義，參酌公平交易法委員會對於相關市場界定之處理原則問答集：「所謂的『市場』，並非單純指一些具有相同特徵的產品或服務之集合，而是自『競爭』的角度來切入，關注事業就其所提供的產品或服務是否會對彼此的競爭產生限制所構成之範圍，至於事業受到彼此的競爭產生限制的來源有需求替代（demand substitution）[59] 及供給替代（supply substitution）[60]，在界定市場時，通常就這二方面進行審視，但主要應審視者為需求替代，並得視商品或服務特性考量供給替代[61]。」又前述市場的「區域或範圍」應包含所有能夠滿足特定需求，且在價格、品

---

[58] 公平交易法 1040122 全文修正第五條立法理由：

「一、由原條文第五條第三項移列。二、依主管機關過去執法實務，『特定市場』事實上即為國外競爭法所稱之『相關市場』，爰參酌外國立法例，將『特定市場』修正為『相關市場』，俾與國際接軌。其他相關條文文字並配合修正之。三、本法有關限制競爭之條文，於執法時均會涉及『相關市場』概念，爰將『相關市場』定義規定置於『總則』章，並酌作文字修正。」

[59] 依公平會發布之〈公平交易委員會對於相關市場界定之處理原則〉，需求替代係指，「事業調整特定商品價格或服務報酬時，交易相對人能夠轉換至其他商品或服務，以取代該特定商品或服務之情形。」

[60] 依公平會發布之〈公平交易委員會對於相關市場界定之處理原則〉，供給替代係指，「事業調整特定商品價格或服務報酬時，競爭者或潛在競爭者能夠提供其他具替代性之商品或服務，以取代該特定商品或服務之情形。」

[61] 公平交易委員會網站，公平交易委員會對於相關市場界定之處理原則問答集，https://www.ftc.gov.tw/internet/main/doc/docDetail.aspx?uid=1345&docid=13940&mid=37（最後瀏覽日：01/31/2023）。

質及其他功能可以合理替代的商品或服務所構成的組合[62]。

二、界定相關市場之重要性

由於界定「相關市場」是競爭法進行市場競爭分析之最基本與關鍵的執法前提，如 OECD 所提「任何型態的競爭分析都是由界定相關市場出發」，且市場界定是主管機關在執法時，用來界定事業間競爭範圍的過程，藉此可以了解到被調查事業行為所造成的競爭限制，並據此推估其市占率及所反映的市場力[63]。

我國公平法有關限制競爭之條文，於執法時均會涉及「相關市場」概念，如 104 年修訂理由所述，對此學者廖義男認為：「規範限制競爭行為，重點在事業行為本身對競爭有無產生減損、阻礙或排擠之效果；討論限制競爭行為的前提，必須先界定相關市場後，方能評估事業的行為是否對相關市場競爭產生影響[64]。」

例如：

（一）獨占（本法第 7、8 條、本法施行細則第 3 條）

公平會認定某事業是否為獨占廠商，需先界定相關市場範圍，再審酌事業於相關市場之占有率（最常見的指標），作為推算事業是否具有市場支配地位之初步依據。

---

[62]　公處字第 100033 號。

[63]　公平會位經濟競爭政策白皮書，頁 29-30。

[64]　廖義男（2016），〈相關市場界定之論證要求——從行政法院相關裁判觀察〉，《第 22 屆競爭政策與公平交易法學術研討會論文集》，頁 2。

（二）結合（本法第 11 條）

結合管制是對於即將結合之事業，衡量其結合後可能產生之市場效果與影響。依本法第 11 條規定，市場占有率達一定比率門檻之結合，才須向公平會提出申報。在測定結合的市場占有率時，需先界定「相關產品」，復再尋找「相關產品市場」，從而才能定出其市場占有率。而當事業與公平會所界定的市場範圍不一致時，常會發生事業自認未達市場占有率門檻而無須申報，但卻被公平會處罰的爭議。

（三）聯合行為（本法第 14 條）

聯合行為之規範，是為管制同一產銷階段之事業，其共同行為是否足以影響生產、商品交易或服務供需之市場功能。學者劉姿汝認為：「涉及市場支配力（market power）的聯合行為認定，需計算市場占有率。而計算市場占有率之前提為界定相關市場，因為相關市場之範圍將影響市占率之判斷[65]。」

相關市場界定範圍愈廣，個別事業之市場力量相當有限；但若界定過廣之相關市場，可能使公平會為規制行為有所誤判[66]。

---

[65] 劉姿汝（2017），〈論聯合行為之市場界定與市場效果——兼與日本獨占禁止法之比較〉，《公平交易季刊》，25 卷 3 期，頁 38。

[66] 對公平會而言，若市場界定的過大，可能使某些實際上具有強大市場力的事業成為漏網之魚；但倘相關市場範圍界定得太小，則可能過度誇大了事業的市場地位並錯估了行為的危險性，以至於做出錯誤的管制措施，反而損害市場效率。而對事業來說，市場界定範圍的大小更是訴訟攻防的焦點所在。因

問題 4：什麼是相關市場[67]？

【範例】

　　A 公司宣稱，其影印機在國內市場銷售占有比例為 70%，該公司是否屬於本法所欲規範的獨占事業？

【相關條文】

➢公平交易法第 5 條

➢公平交易法第 7 條

【解析】

　　A 公司在影印機市場屬於獨立事業，而產品市場占有率固然是一項重要指標，但以「影印機」作為一相關市場的範圍是否適當，仍須進一步考慮在需求和供給面出現競爭者的可能性，亦即在空間上是否可能存在其他競爭者。用學理以上的術語來說，前者是指影印機相關產品市場的範圍，而後者則是指影印機的相關地理市場。所以，影印機市場是不是一個適當的市場定義，在沒有事先確定之前，單從影印機在市場占有率超過 70%，不應該直接據此判定該生產事業在市場上為獨占事業。

　　影印機的相關產品市場，很可能不僅只包括 A 公司，因為就購買影印機的消費者而言，市面上影印機的功能普遍包括掃描、列印以及傳真等。除了影印機本身具備其他功能外，還有

此，如何精確地界定出相關市場，實為重要議題。張展旗（05/31/2019），〈公平法專欄：公平交易法中的市場界定（上）〉，《群勝國際法律事務所法律專欄》，https://www.btlaw.com.tw/web/Home/NewsInfo?key=0227079976&cont=80905（最後瀏覽日：01/31/2024）。

[67] 修改自范建得、莊春發，《公平交易法 Q&A 範例 100》，問題 2，頁 29-31，商周文化，1992 年初版，後因授課需要，將原案例進行調整，編為課程講義使用。

其他國外大廠如 HP、Canon、Epson 以及 Samsung 等，也都提供相同或相類似的影印機產品，與 HP 所供應之影印機之間的替代關係也非常密切，**所以一旦著重影印機之影印功能作為特定市場的範圍是否允當，還有待斟酌，可能以「多功能事務機」作為市場範圍反而較為適切。**

除此之外，因為 A 公司一旦將影印機的價格提高時，消費者很可能棄 A 公司而選擇 Canon、HP 或 Epson 的影印機；相反地，若影印服務價格降低，其他影印機的消費者，可能反過來棄原廠商而就 A 公司。因此，**表面上影印機在臺灣多功能事務機市場，雖然有極高市場占有率，但因受到其他相關密切替代品競爭的影響，它對「多功能事務機」市場的控制實在有限**，當然就不符合本法第 7 條所陳述的「市場上具有壓倒性地位」的獨占要件。

另外，**就供給替代可能性來觀察，若生產其他種雷射印表機的廠商，在生產技術上，很容易轉為生產影印機時，一旦影印機的市場行情看好，這些廠商很可能立即轉換生產影印機，使市場上影印機的供給量大幅增加，原有影印機生產廠商抬高價格的能力便受到相當的限制。**

若時間夠長，還可能促使新進廠商進入多功能事務機市場，進一步增加市場上多功能事務機的供給量，使 A 公司的市場價格影響力大幅減弱。

若再加上國外進口的潛在競爭者，市場占有率很高的影印服務廠商，控制市場的能力，可能並沒有表面上所顯現那麼強。

總之，在界定特定產品的市場範圍，必須考慮相關產品市場範圍，此相關產品的市場範圍又可再從產品需求合理的替代

可能，和供給替代的可能加以分析。此外，考慮相關地理市場也非常重要，像有些產品可能因為它不適合搬運、價值低，或不適合長途運送，它的地理市場範圍也就較小。法令上的規定也會影響市場範圍的大小，如關稅、配額等也是影響特定產品市場的重要因素。

三、相關市場之界定方法

（一）相關市場範圍可細分為「相關產品市場」以及「相關地理市場」

對競爭法而言，界定「相關市場」與衡量事業之「市場力量」是競爭法主管機關執法過程中所需處理的兩項關鍵前提要件[68]，而所位界定「相關市場」需要考量的則有相關產品市場、地理市場與時間因素等：

1.「相關產品市場」

著重產品本身的**供給替代**可能性和**需求替代可能性**。依據公平交易委員會對於相關市場界定之處理原則問答集〈三、為何需求替代為界定相關市場主要審酌之事項？〉：「需求替代為界定

---

[68] 然而支付系統的崛起，其有別於其他產業的特色，有可能使競爭主管機關面臨更高的執法挑戰。例如信用卡或是電子行動支付系統所具有的雙邊或多邊市場及網路效果特色，以及市場參與事業經常以免費方式提供服務的營運模式，限制了傳統以觀察價格變動所帶動之產品需求與供給替代程度及事業獲利變動程度來界定市場的空間。參陳志民，〈支付系統與競爭〉，《第25屆競爭政策與公平交易法學術研討會論文集》，2019年12月，頁185-213。

相關市場主要審酌之事項，需求替代是指事業調高特定商品價格或服務報酬時，需求者（或消費者）能夠而且願意轉換至其他產品，以取代該特定產品之情形。從競爭法角度而言，需求替代是對事業所提供之特定產品具有最直接且最有效的約制力量，特別是對於事業的訂價決策，所以產品間是否具有需求替代關係，要從產品價格上漲後需求者的反應來觀察，通常可藉由買方過去的反應、對買方的調查、產品特性、賣方行為以及產業專家看法取得相關的證據或資料[69]。」

2.「相關地理市場」

將**交通運輸、地理特性**與**該地區法規規定**等因素納入考量，同一個市場範圍內還可細分為數個不同的地理市場。

如國內砂石市場即可因採去地點不同，再加上交通運輸等限制，區分為北部、中部、南部等不同地理市場[70]。

如發電市場界定，依照經濟調度原則於國內本島單一電力網下統一調度電力，進而採臺灣本島為單一電網，並認為界定市場必須考量電力需求替代性，認為無論是燃煤、天然氣發電等，最終產品都是電力，而認為業者所提供之電力特性

---

[69] 公平交易委員會網站，公平交易委員會對於相關市場界定之處理原則問答集，https://www.ftc.gov.tw/internet/main/doc/docDetail.aspx?uid=1345&docid=13940&mid=6（最後瀏覽日：01/31/2024）。

[70] 《認識公平交易法》，增訂第 19 版，頁 37-38，公平交易委員會出版。

相同，有水平競爭關係，是以認定電力業者間之地理市場為同一臺灣本島[71]。

如在民用航空運輸服務業間的相關市場認定，則考量交通運輸因素而採用城市對（city-pair）作為特定市場範圍[72]，可參公平交易委員會對於國內民用航空運輸事業結合、聯合行為案件之處理原則第三條規定：「本會審查民用航空運輸事業結合申報、聯合行為許可案件之市場界定，原則上以其『城市對』作為最小之市場範圍⋯⋯。」

3.時間因素

時間因素也是影響消費選擇的一大因素，如若時間充裕，消費者在選購產品時可接受到較遠的地方購買品質佳、便宜或功能相近似之商品，如此則使市場範圍變得較寬廣[73]。

---

[71] 吳宏一、丁意如（2022），〈民營電廠涉聯合行為——評最高行政法院 109 年度上字第 847 號判決〉，《月旦會計實務研究》，57 期，頁 106-111。最高行政法院 109 年度上字第 847 號判決。

[72] 參酌各國對於航空旅客運輸服務市場的界定，原則上宜以「城市對」(city-pair)作為最適當之市場範圍，並考量下列因素：1.起訖地點相鄰近地區之不同航線間之替代能力。2.航空與高速鐵路、鐵路、公路及水面運具間之替代能力。3.其他與相關航空市場界定有關之因素。可參公處字第 100033 號；廖士權（2022），〈聯合行為之認定——析究 111 年公處字第 110041 號處分案〉，《月旦會計實務研究》，56 期，頁 59-64。

[73] 《認識公平交易法》，增訂第 19 版，頁 37-38，公平交易委員會出版。

（二）【公平交易委員會對於相關市場界定之處理原則】

公平會 104 年 3 月 6 日制訂【公平交易委員會對於相關市場界定之處理原則】說明界定市場的基本原則、考量因素與分析方法。然鑒於 111 年 12 月公布「數位經濟競爭政策白皮書」就數位經濟下多邊市場之相關市場界定，爰併參酌國際競爭法立法趨勢，及審酌實務運作情形，公平會首次對【公平交易委員會對於相關市場界定之處理原則】進行修正，並於 112 年 11 月 22 日完成且對外公布施行[74]。但須留意，此處理原則乃公平會認定事實之判斷基準，其性質屬「行政規則」（行政程序法第 159 條第 2 項第 2 款參照），對此學者廖義男認為：「法院得就相關市場之界定為審查，審查時可與行政機關制定之行政規則為不同之判斷，並不必然被行政規則所拘束[75]。」

---

[74] 參閱公平交易委員會對於相關市場界定之處理原則部分規定修正草案總說明。王性淵，〈修正公平交易委員會對於相關市場界定之處理〉，《公平交易委員會電子報》，240 期。

[75] 學者廖義男認為：「除行政機關於具體個案界定相關市場時應遵循其自訂之行政規則而自我拘束者外，該相關市場界定原則之規定是否周延及正確，以及行政機關於具體個案有無依照其自訂之行政規則界定相關市場，皆為法院得審查之對象。換言之，公平會所定之相關市場界定原則，法官於審判案件時，固可予以引用，但仍得依據法律，表示適當之不同見解，並不受其拘束（司法院釋字第 137 號、第 216 號解釋）。」。廖義男（2016），〈相關市場界定之論證要求──從行政法院相關裁判觀察〉，《第 22 屆競爭政策與公平交易法學術研討會論文集》，頁 3。

問題 5：處理結合時所考慮的市場占有率與獨占時所考慮的是否相同？[76]

【範例】

　　證券市場為一激烈競爭的市場，每一家公司的市場占有率都很低，是否券商合併就不會有申報結合的問題？

【相關條文】

➤公平交易法第 8 條

➤公平交易法第 11 條

➤公平交易法施行細則第 3 條

➤公平交易法施行細則第 11 條

【解析】

　　雖然每家券商的市場占有率在以整個臺灣為範圍來看時均顯得很小，但是若「相關地理」市場是指縣市而言，市場占有率未必就低。此外，由於券商的年度總銷售金額甚高，可能仍有因金額超過公告標準而必須申請許可者。

　　原則上並非所有的結合皆須向公平交易委員會申報，公平法第 11 條指出，只有以下情形之結合才有申請許可的必要。

一、事業因結合後，市場占有率達三分之一者。

二、參與結合的事業，其中一家公司的市場占有率達四分之一者。

三、參與結合的事業，其中一家公司上一會計年度的銷售金額，超過主管機關所公告的金額。

　　可見只有大型的結合才有申請許可的必要。

---

[76] 修改自范建得、莊春發，《公平交易法 Q&A 範例 100》，問題 12，頁 63-65，商周文化，1992 年初版，後因授課需要，將原案例進行調整，編為課程講義使用。

　　測定結合事業的市場占有率與獨占事業的市場占有率，皆須面臨「市場界定」的問題。獨占事業市場占有率的測定，依公平法施行細則第 3 條及公平法第 8 條的規定，是以「相關市場」為準，但此一「相關市場」的定義究竟是指「相同產品（而非互相競爭產品）」或是指「以一般產業的分類」作為基礎，公平會迄今尚未作成相關解釋。而在結合方面，因結合的事業可能原本各從事不同產品的生產，那麼市場占有率的計算到底要以什麼產品作為界定市場的基礎呢？

　　例如甲公司為一生產皮革和製造皮鞋的公司，其皮革的市場占有率為四分之一，但皮鞋的市場占有率只有十分之一，今天甲公司和另一製造皮鞋的乙公司合併成為丙公司，合併後丙公司的皮鞋市場占有率只達五分之一，那麼此一合併案究竟算第十一條第一項第二款應申報的結合，或歸類於第一款結合後未達市場占有率三分之一，而可以不必申報？此外，如前面所述，相關地理市場的認定也很重要。

　　由此可知，在測定結合的市場占有率時，第一個且最重要的步驟便是將「相關產品」界定出來，然後再尋找「相關產品市場」，從而定出其市場占有率（查公平交易委員會於 104 年 4 月 13 日公布之結合申報案件處理原則第三點及第四點）。

　　公平交易委員會於接受結合申報後，法律規定應在三十日內作成核准或駁回的決定。而此「三十日」的起算點，依公平法施行細則第十一條規定，是從公平交易委員會收文日起算。但若事業提出的資料不全或記載不完備時，主管機關會限期通知補正，則此三十日就必須從補正之日起算。由於結合涉及金額通常很龐大，時間因素的考慮很重要，事業對於起算點的算法不能不注意。

【公平交易委員會對於相關市場界定之處理原則】

104.2.4.第 1213 次委員會議通過

104.3.6.公資字第 10421600251 號令發布

112.11.8 第 1674 次委員會議修正部分規定

112.11.22 公資字第 1122160248 號令發布

一、（目的）

公平交易委員會（以下簡稱本會）為使相關市場界定標準更臻明確，以利案件審議與事業遵循，特訂定本處理原則。

二、（名詞定義）

本處理原則用詞定義如下：

（一）相關市場：指事業就一定之商品或服務，從事競爭之區域或範圍。

（二）需求替代：指事業調整特定商品價格或服務報酬時，交易相對人能夠轉換至其他商品或服務，以取代該特定商品或服務之情形。

（三）供給替代：指事業調整特定商品價格或服務報酬時，競爭者或潛在競爭者能夠提供其他具替代性之商品或服務，以取代該特定商品或服務之情形。

（四）產品市場：指在功能、特性、用途或價格條件上，具有高度需求或供給替代性之商品或服務所構成之範圍。

（五）地理市場：指事業提供之特定商品或服務，交易相對人可以很容易地選擇或轉換其他交易對象之區域範圍。

（六）多邊市場：指事業提供平臺，促進二個以上用戶群體之使用者進行互動，並具有間接網路效應，以創造商業價值之市

場結構。

（七）間接網路效應：指特定用戶群體之使用者透過平臺取得商品或服務之價值，受平臺其他用戶群體使用者數量之影響。

三、（相關市場界定之基本原則）

需求替代為本會界定相關市場主要審酌之事項，本會並得視商品或服務特性考量供給替代。

本會從產品市場及地理市場二面向界定相關市場範圍；另得視具體個案，衡量時間因素對於相關市場範圍之影響。

四、（產品市場界定之考量因素）

本會就案關商品或服務之需求替代、供給替代進行界定產品市場時，得考量下列因素：

（一）產品價格變化或價格結構。

（二）產品特性、用途或對交易行為之影響。

（三）產品技術、規格或標準所形成之相容性或互補性。

（四）多邊市場結構下，平臺業者之經營模式、用戶群體間之交易關係或間接網路效應。

（五）產品間曾經出現替代關係之情形。

（六）交易相對人在不同產品間之轉換成本大小。

（七）產品價格調整時，交易相對人因價格變化而移轉購買之程度。

（八）交易相對人及競爭事業對於產品間替代關係之看法。

（九）相關法規或行政規則對市場競爭之影響。

（十）其他與產品市場界定相關之事證。

五、（地理市場界定之考量因素）

本會就案關商品或服務之需求替代、供給替代進行界定地理市場時，得考量下列因素：

（一）不同區域間產品價格變化及運輸成本大小。

（二）產品特性、用途及所在區域使用語言與在地文化。

（三）交易相對人在不同區域購買產品之交易成本大小。

（四）交易相對人對產品獲取之便利性。

（五）交易相對人在產品價格調整時，選擇至不同區域購買之情況。

（六）交易相對人及競爭事業對於產品區域間替代關係之看法。

（七）相關法規或行政規則對市場競爭之影響。

（八）其他與地理市場界定相關之事證。

六、（市場界定之分析方法）

本會界定相關市場時，將審酌案關商品或服務及地理區域與其他商品或服務及地理區域間是否具有合理可替代性，並得運用交叉彈性檢測法及假設性獨占者檢測法界定相關市場。惟個案之處理不以前開分析方法為限，且各項分析方法使用上並無運用之優先順序。

七、（市場界定之分析方法：合理可替代性分析法）

合理可替代性分析法指以交易相對人之認知，審酌個案所涉及之商品或服務與其他商品或服務在功能、特性、用途、價格或競爭之地理區域上是否具有合理可替代性進行界定產品市場或地理市場。至於彼此間之替代程度如何始得構成同一相關市場，應依具體個案事實予以判斷。

八、（市場界定之分析方法：交叉彈性檢測法）

交叉彈性指一產品價格變動率影響另一產品數量變動率的比率值。

產品本身及其替代品間或地理區域間的交叉彈性可用以測度該二項產品或地理區域間的替代關係，並予以界定相關市場。

運用交叉彈性界定相關市場時須注意下列事項：

（一）交叉彈性關注的是單一的替代品或地理區域而非所有的替代品或地理區域，並以「其他交易條件不變」為前提。至於二項產品或地理區域間之交叉彈性大小如何始得構成同一相關市場，須依具體個案事實予以判斷。

（二）衡量交叉彈性所使用之價格宜採競爭性價格，以判斷產品或地理區域是否構成同一相關市場。

（三）運用交叉彈性界定相關市場時，尚須依第四點或第五點所列各項因素綜合考量。

九、（市場界定之分析方法：假設性獨占者檢測法）

假設性獨占者檢測法是指假設市場上有一獨占者，檢測該假設性獨占者在進行微幅但顯著的非暫時性價格調漲前後之利潤變化情形；當價格調漲使該假設性獨占者利潤減少，則表示原先界定之相關市場太小，而須將其他具替代性之產品或地理區域納入，再重複進行檢測，直到價格調漲而該假設性獨占者不減少利潤為止，即完成相關市場界定。

運用假設性獨占者檢測法時，須注意下列事項：

（一）在使用假設性獨占者檢測法界定相關市場時，選取之基準價格宜為市場競爭性價格。

（二）至於價格上漲幅度，一般情況下為百分之五至百分之

十，但在具體個案判斷時則依案件涉及之產業或市場特性調整價格上漲幅度。

（三）運用假設性獨占者檢測法界定相關市場時，尚須依第四點或第五點所列各項因素綜合考量。

多邊市場結構下，運用假設性獨占者檢測法，需考量間接網路效應，倘價格為零時，可選取品質或成本等因素，取代價格變化進行分析。

十、（目的事業主管機關之意見）

本會對特定產業之市場範圍界定，得參酌產業目的事業主管機關之意見。

十一、（特定產業之審查基準）

本會對特定產業另訂有處理原則或規範說明界定相關市場者，從其規定。

第六節　公平交易事件之管轄

　　我國對公平會處分或決定之行政訴訟程序並無特別規定，長久以來乃直接適用行政訴訟法等相關法制來處理。對公平交易法事件之行政訴訟管轄法院，實務上將依公平會處分金額或案件性質而分屬不同法院管轄：（一）臺北高等行政法院：管轄公平交易法事件行政訴訟通常程序事件。（二）智慧財產法院：公平交易法涉及智慧財產權所生之第一審行政訴訟事件（智慧財產法院組織法第 3 條第 1 項第 3 款）。（三）臺灣臺北地方法院行政訴訟庭：因不服公平會所為 40 萬元以下罰鍰處分而涉訟者，適用

行政訴訟簡易訴訟程序[77]。

　　然有專家認為，競爭法主管所為處分行政爭議事件，由 3 所法院分別管轄，是少見的法制，與其他國家由某特定法院專屬管轄就同一聯合行為處分案件，有很大的不同，可能因對受處分人處分罰鍰數額不同，受處分人提起訴訟後，由不同法院受理，致有不同判斷，就此觀現行法制公平交易行政訴訟分歸多所法院管轄，實有待斟酌。且因管轄法院不同，訴訟程序適用法制也不同，簡易案件適用行政訴訟簡易程序規定；智慧財產及商業法院管轄公平法行政訴訟案件，適用智慧財產案件審理法，臺北高等行政法院管轄案件，適用行政訴訟法通常程序之規定，就同屬公平交易法行政訴訟案件，適用不同訴訟法制，亦非得當。是以就公平交易行政訴訟應設專屬管轄法院[78]。

---

[77]　王銘勇，〈公平交易法事件行政訴訟程序解析〉，《公平交易委員會電子報》，77 期。

[78]　王銘勇，〈公平交易行政訴訟程序應設專屬管轄法院〉，《全國律師》，27 卷 3 期，頁 2-3。

第四章 限制競爭行為之一：
獨占力濫用

第一節　獨占之定義與獨占力

一、獨占之定義

（一）經濟學之獨占概念

1. 在經濟學上，又將獨占市場區分為獨買市場與獨賣市場，因係在於市場之唯一廠商，具有控制市場力量，為經濟所稱之「獨占事業」[79]，因此在經濟理論所稱之「獨占（monopoly）」，指市場上獨家生產、銷售（獨賣）或購買（獨買）之市場結構狀態[80]，當某種產品只有一家供應廠商，該廠商對於產品價格具有絕對影響力，該產品在市場上沒有密切替代產品存在，且其他廠商難以進入該市場參與競爭，處於一種純粹獨占（pure monopoly）的狀態[81]。

---

[79]　《認識公平交易法》，第一章〈獨占〉，增訂第 19 版，公平交易委員會出版。

[80]　公平交易委員會網站，公平交易法所稱的「獨占」是什麼？https://www.ftc.gov.tw/internet/main/doc/docDetail.aspx?uid=1205&docid=13117 （最後瀏覽日：01/31/2024）

[81]　范建得（2003），〈註釋公平交易法——第五條〉，廖義男（等著），《公平交易法之註釋研究系列（一）第一條至第十七條》，行政院公平交易委員會合作研究報告，頁 174。

2. 經濟理論中另有「寡占（Oligopoly）」的市場狀態，意味著市場上只存在少數幾家廠商。「少數」一詞屬於不確定概念，到底要幾家廠商才算是少數？有經濟學者將之定義為，廠商數目少到彼此策略、行為會交互影響的一種市場結構[82]，這些處於競爭關係之少數廠商，彼此間對於同類產品之供給並不從事實質上之競爭。

（二）法律之獨占概念

1. 公平交易法之規定

公平交易法第 7 條就獨占有定義性規範：

本法所稱獨占，指事業在相關市場處於無競爭狀態，或具有壓倒性地位，可排除競爭之能力者。

二以上事業，實際上不為價格之競爭，而其全體之對外關係，具有前項規定之情形者，視為獨占。

公平交易法施行細則第 3 條：

本法第 7 條所稱獨占，應審酌下列事項認定之：

一、事業在相關市場之占有率。

二、考量時間、空間等因素下，商品或服務在相關市場變化中之替代可能性。

三、事業影響相關市場價格之能力。

---

[82] 有關經濟理論相關討論，可參閱反壟斷經濟學之相關研究。

四、他事業加入相關市場有無不易克服之困難。

五、商品或服務之輸入、輸出情形。

2. 說明[83]

(1) 如前述，經濟學之獨占指某市場唯一之買方或賣方，公平交易法所稱之「獨占」尚包括 2 家以上不為價格競爭等等，明顯較經濟學之範圍為廣，其包含經濟學之「獨占」與「寡占」：第 7 條第 1 項屬經濟學之「獨占」，而第 7 條第 2 項則為經濟學之「寡占」。

(2) 其次，第 7 條第 1 項之用語，究係指事業在「無競爭狀態」或「有壓倒性地位」之結構中，具有排除競爭之能力；抑或指「事業在相關市場處於無競爭狀態」或「具有壓倒性地位，可排除競爭之能力者」，容有解釋空間。

　　就反壟斷經濟理論而言，其所關切之獨占，主要在於獨占結構下之事業有傾向濫用獨占力之行為，從而產生福利損失或消費者剩餘（consumer surplus）損失之假設（assumption）。準此，關切重點並非靜態之「處於無競爭狀態」獨占結構，而是因此產生之濫用行為及福利損失。職是之故，第 7 條第 1 項「具有壓倒

---

[83] 以下章節主要參考作者參與之公平交易法之註釋研究資料，范建得（2003），〈註釋公平交易法——第五條〉，廖義男（等著），《公平交易法之註釋研究系列（一）第一條至第十七條》，行政院公平交易委員會合作研究報告，頁 175-180。

性地位，可排除競爭之能力者」之用語，確能
具體呈現出此種同時包括結構與行為之關切，
至於單純的「無競爭狀態」似僅及於結構之敘
述，而與經濟理論之關切有間。因此，在解釋
上，似宜同時認為該「無競爭狀態」之義，亦
同樣合括「可排除競爭之能力」之義。

(3) 藉由第 7 條之定義，可間接推知獨占事業包含
三個條件[84]：

I. 市場上只有一家廠商或二家以上有能力制
定價格的獨占者。

II. 無其他相似的產品。

III. 市場上存有相當的進入障礙。

(4) 我國反壟斷管制與歐美日相似，是以「濫用行
為」為管制對象，其中第 7 條之獨占認定，應
被認為等同於歐美立法中確認具有獨占或優勢
地位之事業，以作為執行第 9 條濫用行為管制
規範之基礎；故在銜接第 9 條規定的執行上，
「獨占」之認定應在確認相關市場之基礎後，
進一步就涉案事業之獨占力量加以判斷。就法
律之適用邏輯言，我國公平法施行細則第 3 條
之規定應係第 7 條認定「獨占」之子法，而就
經濟之角度言，這些因素其實均係在界定「相
關市場」過程中所應考慮者。故此，在適用公
平法施行細則第 3 條規定從事分析時，較理想

---

[84] 有關經濟理論相關討論，可參閱反壟斷經濟學之相關研究。

的作法應以之為界定獨占市場以及詮釋第 7 條相關要件之衡量因素，而非必要條件。換言之，這些因素雖是協助法規適用的考量因素，然其本身並非構成要件之屬性，而是針對個案之不同提供給執法者檢視「獨占」條件之工具。

問題 6：公平法的獨占與經濟理論的獨占是否有所不同[85]？

【範例】

　　A 公司為某國際品牌手錶臺灣地區的獨家代理，是否為公平法之獨占事業？

【相關條文】

➢公平法第 7 條

【解析】

　　A 公司是某國際品牌在國內市場的獨家代理商，就該品牌而言，的確是國內的唯一供給者；但就手錶所發揮的功能，購買者也可藉由其他進口品牌，或國內廠商所生產的手錶獲得，因此該品牌的手錶仍面臨其他品牌手錶的競爭。換言之，A 公司在國內相關手錶市場，並非處於「無競爭狀態，或具有壓倒性地位，可排除競爭」的能力，所以不算是公平法之獨占事業。至於要更確定該代理商是否屬於獨占事業，則須依公平法施行細則之規定，計算 A 公司在相關市場的占有率，和年度總銷售額是否超過 20 億元（公平法第 8 條第 2 項、公平會 104

---

[85]　修改自范建得、莊春發，《公平交易法 Q&A 範例 100》，問題 1，頁 26-28，商周文化，1992 年初版，後因授課需要，將原案例進行調整，編為課程講義使用。

年 3 月 4 日公綜字第 10411601871 號令參照），評估其是否已踏入獨占事業的門檻。

「獨占」在經濟理論上的定義，是指某種商品在整個市場上只有一家廠商提供，而且這種商品在市場上沒有密切替代品存在。例如市場開放前的臺電公司、中油公司、電信局、郵局都屬於經濟學上的獨占，因為當時這些公司所提供的電力、油品、通訊服務、郵務服務等產品，在市場上並沒有其他密切的替代品，更重要的是，整個市場上只有一家事業單位從事該項產品的生產。

至於公平法所稱的「獨占」，並不僅以獨家經營為要件，只要其所銷售的產品或提供的服務，在市場上處於無競爭狀態，或具有壓倒性地位，可排除競爭能力者，都視為法律上的獨占。這種認知和經濟理論上最明顯的差別在於，法律上若市場中有二家以上的事業單位，實際上不作價格競爭，但全體對外關係具有「處於無競爭狀態，或具有壓倒性地位可排除競爭」的情形時，即被視為獨占。換言之，法律上的獨占包括經濟學理上的獨占和寡占兩種，而且法律所規範的範圍比一般經濟學理所描述只存在一家事業單位的獨占要寬得多。

二個以上的事業實際上不作價格競爭的定義條件，也表明公平法的獨占，實則包括事業共謀所發生獨占效果的情況，也就是一般所說的聯合壟斷行為。這是熟悉經濟理論、獨占理論的讀者，進入法律獨占領域所必須明察的。

二、獨占之成因

（一）基於法律之規定

　　有時因為法律限制，如為了取得財政收入或公共衛生等因素，在法規裡限制市場家數，造成其他事業無法加入競爭，例如「大臺北瓦斯公司裝設不當燈表案」[86]中，公平會依民營公用事業監督條例（108 年 11 月 20 日廢止）第 17 條規定[87]，該公司營業範圍內尚無第二家天然氣供應業者，且市場中存有法令上之參進障礙，故認定該公司為獨占事業。

（二）事業控制生產所必需之主要原料，或因受專利、智慧財產權之保障

　　有時因為事業本身控制了生產所必需之主要原料或掌握重要專利，造成其他事業無法加入競爭，例如，發生在歐盟的微軟公司拒絕授權相容資訊及捆綁銷售案、英特爾給予 OEM 下游廠商優惠案、高通晶片案中，學者廖義男即認為受處分的優勢事業皆擁有關鍵的專利權或營業秘密，且得以利用此等智慧財產權維持、甚至強化其已取得的優勢地位[88]。

---

[86]　公處字第 089083 號處分書。

[87]　該條文規定「民營公用事業，如其性質在同一區域內，不適於並營者，非經中央及地方監督機關認為原有營業者，確已不能再行擴充設備至足供公用之需要時，同一營業區域內，不得有同種第二公用事業之設立。」

[88]　廖義男（2020），《公平交易法國內重要案例之評析——以獨占及其他（非聯合）限制競爭行為為中心》，公平交易委員會委託研究計劃，頁 70。

（三）生產成本結構上具有較長之規模經濟階段之「自然獨占」[89]

　　某些產業生產階段須投入較多的固定成本，例如水、電、瓦斯產業需購買大型機器或鋪設複雜管線，當產量（用戶）越多、規模越大，龐大的固定成本就會逐步攤低。當第二家事業欲加入競爭時，生產初期即會因為產量小、平均成本高，而無法與既有事業競爭。這類產業開放市場競爭的結果，最終會趨向只剩一家生產的獨占。此種因規模經濟而無外力干預，在市場自然形成一家生產局面，稱為「自然獨占」[90]。

　　例如，公平會 91 年間處理有線電視結合案時，就有線電視產業是否具自然獨占傾向之分析「……經營有線電視因與網路建設相關之固定成本較高，故傳統上被認為具有規模經濟的特性，所謂『規模

---

[89] 「自然獨占」源自於規模經濟。在民國 91 年時，公平會曾處理有線電視的結合案件，當時針對有線電視之產業經濟特性之分析中，有提及自然獨占這個名詞。

　　行政院公平交易委員會結合案件決定書公結字第○九一○○三號之部分內容：「……經營有線電視因與網路建設相關之固定成本較高，故傳統上被認為具有規模經濟的特性，所謂『規模經濟』（economies of scale）係指廠商的單位成本隨著經營規模的擴大而遞減的現象，當特定產業的規模經濟相當強烈，使得整個市場由單一廠商供應的成本，低於由複數廠商供應的成本，則這個產業被稱為具有『自然獨占』傾向。有線電視產業是否具有強烈之規模經濟而有『自然獨占』的傾向，是一個廣受爭論的議題，在七○年代多數的經濟學家認為有線電視具有『自然獨占』傾向，即使開放多家有線電視經營，競爭的結果也會導致獨占經營，而在競爭轉變為獨占的過程中，會有重複鋪設纜線的資源浪費，所以獨占經營是最符合社會需要的。然而，近年來有線電視具有『自然獨占』性質的論調已逐漸被挑戰。」

[90] 《認識公平交易法》，第一章〈獨占〉，增訂第 19 版，公平交易委員會出版。

經濟』（economies of scale）係指廠商的單位成本
隨著經營規模的擴大而遞減的現象，當特定產業的
規模經濟相當強烈，使得整個市場由單一廠商供應
的成本，低於由複數廠商供應的成本，則這個產業
被稱為具有『自然獨占』傾向。有線電視產業是否
具有強烈之規模經濟而有『自然獨占』的傾向，是
一個廣受爭論的議題，在 70 年代多數的經濟學家認
為有線電視具有『自然獨占』傾向，即使開放多家
有線電視經營，競爭的結果也會導致獨占經營，而
在競爭轉變為獨占的過程中，會有重複鋪設纜線的
資源浪費，所以獨占經營是最符合社會需要的。然
而，近年來有線電視具有『自然獨占』性質的論調
已逐漸被挑戰，首先，美國的一項研究指出，有線
電視具有規模經濟性質，但並不強烈，在有線電視
普及率固定的情形下，系統業者的收視戶規模增加
10%，大約僅可使單位成本下降 0.2（詳參 Viscusi 等
著 Economics of Regulation and Antitrust）。其次，
具有自然獨占傾向的產業必須符合固定成本占總成
本比例極高，導致邊際成本和平均成本隨著產出量
增加而下降的條件，根據本會 91 年度有線電視系統
經營狀況調查所得資料，國內有線電視系統之主要
經營成本，約有 57.6%係屬於頻道節目購買成本，
約有 10.9%為平均安裝成本，而該二項成本均屬於
隨著收視戶數規模擴大而增加之成本（有線電視頻
道節目之授權費係按照收視戶數計算），是以，尚
難認為有線電視具有強烈之規模經濟而有『自然獨

占』傾向。第三，若有線電視具有『自然獨占』傾
向，則經營規模較大的系統業者，其平均成本應較
經營規模較小的業者為低……。儘管市場裡的多家
系統業者可能會透過併購，或者因某些系統業者之
經營效率或技術領先而將其競爭者擠出市場最後形
成獨占，此種結果亦不必然代表有線電視具有『自
然獨占』的傾向。……[91]。」

（四）其他

因應新交易模式的產生，可能有新的情況產
生，如學者在討論區塊鏈議題時提出，一旦特定區
塊鏈支付系統成為相關市場中多數人所採用之標準
時，亦有可能出現獨占與市場力濫用問題，則是否
可能出現學理上所描述的「沒有獨占者的獨占」，
值得再探討[92]。

三、獨占事業的判斷標準

（一）公平交易法之規定與相關命令

公平交易法第 8 條：

事業無下列各款情形者，不列入前條獨占事業認
定範圍：

一、一事業於相關市場之占有率達二分之一。

二、二事業全體於相關市場之占有率達三分之

---

[91] 公結字第 091003 號結合案件決定書。

[92] 陳志民，〈支付系統與競爭〉，《第 25 屆競爭政策與公平交易法學術研討會
論文集》，2019 年 12 月，頁 199-200。

二。

三、三事業全體於相關市場之占有率達四分之三。

有前項各款情形之一，其個別事業於相關市場占有率未達十分之一或上一會計年度事業總銷售金額未達主管機關所公告之金額者，該事業不列入獨占事業之認定範圍。

事業之設立或事業所提供之商品或服務進入相關市場，受法令、技術之限制或有其他足以影響市場供需可排除競爭能力之情事者，雖有前二項不列入認定範圍之情形，主管機關仍得認定其為獨占事業。

公平交易委員會 104 年 3 月 4 日公綜字第 10411601871 號令

依公平交易法第 8 條第 2 項，訂定上一會計年度事業總銷售金額未達新臺幣 20 億元者，該事業不列入獨占事業之認定範圍，並自即日生效。

公平交易法施行細則第 3 條：

本法第 7 條所稱獨占，應審酌下列事項認定之：

一、事業在相關市場之占有率。

二、考量時間、空間等因素下，商品或服務在相關市場變化中之替代可能性。

三、事業影響相關市場價格之能力。

四、他事業加入相關市場有無不易克服之困難。

　　　　五、商品或服務之輸入、輸出情形。

　　公平交易法施行細則第 4 條：

　　　　計算事業之市場占有率時，應先審酌該事業及該
　　　　相關市場之生產、銷售、存貨、輸入及輸出值
　　　　（量）之資料。

　　　　計算市場占有率所需之資料，得以主管機關調查
　　　　所得資料或其他政府機關記載資料為基準。

（二）說明

1. 市場力量（market power）

　　　　「市場力量」（market power）是反托拉斯法
的核心概念，蓋因反托拉斯法的主要目的是要避
免事業濫用其市場力量阻礙或傷害市場競爭機
制。所謂市場力量指事業在不至於損失太多銷售
量的情況下，「**將價格抬高到競爭水準以上的能
力**」，並且不會造成無利可圖。簡單說，是指事
業的抬高並且維持價格之能力[93]。

　　　　但要如何衡量事業的市場力量？目前比較主
流的方式仍是藉由先劃定相關市場，再計算涉案
事業在相關市場的市場占有率，作為衡量事業市
場力量的初步指標。然而反托拉斯法如何發揮效
益與管制，可從兩個階段著手進行，第一階段先

---

[93]　修改自范建得、莊春發，《公平交易法 Q&A 範例 100》，《總論》獨占事
　　業、市場力量與獨占力濫用，商周文化，1992 年初版，後因授課需要，將原
　　案例進行調整，編為課程講義使用。；莊春發（2007），〈外國競爭與地理
　　市場的界定〉，《公平交易季刊》，5 卷 1 期，86 年 1 月，頁 4。

確定哪些廠商擁有獨占力量（monopoly power）或市場力量（market power），以過濾或尋找反托拉斯的管制對象，以避免將不具獨占力量或市場力量之廠商，評估為具有顯著的市場力量。第二階段則分析這些擁有市場力量之廠商特定行為帶來的競爭效果，以檢驗是否違反促進市場競爭的目標。也因此，反托拉斯實務的執行，廠商市場力量之認定，即成為重要問題[94]。

為使上述抽象的概念能落實在可執行的法律層面，公平交易法及其施行細則定有較具體的判斷標準，即先將符合**年度總銷售額**及**市場占有率**之事業，初步判斷為「準獨占事業」[95]。但「準獨占事業」不見得就是「獨占事業」，尚須經過**公平交易法施行細則第 3 條所列之 5 項應審酌事項**加以判斷，始能認定為獨占事業。事實上在實際操作時，上述 5 項應審酌事項大都會在確定**相關市場**時納入考慮，若相關市場的界定完整，於決定相關產品市場和地理市場時，會將商品在相關市場中時間、空間的替代可能產品考慮進去，在考慮相關產品市場供給面的因素時，也會將該事業進出相關市場的難易程度包括在內。

---

[94] 莊春發（2007），〈外國競爭與地理市場的界定〉，《公平交易季刊》，5 卷 1 期，86 年 1 月，頁 4。賴文智、顏雅倫，〈看懂反托拉斯案件中的「市場力量」與「相關市場」〉，《經貿透視》雙周刊，464 期。

[95] 修改自范建得、莊春發，《公平交易法 Q&A 範例 100》，問題 3，商周文化，1992 年初版，後因授課需要，將原案例進行調整，編為課程講義使用。

2.劃定相關市場之範圍

　　有關相關市場劃定範圍，參諸〈公平交易委員會對於相關市場界定之處理原則問答集〉二、何謂相關市場？界定相關市場通常審酌事項為何？按公平交易法第 5 條規定：「本法所稱相關市場，指事業就一定之商品或服務，從事競爭之區域或範圍。」亦即公平交易法所稱的「市場」，並非單純指一些具有相同特徵的產品或服務之集合，而是**指事業就其所提供的產品或服務是否會對彼此的競爭產生限制所構成之範圍，至於事業受到彼此的競爭產生限制的來源有需求替代（demand substitution）、供給替代（supply substitution）**，因此在界定市場時，通常就這二方面進行審視，但主要應審視者為需求替代，並得視商品或服務特性考量供給替代[96]。

　　換言之，事業是否有高市場占有率為認定獨占事業之重要判斷指標，市場占有率的高低，明顯受相關市場範圍大小的影響。至於相關市場如何劃定，依照學理與實務，市場可區分為相關產品市場和相關地理市場兩類，前者研究特定產品跟其他產品的關係，就需求和供給是否具備「**合理的替代可能**」為分析；後者就涉案產品與其產品在地理空間上是否具備需求與供給之轉換可能

---

[96] 公平交易委員會對於相關市場界定之處理原則問答集，https://www.ftc.gov.tw/internet/main/doc/docDetail.aspx?uid=1345&docid=13940&mid=6

來探討[97]：

(1) 產品市場[98]：

 I.　需求替代性：

  需求替代是指事業調高特定商品價格或服務報酬時，需求者（或消費者）能夠而且願意轉換至其他產品，以取代該特定產品之情形[99]。學者何之邁認為：「當一項產品從價格、功能、用途、特性分析，對需求者（或消費者）能達到大致相同的使用效果者，則該產品與原產品間具有可替代性，此二種產品屬於同一市場[100]。」

---

[97] 范建得、莊春發，《公平交易法 Q&A 範例 100》，商周文化。林宜男，〈水平聯合行為之特定市場界定——公平交易法實實務案例之研析與間接證據之論證〉，《公平交易季刊》，22 卷 1 期。洪大植，公平交易委員會對事業市場力量之認定與行政調查權規範理論之研究，國立臺灣大學法律學院法律學研究所博士論文。

[98] 公平交易委員會對於相關市場界定之處理原則第二條名詞定義：

本處理原則用詞定義如下：

（一）相關市場：指事業就一定之商品或服務，從事競爭之區域或範圍。

（二）需求替代：指事業調整特定商品價格或服務報酬時，交易相對人能夠轉換至其他商品或服務，以取代該特定商品或服務之情形。

（三）供給替代：指事業調整特定商品價格或服務報酬時，競爭者或潛在競爭者能夠提供其他具替代性之商品或服務，以取代該特定商品或服務之情形。

（四）產品市場：指在功能、特性、用途或價格條件上，具有高度需求或供給替代性之商品或服務所構成之範圍。

（五）地理市場：指事業提供之特定商品或服務，交易相對人可以很容易地選擇或轉換其他交易對象之區域範圍。

[99] 公平交易委員會對於相關市場界定之處理原則問答集，https://www.ftc.gov.tw/internet/main/doc/docDetail.aspx?uid=1345&docid=13940&mid=6 （最後瀏覽日：03/18/2024）

[100] 何之邁（2020），《公平交易法要義》，頁 15，一品。何之邁（2003），〈註釋公平交易法——第十二條〉，廖義男（等著），《公平交易法之註釋研究系列（一）第一條至第十七條》，行政院公平交易委員會合作研究報

II. 供給替代性[101]：

從供給者或生產者角度而言，只要生產者在無須支付高額額外成本和負擔高風險下，且能在短時間內調整其生產設備轉而生產該產品，就可能因此構成事業彼此競爭的限制，故在界定相關市場時，需進而考量是否要將該產品界定為同一市場[102]。對此，學者何之邁認為：「當生產者在不改變原料來源、生產設備、生產結構之情形下，即可生產其他替代產品，或是有於短時間內轉換生產技術或流程，以生產另一類似產品之潛在可能，此二種產品具有供給替代，可列入同一市場範圍。」

又在界定市場時，主要應審視者為需求替代，而供給替代的審視時機是當其產生之效果（effectiveness）與即時性（immediacy）等同於（equivalent）需求替代時，方才納入考量[103]。

告，頁 441-445。

[101] 何之邁（2020），《公平交易法要義》，頁 15，一品。何之邁（2003），〈註釋公平交易法——第十二條〉，廖義男（等著），《公平交易法之註釋研究系列（一）第一條至第十七條》，行政院公平交易委員會合作研究報告，頁 441-445。

[102] 公平交易委員會對於相關市場界定之處理原則問答集，https://www.ftc.gov.tw/internet/main/doc/docDetail.aspx?uid=1345&docid=13940&mid=6 （最後瀏覽日：03/18/2024）

[103] 公平交易委員會對於相關市場界定之處理原則問答集，https://www.ftc.gov.tw/internet/main/doc/docDetail.aspx?uid=1345&docid=13940&mid=6 （最後

(2) 地理市場[104]：

地理市場是指事業提供之特定商品或服務，交易相對人可以很容易地選擇或轉換其他交易對象之區域範圍[105]。就供給方而言，指銷售特定產品或提供特定服務的範圍；就需求方而言，指實際上求得經濟滿足的區域。綜合供需雙方之活動區域合併判斷，可知地理市場的大小，就是相同產品市場之產品所能達成交易之市場範圍。其考量的因素包含[106]：

I.　產品或服務的性質：例如，有些產品可能因為不適合搬運、價值低，或不適合長途運送，它的地理市場範圍也就較小。

II.　經營之型態。

III.　運費。

IV.　法令限制：如關稅、配額等也是影響特定產品市場的重要因素。

瀏覽日：03/18/2024）

[104]　何之邁（2020），《公平交易法要義》，頁 15，一品。何之邁（2003），〈註釋公平交易法——第十二條〉，廖義男（等著），《公平交易法之註釋研究系列（一）第一條至第十七條》，行政院公平交易委員會合作研究報告，頁 441-445

[105]　公平交易委員會對於相關市場界定之處理原則問答集，https://www.ftc.gov.tw/internet/main/doc/docDetail.aspx?uid=1345&docid=13940&mid=6（最後瀏覽日：03/18/2024）

[106]　修改自范建得、莊春發，《公平交易法 Q&A 範例 100》，問題 2，商周文化，1992 年初版，後因授課需要，將原案例進行調整，編為課程講義使用。

3. 市場占有率之測度與計算

　　相關市場界定後，認定獨占事業的第二步驟即為計算市場占有率。就經濟理論言，市場占有率可某種程度上客觀的呈現事業的市場力量，係依事業在相關市場上所銷售之商品或提供之服務，佔該相關市場所有銷售之商品或提供服務之比例，視情形再區分為「商品銷售或服務之占有率」，或者以「年總營收之占有分布」判斷之。市場占有率之高低，為衡量事業究竟是否處於無競爭狀態或有無壓倒性地位之測度指標[107]。

　　市場占有率側重市場相關數據的驗算，屬於量的判斷。要測度市場占有率就必須先界定相關市場、確認相關市場中的廠商、選擇一定的期間（通常為一年，尤其在新經濟的快速變動環境下，選擇一定期間來分析事業之市場地位，藉以發現科技變遷之過程及其影響，尤為重要）及採行適當的測度格（metric，例如：金額、產量、產能、儲量等）測度廠商或市場的大小，最後再計算個別廠商在相關市場之一定期間內，其銷售量或銷售值等變數（出口部分除外）占該相關市場所有供應廠商總銷售量（值）的比率，此即為市場占有率或稱市場份額[108]。

---

[107]　《認識公平交易法》，第一章〈獨占〉，增訂第 19 版，公平交易委員會出版。

[108]　公平交易委員會網站，相關市場界定後，如何計算「市場占有率」？ https://www.ftc.gov.tw/internet/main/doc/docDetail.aspx?uid=1204&docid=13115&mid=1201（最後瀏覽日：01/31/2024）；范建得（2003），〈註釋公平

綜上，事業在相關市場占有率計算公式如下：

〔事業在相關市場的銷售量（估）＋事業在相關市場的輸入量（估）－事業在相關市場的輸出量（估）〕÷〔相關市場所有事業的銷售量（估）＋相關市場所有事業之輸入量（估）－相關市場所有事業之輸出量（估）〕[109]

一般而言，擁有高度市場占有率的事業，對市場價格具有相當的影響力，然而，由於產業結構各異，市場占有率有時也未必能確切反應事業真實的經濟力。此時，用以判斷事業是否具有市場控制地位，除市場占有率外，尚須斟酌其他因素，具體規定如公平交易法施行細則第 3 條。

4. 公平交易法施行細則第 3 條所規定之其他應審酌事項
   (1) 考量時間、空間等因素下，商品或服務在相關市場變化中之替代可能性。

   商品或服務之替代可能性往往牽涉市場界定之分母數據，條文納入時間與空間因素，則係對應經濟理論在判斷獨占市場結構時所須納

交易法——第五條〉，廖義男（等著），《公平交易法之註釋研究系列（一）第一條至第十七條》，行政院公平交易委員會合作研究報告，頁180-181。修改自范建得、莊春發，《公平交易法 Q&A 範例 100》，商周文化，1992 年初版，後因授課需要，將原案例進行調整，編為課程講義使用。

[109] 修改自范建得、莊春發，《公平交易法 Q&A 範例 100》，問題 3，商周文化，1992 年初版，後因授課需要，將原案例進行調整，編為課程講義使用。

入的動態因素。經典案例為「飛利浦 CD-R 光碟片技術市場案」[110]，公平會認為：「被處分人透過制定標準規格書，納入其所有重要 CD-R 相關專利技術，是以全球任何 CD-R 的製造、銷售均須取得渠等對於 CD-R 擁有專利技術之授權，從而認為渠等具有世界性的壟斷地位。」其次，公平會更從技術規格的角度指出：「CD-R 是可錄一次型的光碟產品，在目前市場狀況，從供給、需求、產銷及成本各方面考量，CD-R 產品並無替代可能性產品，為唯一具市場地位之可錄一次型光碟產品。其他人雖仍得自由開發競爭技術規格或提供競爭產品，惟目前全球 CD-R 之製造必須循飛利浦公司等制定之統一規格，市場上尚無第二種規格存在，是為一不爭事實，該等主要專利技術又為飛利浦公司等所擁有，而具有絕對的優勢地位，目前其他事業欲爭取進入系爭 CD-R 光碟產品授權專利技術市場的機會，幾乎微乎其微，其所決定之權利金金額，亦將直接影響該特定市場之價格。故被處分人等透過包裹授權的聯合行為，於系爭 CD-R 可錄式光碟專利授權市場，應居於獨占地位，係屬公平交易法第 5 條（現行法第 7 條）所稱獨占之事業」。

(2) 事業影響相關市場價格之能力：

---

[110]　公處字第 091069 號處分書。

　　　　　例如，在「證交所不當收取證券交易資訊使用費案」[111]中，公平會認為，因法令上的限制使證交所成為國內唯一依據證券交易法以供給有價證券之集中競價買賣場所為目的而設立之法人機構，而為「上市證券交易資訊供給市場」之唯一賣方，而認定其具有獨占地位。按證交所既為唯一賣方，欲使用上市有價證券之相關交易資訊者，僅能選擇向證交所支付費用，證交所自具有影響上市證券交易資訊供給市場之市場價格的能力。

(3) 他事業加入相關市場有無不易克服之困難：

　　　　　例如，在「臺灣山葉機車公司因被公告為機車特定市場獨占事業訴願案」[112]中，公平會答辯「因種種進入市場之限制條件，既存業者未施行排除競爭之行為，仍足以構成潛在競爭者進入機車市場之障礙。」；在「光陽工業公司因被公告為機車特定市場獨占事業提起訴願案」[113]中，訴願決定駁回訴願之理由指出「又訴願意旨指稱雖於國內機車市場中，訴願人與山葉、三陽事業占有 90%以上之市場，他事業欲進此市場只要擁有資金、人力、技術研究發

---

[111] 公處字第 09133 號處分書。但此案最後經行政院院臺訴字第 0920088278 號決定書撤銷。

[112] 82 年公訴決字第 017 號訴願決定書。又，88 年 2 月 3 日修正刪除前公平交易法第 10 條第 2 項規定「獨占之事業，由中央主管機關定期公告之。」此公告制度為預警目的，後來刪除。

[113] 82 年公訴決字第 020 號訴願決定書。

展能力基本上並無困難，然查機車市場因產品
差異化深，環保標準之實施致技術提高，技術
取得受限於他國等因素，顯示有相當之進入障
礙；且訴願人自承機車屬精密消費財、技術資
本密集、產業關連效果大，產品須合政府法規
等，適足顯示機車產業的特性及其限制，他事
業如欲進入此市場將面臨相當之困難。」凡
此，均顯示出公平會對於市場進入障礙之考量。

(4) 商品或服務之輸入、輸出情形[114]：

商品或服務是否易於輸入或輸出，也將影
響到競爭力，故亦為獨占之審酌事項。以商品
之性質為例，有些產品可長期保存，適合長途
運送，或運輸成本相對於產品價值微小，如藥
品、汽車等，其市場的範圍可擴及全球。在實
際計算市場占有率時，若非以世界為地理市
場，則會剔除出口的部分，加入進口的部分，
剩下的才是商品在其地理市場的市場占有率及
其影響市場價格的能力[115]。

---

[114] 范建得、莊春發，《公平交易法 Q&A 範例 100》，商周文化，1992 年初版。范建得（2003），〈註釋公平交易法——第五條〉，廖義男（等著），《公平交易法之註釋研究系列（一）第一條至第十七條》，行政院公平交易委員會合作研究報告，頁 207。

[115] 計算市場占有率是否有必要加計進口量？按市場占有率之定義，係指在一定期間內，某事業在國內之銷售量或銷售額等變數，占該相關市場所有供應廠商總銷售量（或其他變數總量）之百分率。其中銷售量包括國產及進口兩部分，故市場占有率計算應加計進口量。公平交易法施行細則第四條第一項規定：「計算事業之市場占有率時，應先審酌該事業及該相關市場之生產、銷售、存貨、輸入及輸出值（量）之資料。」參閱公平交易委員會常見問答，https://www.ftc.gov.tw/internet/main/doc/docDetail.aspx?uid

　　舉例說明：甲電腦公司生產週邊設備，年營業額為 15 億元，但其中 10 億元的產品出口到國外銷售，在國內銷售的產品只有 5 億元，甲公司電腦週邊設備在國內生產所佔比例為 70%，是否為「獨占事業」？

I.　首先應確定的是電腦周邊設備是否為公平會所認定的相關市場。如果是，就要適用公平交易法第 8 條所訂定的原則及同法施行細則第 3 條之審酌事項，判斷甲電腦公司是否屬於獨占事業。

II.　甲電腦公司在生產比例和營業額上，表面上似乎都符合公平交易法第 8 條之規定，然事實上並非如此，蓋計算個別產品的市場占有率時，會將產品的出口剔除，然後再加上由國外進口到國內的數量或全額，甲公司有 2/3 的產品均出口到國外，生產所占比例雖然高達 70%，但分子扣除出口的 10 億金額後，可預期甲公司的實際市場占有率很可能不會達到公平交易法第 8 條所列出的門檻標準。

5. 延伸閱讀

　案例 1：獨占事業之認定──「飛利浦公司 CD-R 技術市場案」

　案例 2：獨占事業之認定──周星公司檢舉競爭對

=1204&docid=13116&mid=1201

手發函案

案例 3：獨占事業之認定——臺灣化纖公司拒絕供
應芒硝案

第二節 獨占力濫用行為

一、本法規定

公平交易法第 9 條規定：

獨占之事業，不得有下列行為：

一、以不公平之方法，直接或間接阻礙他事業參與競
爭。

二、對商品價格或服務報酬，為不當之決定、維持或變
更。

三、無正當理由，使交易相對人給予特別優惠。

四、其他濫用市場地位之行為。

二、濫用獨占力／市場優勢地位

公平交易法並不認為擁有獨占地位就一定違法，僅於
其濫用市場優勢地位時，才具有公平交易法的可責性，否
則只是單純地擁有獨占地位並未具有可責性。如公平會網
站所列「獨占事業形成的原因，可能是法律限制、生產者
控制生產所需之重要原料或生產成本結構上具有較長之規
模經濟階段所造成，亦可能是事業努力的成果，其對整體
經濟及消費利益之影響並非全為負面，因此公平交易法對

『獨占的市場結構』基本上採取中立態度，並不禁止獨占事業存在，而是禁止獨占事業濫用市場地位，妨礙公平競爭之行為。故事業取得獨占狀態、優勢地位時，並不當然違反公平交易法[116]。」

所謂「濫用」市場優勢地位之行為，可分為阻礙濫用（阻礙競爭）（hindrance abuses）及榨取濫用（榨取利益）（exploitation abuses）兩種類型：

（一）阻礙濫用（阻礙競爭）類型[117]

1. 阻礙濫用（阻礙競爭）類型指阻礙競爭者參與競爭之行為。此為水平關係之規範，側重於防止市場阻絕或排除競爭行為之發生，不論就公共利益或「違法性」的角度來觀察，獨占事業之行為應否受到管制，應考慮該行為對於整體「競爭效益」造成減損之狀態。因此，競爭程度、資源配置效率、公平性，乃至消費者的福祉等均應納入考量。而就經濟學之角度言，在為此種總體經濟的整體性衡量時，應審酌進出口貿易、失業問題，乃至科技等因素。至於在操作實務上，市場阻絕的經濟效益十分難透過量化的方式來加以呈現，從而只能經由一般所稱之本益分析（cost

---

[116] 公平交易委員會網站，「獨占」是否違反公平交易法？https://www.ftc.gov.tw/internet/main/doc/docDetail.aspx?uid=1205&docid=13118&mid=1201（最後瀏覽日：01/31/2024）。

[117] 范建得（2003），〈註釋公平交易法——第十條〉，廖義男（等著），《公平交易法之註釋研究系列（一）第一條至第十七條》，行政院公平交易委員會合作研究報告，頁388-389。

benefit analysis）來衡斷，而這種經濟上的不確定
性，也容易引發在適用刑罰上是否符合罪刑法定
原則所要求之「確定性」的疑慮。

2. 公平交易法第 9 條第 1 款「**以不公平之方法，直
接或間接阻礙他事業參與競爭**」亦屬此種類型。

（二）榨取濫用（榨取利益）類型[118]

1. 榨取濫用（榨取利益）類型指以剝削交易相對人
之方式來獲取利益之行為，旨在禁止獨占利益或
暴利行為。獨占利益之管制上，基本上應屬垂直
關係之規範。由於獨占事業具有強大的談判力
量，其上下游之交易相對人自然成為可能之犧牲
者，獨占事業因此而取得之利益即屬應受管制之
「獨占利益」。簡言之，獨占者經由獨占力量取
得之「不當」利益即為「獨占利益」，而所謂之
「不當」，就經濟之角度言係指不符合市場價格
機能，而係獨占者本諸其獨占力量所獲取之利
益。就管制之理念言，消費者會因獨占者謀取獨
占利益而蒙受「消費者剩餘損失」或「福利損
失」（welfare loss），在本質上，這種因獨占者
謀取不當利益所導致的福利損失，係肇因於消費
者必須支付較高的代價使然。從獨占管制的經濟
理論來看，這是一種配置效率的損失，不同於前

---

[118] 范建得（2003），〈註釋公平交易法——第十條〉，廖義男（等著），《公
平交易法之註釋研究系列（一）第一條至第十七條》，行政院公平交易委
員會合作研究報告，頁 389。

述市場阻絕所導致的全面性效能損失。故此，在違法行為之分析上，其公共利益或福利損失之衡量係就特定產業來計算，不同於市場阻絕必須就總體經濟的角度來思考。故此，在執法的過程中，獨占利益之管制應係較容易藉由量化之數據來呈現獨占者之利益是否透過其獨占力量來取得。

2. 公平交易法第 9 條第 2 款「**對商品價格或服務報酬，為不當之決定、維持或變更**」，屬此種類型。該條款所謂「不當」，應取決於前述量化分析的結果，藉以顯現其價格究係本諸於市場機制抑或獨占力量所為。同法第 9 條第 3 款「**無正當理由，使交易相對人給予特別優惠**」，學理上稱獨買力量（monopsony）之濫用，相對於前兩款規定係針對供給方（supplier），本款規定則係就買方之獨占力濫用行為加以規範，其屬性與第 2 款之垂直價格（暴利或獨占利益）行為相當，屬於具獨占地位者追求獨占利益之行為態樣。

（三）概括條款[119]

最後，第 4 款所稱「**其他濫用市場地位之行為**」係屬概括性條款，指凡不能被歸入前兩款之「阻絕市場」或「獨占利益」之獨占者行為，當其

---

[119] 范建得（2003），〈註釋公平交易法——第十條〉，廖義男（等著），《公平交易法之註釋研究系列（一）第一條至第十七條》，行政院公平交易委員會合作研究報告，頁 390。

行為仍足以對於市場產生競爭之不當限制時，仍應依據本款受到獨占之管制，至於在管制之理念上，應同時涵或前述之「福利損失」及「效能競爭」損害。

三、各款分析

（一）以不公平之方法，直接或間接阻礙他事業參與競爭

1. 說明[120]

公平交易法第9條第1款「**以不公平之方法，直接或間接阻礙他事業參與競爭**」，指事業建立了市場的進入障礙／壁壘（barrier to entry），防止潛在競爭者進入相關市場。其所規範之行為態樣包括由市場外進入市場內的阻礙行為，以及已存在於市場正處於競爭的事業。而事業所採之不公平阻礙他事業參與競爭的手段，包含價格與非價格手段，大致區分為：

(1) 聯合壟斷：

即聯合行為。雖然聯合行為於公平交易法第 14 條另有規範，但由於法律上的獨占包含市場寡占結構，因此聯合行為也就成為法律上獨占事業共同為排除他事業單位或阻礙新事業參與競爭的最有效手段。這些聯合方式包括：

---

[120] 修改自范建得、莊春發，《公平交易法 Q&A 範例 100》，問題 7，商周文化，1992 年初版，後因授課需要，將原案例進行調整，編為課程講義使用。

I. 價格的聯合。

II. 限制交易地區。

III. 籌組子公司或聯合發貨中心。

IV. 控制生產因素的聯合。

V. 限制交易數量。因方式不同又可區分為：限制生產數量、限制發貨數量，以及集中交易等三種方式。

VI. 其他交易條件或方式的聯合，又可區分為：

   i. 聯合促銷。

   ii. 利用公會要求新進事業加入共同聯合行為。

   iii. 藉著商品或服務標準化的名義，迫使非聯合廠商遵守。

   iv. 抵制或杯葛。

   v. 定型化契約。

   vi. 利用脅迫、利誘等其他非經濟手段。

(2) 排他性契約：

這是指間接利用上下游業者的交易體系，共同進行排擠不與其交易的對象，依其形態又可分為：

I. 獨家交易，如汽機車製造商要求經銷商只能單一經銷其產品，不能兼銷他事業的產品。

II. 搭售契約，如中油要求各民營加油站，按其購買汽油數量比例購買潤滑油。

III. 地域限制，即獨占事業對經銷商的市場範圍加以限制。

IV. 維持轉售價格的約定，即製造商要求經銷商依其規定價格銷售產品。例如，中油公司要求民營加油站必須依其規定價格出售油品就是一例。

(3) 其他由獨占事業自主的排他性行為：

　　這是指獨占事業在買賣的過程所作的排他性行為。其中包含：

I. 拒絕出售。事業的交易自由固然受法律保護，但獨占事業因其特殊的市場地位，若無正當理由而拒絕交易，可能導致其交易市場競爭的不公平，所以必須加以規範。

II. 控制生產因素。

III. 專利權的不當使用。例如不當徵收權利金或形成差別取價，專利權消失後仍依原有契約限制技術的轉移、使用。

　　當然，若獨占事業處於獨買的地位，也會有上述的聯合行為、定型化契約、其他非價格控制等，以不公平的方法阻礙其他事業進入市場參與競爭的可能。

2. 延伸閱讀

案例 7：忠誠折扣——關貿網路公司優惠方案鎖定客戶案

案例 8：拒絕報價——中油公司拒絕報價予文久公

司案

案例 9：拒絕授權──高通案

（二）對商品價格或服務報酬，為不當之決定、維持或變更

1. 說明[121]

　　價格往往是事業從事市場競爭的最初手段，也是最終目的，所以我國公平交易法第 9 條第 2 款規定獨占事業不得「**對商品價格或服務報酬，為不當之決定、維持或變更。**」因為獨占者很可能利用其在市場的優勢地位，以低於成本的價格出售其產品，以達到驅逐競爭對手的目的；或者利用其優勢地位，遂行其獨賣力量（monopoly power），謀取高額利潤。前者的行為將影響市場上的自由競爭，而後者則不利於消費者，都構成事業單位優勢地位的濫用，所以必須加以禁止。

　　主管機關對獨占事業以其獨占地位採行過低價格或過高價格，固然有必要加以禁止，但何謂「不當」？實在不易確定。

　　決定價格是否不當，大致上可依據下列原則加以判斷：

(1) 獨占事業的訂價方式是否獲取暴利？其判定標準是獨占事業的獲利水準是否比一般投資偏

121　修改自范建得、莊春發，《公平交易法 Q&A 範例 100》，問題 8，頁 49-52，商周文化，1992 年初版，後因授課需要，將原案例進行調整，編為課程講義使用。

高。

(2) 訂價方式是否經過聯合行為所產生？因為利用聯合行為所決定的價格均屬違法。

(3) 獨占事業的訂價是否充分反映市場供需狀況的變動？

(4) 價格的決定是否有造成排擠作用的意圖？例如事業單位常採行遏阻性訂價，阻礙其他事業進入市場。常見情況有玻璃業對玻璃的訂價，依進口報價減碼後再出售。

(5) 價格的決定是否採行分割市場的差別取價？獨占者常以常規差別、區域差別、消費者差別或交易條件差別，採行不同的訂價方式，嚴重影響市場競爭程度。

依據經驗國內廠商公訂價格大致可區分為：

(1) 依國外原廠規定訂價。例如化妝品、汽車、鋼琴、藥品、奶粉、相機等，其最可能涉及的違反行為是維持轉售價格。

(2) 依國際價格訂價。常見的有農工基本原料，可能涉及的問題是業者間常共同討論「統一規格」、「統一價格表」，而涉及聯合行為。

(3) 依同類商品進口報價訂價。此類商品有化學原料的 P.S、ABS、玻璃等，涉及的問題有長期按進口報價再減價出售，產生排擠效果。

(4) 依成本訂價。為絕大多數獨寡占業者所偏好，涉及的問題有大小廠商可能存在默契或聯合。

(5) 聯合訂價。聯合訂價為公平交易法所不容，常

見的形式有：①協議訂定單一價格或價格表，如聚酯棉、鮮奶、黃豆油；②訂定上限價格，如壽險業、電影業、混凝土等；③訂定下限價格，如汽車貨櫃貨運業；④圍標；⑤限制上下限漲跌幅度，如證券市場、公開交易商品市場。

(6) 政府訂價。大多數法律允許獨占事業的訂價方式，在政府機關監督下決定價格，如天然氣、汽油、公車、鐵路、電信、郵政、菸酒，有些民營事業亦由政府規定，例如計程車費率、勞保及公保掛號診療費，至於可能涉及違反公平交易法的行為有分割市場約定，如液化瓦斯業，以及其他不公平交易行為，如中國石油公司的潤滑油的搭售行為。

公平交易法第 9 條第 2 款之禁止行為應屬本諸反壟斷經濟之理念，對於獨占者謀求獨占利益之禁止。所謂決定、維持或變更之「不當」必須依據市場經濟之基本原則來加以論斷，換言之，在判斷報酬之「正當」與否必須回歸價格機能之理性，抑即必須就其報酬之決定是否出自於市場供需法則加以分析，若其不然，則推定其報酬之決定出自於獨占者之獨占地位與獨占力，而這種報酬自然是一種應受管制之獨占利益[122]。

---

[122] 范建得（2003），〈註釋公平交易法──第十條〉，廖義男（等著），《公平交易法之註釋研究系列（一）第一條至第十七條》，行政院公平交易委員會合作研究報告，頁 394。

2. 舉例

A 公司為某特定產品市場的大廠，在生產成本上具備顯著優勢。為排擠若干小廠，乃故意長期將價格訂在其平均成本以下，使小廠無法與之抗衡，最後只好退出市場，該項行為是否違反公平交易法？

本例中，A 廠商的行為即典型的不當價格決定，因為就長期常理推斷，一廠商不可能賠本出售產品經營事業，A 廠商的目的無非利用該項方法，達成排擠小廠的目的。若 A 廠商為公平交易委員會所公布的獨占事業，則顯然有違反的事實，將接受公平法的規範。不過有一點必須提出的，在實務上認定低價出售產品，特別是以成本作為比較的標準，在執行上並不容易。

3. 延伸閱讀

案例 4：不當價格決定──大台北瓦斯不當收費案

案例 5：不當價格維持──飛利浦公司收取不當權利金案

案例 6：差別訂價──中油公司對經銷商不當差別訂價案

（三）無正當理由，使交易相對人給予特別優惠（公平法第 9 條第 3 款）[123]

1. 說明

公平法第 9 條第 3 款，指獨占事業利用其市場獨買力量（monopsony），要求交易對象（通常是上游廠商）給予較佳交易條件。所謂「優惠」，包括交易價格及其他交易條件（如付款方式、期限）的優惠。

買方獨占違法行為大致可區分為下列幾種型態：

(1) 招標或議價方式決定價格：此多發生於 OEM 生產為主的企業，生產一方多居於市場的劣勢。此種招標方式多為短期契約，或是上下游具有關係企業的關係，代工的價格若不合理，上游廠商若不拒絕代工，即表示上下游廠商間為某種程度的關係企業所為之利益輸送，此種產生糾紛的情形較少見。

(2) 長期以買賣契約決定價格者，上下游廠商彼此間必存有相當密切的關係，像中心工廠與衛星工廠間的關係，實際的例子就是紙漿市場的買方獨占。在此類型市場常見、卻不容於公平法的價格決定形態有下列三種：

---

[123] 修改自范建得、莊春發，《公平交易法 Q&A 範例 100》，問題 9，商周文化，1992 年初版，後因授課需要，將原案例進行調整，編為課程講義使用。

I. 差別取價：無正當理由對二家不同的供應商採行不同的價格，導致上游市場競爭不公平。

近來有些差別訂價情形。差別取價（price discrimination）係指在產銷成本相同下，廠商以不同的價格將相同的產品售予不同的客戶。其中以個人化定價值得關切。蓋個人化定價係指：事業經由觀察、消費者自願提供、推測等方式蒐集與消費者個人行為或特徵有關之資訊，在消費者願意支付費用的基礎上，為不同的消費者（無論個人或群體）設定不同的價格。然個人化定價行為是否違反競爭法相關規定，仍應視該事業是否濫用市場獨占力而定。

我國公平會尚未有處理平臺業者涉及個人化定價之相關案例，惟有網路報關之平臺業者以「忠誠折扣」（即第二級差別取價）方式間接阻礙他事業參與競爭之案例[124]。

II. 基於其他目的，刻意壓低業者的價格：如企圖進行垂直合併，以壓低價格為手段，迫使不合作的上游廠商屈服後，同意其垂直合併的要求。

---

[124] 公平會，《數位經濟競爭政策白皮書》，頁 57-61。

III. 不景氣時期要求降價：市場經濟不景氣時，因其具有獨買的地位，遂將不利的市場情況轉嫁給上游業者，要求降低原料價格，以彌補其虧損，過去石化業在能源危機時代所做的行為就屬於這種情形。

(3) 統一限定價格：又可區分為統一訂定單一價格或價格表、訂定上限價格、圍標等三種方式，其目的是希望能因此控制原料廠價格，不管是哪一種方式均可能涉及聯合行為，為主管機關所不許可，違反公平交易法的行為。

2. 舉例

　　A 公司為汽車製造商，向上游的汽車零件製造商 B 和 C 購買相同的零件生產汽車，A 公司卻要求 B 以較低價格出售其產品，致使 B 與 C 的競爭產生不利，該項行為是否違法？

　　A 汽車製造商要求 B 零件廠商以較低價格出售產品，即為前述差別取價行為，這種行為將導致上游廠商 B 與 C 的競爭處於不利的地位，若 A 汽車製造商為獨占事業，即符合公平法第 9 條第 3 款「要求交易相對人給予特別優惠」之行為。

3. 延伸閱讀

案例 10：拒絕交易 —— 臺灣化纖芒硝案

案例 11：拒絕交易 —— 台塑公司燒鹼案

案例 12：無正當理由差別待遇 —— 臺灣港務公司案

（四）其他濫用市場地位之行為（公平交易法第 9 條第 4 款）

此為概括條款，因為商業活動型態繁多，在立法時無法一一列舉，為求周延，只有在狀態列示之後再加一概括條件，將不屬上開 3 款不當獨占濫用類型，但獨占事業濫用市場地位行為而足以影響相關市場競爭者，以公平交易法第 9 條第 4 款之適用，以求周延。

第三節　其他規定之獨占管制

一、公平交易法之規定

公平交易法第 20 條：

有下列各款行為之一，而有限制競爭之虞者，事業不得為之：

一、以損害特定事業為目的，促使他事業對該特定事業斷絕供給、購買或其他交易之行為。

二、無正當理由，對他事業給予差別待遇之行為。

三、以低價利誘或其他不正當方法，阻礙競爭者參與或從事競爭之行為。

四、以脅迫、利誘或其他不正當方法，使他事業不為價格之競爭、參與結合、聯合或為垂直限制競爭之行為。

五、以不正當限制交易相對人之事業活動為條件，而與其交易之行為。

公平交易委員會 105 年 2 月 17 日第 1267 次委員會議結論：

（二）有關垂直非價格交易限制競爭案件相關市場占有率門檻之計算：

1. 公平交易法第 20 條所規範之垂直非價格交易限制行為，事業於相關市場之市場占有率未達 15%者，推定該事業不具有市場力量，原則上無限制競爭之虞。

2. 另考量市場運作實務，事業之市場占有率雖未達 15%，但若交易相對人對該事業不具有足夠且可期待之偏離可能性，應認事業間有依賴性存在，該事業具相對市場優勢地位，其限制競爭之行為仍得依公平交易法第 20 條予以規範。

二、說明

　　事業若干限制競爭行為，若其不具有獨占事業的身份，是否不受公平交易法規範[125]？

　　舉例說明：西片代理商 A 公司出租影片時，要求承租影片的戲院，必須以組為單位為承租，每一組影片中有好片也夾雜其他爛片，好片與爛片在市場上原本可以分開出租，西片代理商的行為是否違反公平交易法？

　　解析：

　　西片代理商的行為，就是實務上所謂的搭售行為。雖

---

[125] 修改自范建得、莊春發，《公平交易法 Q&A 範例 100》，問題 10，頁 56-57，商周文化，1992 年初版，後因授課需要，將原案例進行調整，編為課程講義使用。

然他們沒被列入獨占事業公布的名單中，即不適用公平法第 9 條規定的限制，但是這種行為卻可能不合法。就此例而言，片商的搭售行為，若是在搭售市場（好片）擁有顯著市場力量，而且在爛片市場造成市場競爭的限制時，其行為就符合公平法第 20 條第 5 款：「**以不正當限制交易相對人之事業活動為條件，而與其交易之行為。**」屬於違反公平交易的營業行為。違反市場力濫用的營業行為類型中，即使是非獨占事業，仍然有違法之虞，除了上述例子中的搭售，其他的行為尚有：差別取價、維持轉售價格（公平法第十九條）、聯合訂價（公平法第十四條）等，即使不具獨占事業身份的事業，也不可從事以上營業行為。

不過，也有一些營業行為，在獨占事業場合是違反競爭原則的，而一旦脫離獨占，卻是被允許的，例如在非獨占場合，事業單位若拒絕出售，即為許可行為，因為在商業活動中，事業單位應對其交易對象有自主權利，不應受到約束，但如果是獨占事業時則不被允許，因為其可能造成市場競爭的不完全。這也是為什麼許多事業單位深怕成為獨占事業的原因，因為一旦被列為獨占事業，其營業行為必須受到更多約束，當然也就面臨更容易觸法的危險。

第四節　獨占管制之豁免與除外[126]

一、公平交易法之規定

第 45 條：

依照著作權法、商標法、專利法或其他智慧財產權法規行使權利之正當行為，不適用本法之規定。

第 46 條：

事業關於競爭之行為，優先適用本法之規定。但其他法律另有規定且不牴觸本法立法意旨者，不在此限。

二、說明

（一）公平交易法之豁免：公平交易法第 45 條調和智慧財產權法與競爭法

1. 著作權、商標權及專利權在本質上均為法律所賦予之獨占權。故事業依據著作權法、商標法或專利法行使權利之正當行為，自不適用公平交易法之規定。反之，事業行使著作權、商標權或專利權未符合誠信原則，或以損他人之目的，自非權利正當之行使[127]。公平交易法第 45 條之意旨為調和智慧財產權之保障與公平交易秩序之維護監所生之衝突，因此，主管機關基於職權認定何謂

---

[126] 本節主要內容參考自：范建得（2003），〈註釋公平交易法──第五條〉，廖義男（等著），《公平交易法之註釋研究系列（一）第一條至第十七條》，行政院公平交易委員會合作研究報告，頁 185-186。

[127] 林洲富（2018），《公平交易法：案例式》，增訂三版，頁 156，五南。

「行使權利之正當行為」，不但須考量智慧財產權人之利益，亦須顧及自由公平競爭環境之維護與社會公益之平衡[128]。

2. 例如：獨占事業發布不實的新聞稿、發送不實警告函，會被認為非行使權利之正當行為。

「智慧財產權法律賦予發明人或創作人排他權之目的，係為促使權利人樂於從事創作研發與研究成果之擴散與交流，進而達到鼓勵創造、發明與技術創新之目的，爰公平交易法第 45 條將『行使權利之正當行為』豁免於公平交易法之適用，故專利權人與被授權人間之專利授權契約，應本於契約自由原則商定個別交易條件，一旦雙方發生糾紛，原則上應循民事途徑救濟解決。惟專利權人逾越正當權利行使範圍，濫用其專屬權利，破壞市場交易秩序，損害消費者及整體經濟利益，依據公平交易法第 45 條規範意旨，該權利行使行為仍有適用公平交易法之餘地。爰為處理專利及技術授權案件，使執法標準更臻明確，俾利業者遵循及辦理相關案件，本會訂有『公平交易委員會對於技術授權契約案件之處理原則』，明定名詞定義、基本原則、審查分析之步驟、不違反公平交易法事項之例示、技術授權契約禁制事項例示及法律效果[129]。」

---

[128]　最高行政法院 95 年度判字第 1003 號行政判決。

[129]　公處字 106094 號處分書參照。

（二）基於其他目的之合法行為

1. 公平交易法就規範競爭行為之事務，屬於一般法，至於其他基於特定目的而訂定之法律，其中涉及競爭行為事務者，在該特別法之規範範圍內，自應屬競爭行為事務之特別法。亦即，事業雖為公平交易法所規範之禁制行為，如其他法律明文規定且在目的事業主管機關監督之下得以為之，則排除公平交易法之適用。但為確立公平交易法為經濟基本法之立法旨意，爰規定於「不牴觸本法立法意旨」之範圍內，始得排除適用公平交易法。

2. 公平會為處理涉及第 46 條之案件，於 105 年訂定「公平交易法第 46 條適用基準[130]。」

---

[130] 公平交易法第 46 條適用基準（105 年 8 月 4 日公法字第 10515605372 令訂定發布）

一、公平交易委員會（以下簡稱本會）為處理涉及公平交易法（以下簡稱本法）第 46 條之案件，特訂定本適用基準。

二、第 46 條適用基準如下：

（一）事業關於競爭之行為非本法所禁止：無第 46 條之適用。

（二）事業關於競爭之行為同為本法及其他法律所禁止：屬法規間之競合問題，無第 46 條之適用，應依特別法優於普通法等法律適用原則，於具體個案分別判斷適用本法或適用其他法律。

（三）事業關於競爭之行為為本法所禁止，然係依據其他法律或法規命令所為：有第 46 條之適用。

前項第 2 款與第 3 款情形，本會得依據本法第 6 條第 2 項規定與其他機關協商處理方式。

三、為確立本法為經濟之基本法，倘事業關於競爭之行為為本法所禁止，然係依據其他法律或法規命令所為時，原則應優先適用本法之規定，僅於其他法律或法規命令不牴觸本法立法意旨時，始得優先適用。

四、第 46 條所稱本法立法意旨，指本法第 1 條所定為維護交易秩序與消費者利益，確保自由與公平競爭，促進經濟之安定與繁榮。

五、判斷其他法律或法規命令之解釋與執行是否牴觸本法立法意旨時，應參酌下列因素綜合判斷：

　　　　3. 相關案件：公平會認定被處分人是否為「獨占事
　　　　　業」之過程中，不乏面臨受處分對象援引第 46 條
　　　　　規定要求除外者。例如：
　　　　(1)「證交所不當收取證券交易資訊使用費案」[131]：
　　　　　　I.　公平會依證券交易法第 11 條「本法所稱證
　　　　　　　　券交易所，謂依本法之規定，設置場所及
　　　　　　　　設備，以供給有價證券集中交易市場為目

─────────────

（一）其他法律或法規命令之制（訂）定、修正及執行情形：
　　法規之訂修時間及訂修過程中是否將本法立法意旨納入考量。
　　產業主管機關適用管制法規之理由，例如基於職權審酌產業政策確
　　有應優先於競爭政策適用之正當理由。
　　產業主管機關對豁免於本法適用之領域有無進行適當必要之監督以
　　及有無採取其他盡可能確保競爭機制之手段，例如定期檢討評估管
　　制法規適用成效等。
（二）相關市場競爭情形：
　　競爭手段：事業是否以價格、數量、品質、服務或其他條件等作為
　　競爭手段。
　　市場範圍：考量個案系爭事由、商品特性、產業特性、資料屬性等
　　因素，以及需求替代、供給替代等事項。
　　參與競爭者之家數與市場績效：參與競爭者是否具有相當之家數，
　　且應將市場績效納入考量。
　　市場集中度：相關市場的集中度，是否屬於有利於競爭的狀態。
　　市場進入障礙：相關市場所存在進入障礙之程度，是否屬於有利於
　　競爭的狀態。
　　經濟效率：能否提高生產效率、配置效率及創新效率。
　　消費者利益：能否有效提高整體消費者福利。
　　交易成本：能否降低交易成本之影響。
（三）其他與本法立法意旨有關之各種情形：實務上常見之實例如自然獨
　　占特性之產業，因已無法透過市場競爭之運作引導資源作最有效率
　　之配置，故可認依照其他法律規定所實施之價格管制，不抵觸本法
　　立法意旨。
六、處理涉及第 46 條案件之適用流程如附件。

[131]　公處字第 091133 號處分書。
　　證交所不服而提起訴願，訴願會以院臺訴字第 0920088278 號訴願決定撤銷
　　原處分。檢舉人企龍股份有限公司起訴請求撤銷訴願決定，臺北高等行政
　　法院 92 年度訴字第 4653 號行政裁定以檢舉人非行政訴訟法第 4 條第 3 項所
　　稱之利害關係人，不具起訴合法要件，駁回其訴。

的之法人。」；第 12 條「本法所稱有價證券集中交易市場，謂證券交易所為供有價證券之競價買賣所開設之市場。」及第 96 條「非依本法不得經營類似有價證券集中交易市場之業務；其以場所或設備供給經營者亦同。」而認定：「證交所係為國內唯一依據該法以供給有價證券之集中競價買賣場所為目的而設立之法人機構，且證交所對於其撮合委託買賣上市有價證券產生之相關交易資訊，提供予申請使用者（含資訊廠商）之行為，顯已形成產業結構之上、下游交易關係，除應受公平交易法規範外，證交所為『上市證券交易資訊供給市場』之唯一賣方，居『獨占地位』，無庸置疑。」

II. 證交所則主張其行為應得以排除公平交易法之適用。

III. 公平會最後認定本案無得以排除公平交易法適用之理由；其理由如下：「1.證券交易法並無任何條文明定證交所得以『資訊廠商之傳輸方式』制定變動費用收取標準。2.證券主管機關證期會對於證交所提報之『交易資訊使用管理辦法』及其『收費標準』，自 87 年起，僅係依其權責就『證券交易法』等相關規定範圍予以備查，未為實質審查，至該內容是否會影響市場競爭

秩序因非其主管業務而未加以衡量，證交所以該公司有關交易資訊管理辦法及收費方式既經證期會核備，已有行政屏障之主張，自不可採。3.且本會先前決議所依據之證交所函報內容，均僅提及『級距式固定資訊使用費』部分，皆未提及『變動費用』之收取標準，本會依據證交所提報內容所作之決議，證交所以之作為『變動費用』之收取已一併獲認符合本會相關決議精神，顯屬誤解；再者，於本會第 275 次及第 311 次委員會議針對證交所所報級距式固定資訊使用費標準決議後，證交所已數次自行變更修正收費標準，已礙難以本會前開決議主張有其『行政屏障』或『信賴保護』，而自外於公平交易法的規範。」

(2)「櫃買中心不當收取證券櫃臺交易資訊使用費案」[132]：

公平會認定櫃買中心對於其撮合委託買賣上櫃有價證券產生之相關交易資訊，提供予申請使用者（含資訊廠商）而取得對價之行為，顯已形成產業結構之上、下游交易關係，應受

---

[132] 公處字第 091132 號處分書。
櫃買中心不服而提起訴願，訴願會以院臺訴字第 0920090308 號訴願決定撤銷原處分。檢舉人企龍股份有限公司起訴請求撤銷訴願決定，臺北高等行政法院 92 年度訴字第 5398 號行政裁定以檢舉人非行政訴訟法第 4 條第 3 項所稱之利害關係人，不具起訴合法要件，駁回其訴。

公平交易法之規範之餘，進一步釐清本案亦無
排除公平交易法適用之可能；其理由如下：
「1.『證券交易法』並無任何條文明定櫃買中
心得以『資訊廠商之傳輸方式』制定變動費用
收取標準，是櫃買中心前開行為尚無法律屏
障，而得以排除公平交易法之適用。 2.蓋證
券主管機關證期會對於櫃買中心提報之『交易
資訊使用管理辦法』及『使用費標準』，僅係
依其權責就『證券交易法』等相關規定範圍予
以備查，未為實質審核，至該內容是否會影響
市場競爭秩序，因非其主管業務而未加以衡
量，櫃買中心以該公司有關交易資訊管理辦法
及收費方式既經證期會核備後才公告實施，並
無完全自主權，而認有行政屏障之主張，自不
可採。」

第五節　重要案例彙整

案例 1：獨占事業之認定──「飛利浦公司 CD-R 技術市場
　　　　案」
案例 2：獨占事業之認定── 周星公司檢舉競爭對手發函案
案例 3：獨占事業之認定── 臺灣化纖公司拒絕供應芒硝案
案例 4：不當價格決定── 大台北瓦斯不當收費案
案例 5：不當價格維持── 飛利浦公司收取不當權利金案
案例 6：差別訂價── 中油公司對經銷商不當差別訂價案

案例 1：獨占事業之認定——
「飛利浦公司 CD-R 技術市場案」

✖案件事實[133]

　　飛利浦公司、太陽誘電公司及新力公司將所研發有關可錄式光碟（CD-R）及可錄式磁碟（CD-MO）專利組成專利聯盟由飛利浦公司集中管理，並共同制定可錄式光碟（CD-R）標準規格（即橘皮書）及預先擬訂定型化之專利授權契約後，委由飛利浦公司對外授權，授權契約訂有權利金之計算方式為「以每片光碟產品淨銷售價格 3%或日幣 10 圓中之較高者」。自 85 年 11 月起由飛利浦公司先後授權予巨擘公司等多家 CD-R 製造商，得使用製造該專利產品，並銷售至世界各地。

　　巨擘等公司與飛利浦公司簽訂專利授權契約後，國內外 CD-R 銷售價格大幅滑落，該等被授權公司因認情事變更，請求降低權利金，而為飛利浦公司及其他 2 家公司所拒絕。巨擘公司等公司 88 年 6 月間向公平會檢舉飛利浦公司及其他 2 家公司違反行為時公平交易法第 10 條（現行法第 9 條）第 2 款、第 4 款、第 14 條、第 19 條第 6 款（現行法第 20 條第 5 款）等規定，遂開始本件長達 20 多年的爭訟歷程。

---

[133]　98 年公處字第 098156 號處分書、智慧財產法院行政 100 年度行公訴字第 3 號判決、智慧財產法院行政 100 年度行公訴字第 4 判決、智慧財產法院行政 100 年度行公訴字第 5 號判決、最高行政法院 101 年度判字第 1001 號判決參照。

❋公平會裁處

公平會及法院認定飛利浦公司及其他 2 家公司於「CD-R 技術市場」具有壓倒性優勢，得排除他事業參與競爭，屬「獨占事業」：

1. 特定市場（相關市場）之界定

公平會將特定市場界定為「CD-R 光碟片技術市場」（公處字第 098156 號處分書）：

(1) 就產品面而言：

「按 88 年至 90 年初主要光儲存產品種類，可分為唯讀型光碟片及寫錄型光碟片，唯讀型光碟片，使用者只可讀取預先錄製的資料，其透過一片光碟片母版即可執行大量複製，故價格相當便宜；寫錄型光碟片又可分為可寫一次及可覆寫型光碟片，CD-R 可寫一次光碟片適用於僅登錄一次，便不再修改的資料記錄，CD-RW 光碟片具可重覆寫錄功能，故唯讀型光碟片、CD-R 及 CD-RW 在個別技術市場的供需及技術功能上，即具有單獨可分的區隔性，殊無疑義。至於 DVD 是 CD 系列產品技術進一步提升所發展出來的產品，從 CD-R 光碟片轉向 DVD 寫錄型光碟片，此世代交替發展趨勢係 93 年以後的事。易言之，CD-R 光碟片與 CD-RW 及 DVD 光碟片係陸續發展之產品，惟渠等在寫錄方式、產品功能以及產品售價上均有差異區隔，且新產品問市時，不僅功能較強，售價亦相對較高，故 3 者間價差極大，縱功能有部分雷同，於調查期間消費者幾不可能在 3 項產品中互為搭配使用，其

替代性相對較低。又，迷你光碟（MD）可寫錄多次，用途定位著重在音樂燒錄，數位錄音帶（DCC）為飛利浦公司所研發之另一種數位錄音帶規格，惟因不被市場接受，市場已罕見此產品。是以 CD-R、CD-RW、DVD 光碟片，以及 MD、DCC 產品，於 88 年至 90 年初市場供需、價格及技術功能上，仍有區隔，彼此並無法相互依存，故可單獨被界定為特定市場。」

(2) 就技術面而言：

「至於技術市場，CD-RW 光碟片之生產技術是否可以生產 CD-R 光碟片，由於雙方軌跡等不同，除非將 CD-RW 光碟片之生產技術規格特殊化，始可完成接軌，惟生產 CD-RW 光碟片成本較 CD-R 光碟片高出許多，沒有廠商願意作虧本生意，且本案自巨擘公司簽約之日（86 年）起至檢舉之日（88 年），當時我國 CD-RW 光碟片之生產技術尚在萌芽中，拿生產 CD-RW 之生產技術去生產 CD-R 光碟片亦非市場常態；另 DVD 光碟片、MD、DCC 因與 CD-R 光碟片生產技術更無法相容，故應單獨被界定為特定市場。綜上，本案所涉特定市場應為『CD-R 光碟片技術市場』，此亦經臺北高等行政法院及最高行政法院判決確定在案。」

法院認同本件相關市場為「CD-R 技術市場」（最高行政法院 101 年度判字第 1001 號判決）

(3) 就產品面及我國光碟製造廠商（即技術需求者）之觀點而言：

「（三）、原判決已說明本件處分期間，市場上

除 CD-R 以外雖有其他光學技術儲存媒體，例如：CD-RW、DVD 或 MD，惟上開光學技術儲存媒體或因價格、功能及製造設備上之差異，或當時技術研發尚未發展成熟，是以於當時之市場上全球僅有一項『可錄一次式光碟片』產品，亦即 CD-R 光碟片，而無其他『可錄一次式光碟片』產品，縱 CD-R 產品進入市場後，確須與其後逐漸發展成熟之其他 CD-RW、DVD-R、MD 產品相競爭，然而就我國光碟製造廠商（即技術需求者）之觀點而言，其於本件處分期間所欲取得技術授權生產製造之產品即為符合橘皮書規格之 CD-R（即 CD-WO）商品（此由系爭授權合約第 1.03 條即定義 CD-WO Disc: any Disc designed and manufactured for irreversible recoding thereon of digital information and which conforms to the CD-WO Standard Specifications.自明），是以就滿足我國光碟製造廠商之經濟目的而言，其他製造 CD-RW、DVD 或 MD 之技術與製造 CD-R 之技術即不具有合理之替代可能性。」

(4) 區分商品市場、技術市場及創新市場：

「另就 CD-R 而言，商品市場係指 CD-R 的商品市場，技術市場則係指製造 CD-R 相關及其替代性之技術所構成之市場，創新市場則係指製造 CD-R 技術之研發活動所形成之市場，本件所涉及係製造 CD-R 相關專利技術之授權，而非 CD-R 商品之製造或銷售，即與商品市場無涉，且飛利浦等 3 家公司係就彼等所研發完成之 CD-R 技術專利作成專利聯盟之授權決

定，而相互約定或限制任何一方就所擁有之專利對外移轉或授權，本案市場自應界定為製造 CD-R 技術及其替代性之技術所構成之市場（原判決智慧財產法院行政 100 年度行公訴字第 3 號判決之事實及理由四（三）2.參照）。」

「故原審已說明縱 CD-R 產品進入市場後，確須與其後逐漸發展成熟之其他 CD-RW、DVD-R、MD 產品相競爭，但就我國光碟製造廠商（即技術需求者）之觀點而言，其於本件處分期間所欲取得技術授權生產製造之產品即為符合橘皮書規格之 CD-R（即 CD-WO）商品，是以就滿足我國光碟製造廠商之經濟目的而言，其他製造 CD-RW、DVD 或 MD 之技術與製造 CD-R 之技術即不具有合理之替代可能性，並提出系爭授權合約第 1.03 條加以佐證。故原審已論明本件市場應界定為製造 CD-R 技術及其替代性之技術所構成之市場之理由，並就 CD-R 技術市場之替代可能性，已審酌前開公平交易法施行細則第 2 條（現行法第 3 條）第 2 款所定之替代可能性。經核均無不合。」

(5) CD-R 與 DVD 等產品於 88 年至 90 年初在個別技術市場的供需及技術功能上，具有單獨可分的區隔性。

「（四）、上訴人雖主張部分廠商亦將 CD-R 產能轉入生產 DVD，故被上訴人就市場界定有誤乙節。惟關於 CD-R、CD-RW 及 DVD 等產品於 88 年至 90 年初在個別技術市場的供需及技術功能上，即具有單獨可分的區隔性部分，原審已依據卷附財團法人光電科技工業協進會於 89 年 11 月『我國 DVD 產業前景探

討』及『資料儲存媒體製造業基本資料』之文獻內
容，說明上訴人之主張為不可採（原判決事實及理由
四（三）2.(2)參照）。且本件係牽涉製造 CD-R 相關
及其替代性之技術所構成之市場，則該製造 CD-R 相
關及其替代性之技術所構成之市場，上開二文獻係從
製造 CD-R 相關及其替代性之技術之製造商觀點立
論，原審加以審酌，核無違誤。」

(6) 未自消費者終端觀點界定特定市場：

「上訴人主張原審以製造商之觀點為本件特定市
場之界定，未由消費者終端觀點界定特定市場，於法
有違一節，非為可採。依上所述，原審已說明關於特
定市場其界定之論據，縱原審就上訴人主張應從消費
者終端觀點界定特定市場，以及特定市場應為「具有
儲存、備份及分享數位資訊功能之可錄式儲存產品技
術市場」部分，何以不足採，未加以一一論述，但原
審因認此部分與判決結果不生影響，而於判決載明不
加以逐一論述之意旨，亦難以原判決就上訴人之主張
未逐一論駁，即指其有判決理由不備之違法。」

2. 獨占事業之認定

(1) 公平會認定為獨占事業（公處字第 098156 號處分
書）：

「查被處分人等制定『橘皮書』CD-R 標準規格，
而 CD-R 技術的所有重要專利為被處分人等所擁有，
全球任何 CD-R 的製造、銷售均須取得被處分人等對
於 CD-R 擁有專利技術之授權，是被處分人等所提供

之專利技術進入特定市場，受技術之限制具有可排除競爭之能力。另從技術規格言之，CD-R是可錄一次型的光碟產品，依被處分人等行為時市場狀況，從供給、需求、產銷及成本各方面考量，CD-R產品並無替代可能性產品，其他人雖仍得自由開發競爭技術規格，惟全球 CD-R 之製造必須循被處分人等制定之『橘皮書』統一規格，是為不爭之事實，該等主要專利技術又為被處分人等所擁有，被處分人等採共同授權方式，而具絕對優勢地位，其他事業欲爭取進入系爭 CD-R 光碟片技術市場的機會，已因被處分人等制定統一規格而被限制，且被處分人等於 90 年 1 月 20 日本會處分後始開始陸續分別與被授權人個別簽訂授權契約，是被處分人等因共同授權，在 CD-R 光碟片技術市場確存有可排除競爭之能力，依 88 年 8 月 30 日修正發布之公平交易法施行細則第 3 條第 3 項（現行公平交易法第 8 條第 3 項）『事業之設立或事業所提供之商品或服務進入特定市場，受法令、技術之限制或有其他足以影響市場供需可排除競爭能力之情事者，雖有前二項不列入認定範圍之情形，中央主管機關仍得認定其為獨占事業。』得認被處分人等已構成公平交易法第5條（現行法第7條）所稱之獨占事業，此業經臺北高等行政法院、最高行政法院之上訴審及再審肯認在案。」

(2) 法院見解（智慧財產及商業法院 100 年度行公訴字第 3 號行政判決）：

「(1)專利權係智慧財產權中獨占效力最強之權

利，為提供產業發展上之誘因，並避免產業重複投入研發成本，相同之技術縱有不同人各自開發完成，於我國仍僅得由最先提出申請之人取得專利權，並依法賦予其於一定期間排除他人使用相同技術之排他效力。而專利聯盟（patent pool）係指兩個以上之專利權人協議將彼等所擁有之專利權彼此互相授權或共同授權予第三人予以管理授權並進行授權金之分配，專利聯盟中所納入之各技術間可能具有替代性關係（例如：同一產品之不同製造方法）或互補性關係（例如：同一產品中之不同元件分屬不同專利），替代性技術之專利聯盟因使被授權人必須同時接受功能或性質重複之技術，並使替代性技術之競爭關係受到限制，將對競爭秩序產生不利影響，互補性技術之專利聯盟則可減少專利授權之交易成本，且避免必要技術之專利權人控制或阻絕必要技術之近用，而便於技術標準（technical standard）之利用與推廣，上下游特定市場相關商品或服務因而能在相同之規格平台，相互為有效之競爭，雖專利聯盟與技術標準之制定間並無必然之關係，惟如何判定是否為互補性專利，倘以技術標準為例，應係指為達成實施技術標準所特定規格之目的，而於技術上不可或缺（technically essential）之關鍵專利。專利聯盟並不一定在市場上擁有獨占的地位，但專利聯盟倘係由所有替代性專利所組成，市場上已無其他替代性技術可供其他事業使用參與競爭，或專利聯盟係由製造符合標準之商品而於技術上所不可或缺之互補性專利所組合，該專利聯盟即擁有

相當大之市場力，則該專利聯盟即可能擁有獨占地位。」

「(2)原告及其他 2 家公司所共同制定之橘皮書雖僅係可錄式光碟之規格的一種，然此一橘皮書之規格<u>業經消費者之選擇利用已成為事實上市場生產可錄式光碟之標準規格</u>（其可錄式光碟產品即稱為 CD-R），是以依原告及其他 2 家公司行為時之市場狀況，從供給、需求、產銷及成本各方面考量，全球 CD-R 之製造必須循原告及其他 2 家公司制定之橘皮書規格，為不爭之事實，然製造符合橘皮書規格之 CD-R 於技術上所不可或缺之專利分別為原告及其他 2 家公司所擁有，此亦為兩造所不爭，則原告及其他 2 家公司所擁有之專利即構成生產 CD-R 商品之關鍵技術／設施，倘相關事業係欲製造 CD-R 僅能選擇向原告及其他 2 家公司支付專利授權金，原告及其他 2 家公司即具絕對的優勢地位，其他事業欲爭取進入系爭 CD-R 光碟產品技術市場的機會，已因原告及其他 2 家公司制定統一規格而被限制。易言之，因全球 CD-R 規格已經統一，另推新規格將與原規格之 CD-R 寫錄設備無法相容，而 CD-R 光碟片作為廠商與消費者儲存及傳遞資料之媒介，相容性實為關鍵因素，因此他事業欲以另定規格進入該技術市場，甚為困難，故而欲製造符合橘皮書規格之 CD-R 均須向原告及其他 2 家公司取得專利授權，倘缺乏原告及其他 2 家公司之任一公司之專利授權即無法製造符合規格之 CD-R，技術需求者即可能被排除於 CD-R 光碟片之商品市場，則原告及其

他 2 家公司就授權他人製造符合橘皮書規格之 CD-R 技術市場，即各具有優勢之經濟力量，而有壓倒性之地位，並均具有可排除其他事業參與 CD-R 技術市場競爭之能力，應可認定原告及其他 2 家公司已構成公平交易法第 5 條（現行法第 7 條）所稱之獨占事業。」

(3) 法院見解（最高行政法院 101 年度判字第 1001 號行政判決）：

「但查，依上訴人於原審所提出上證 28（原審卷一第 226 頁參照）顯示，上訴人自 2001 年起即已改為單獨授權，若果屬實，則上訴人與其他 2 家公司自該時起，既非共同授權，上訴人是否仍存在排除競爭之能力，具有獨占地位，且在市場情事顯著變更情況下，仍不予被授權人談判之機會及繼續維持其原授權金之計價方式，屬不當維持授權金之價格之情形，即有疑義。被上訴人於 98 年 10 月 29 日作成原處分時，未審酌上訴人是否因改為單獨授權之事實，而已無繼續存在違反公平交易法第 10 條第 2 款部分之行為，仍於原處分第 3 項命上訴人與太陽誘電公司、新力公司於該處分書送達之次日起，應立即停止該違法行為，自有再行究明之必要。」

✍ 評析

1. 相關市場之界定[134]

論者吳秀明提出：「本件之相關市場並非『CD-R 光

---

[134]　廖義男（2020），《公平交易法國內重要案例之評析——以獨占及其他（非聯合）限制競爭行為為中心》，公平交易委員會委託研究計劃，頁 266。莊

碟片技術市場』，應劃分為『可錄一次式光碟片技術市場』，避免市場之界定等同於特定產品』[135]。」學者廖義男則贊同智慧財產法院與最高行政法院的見解，其理由為：「法院在相關市場上區別『商品市場、技術市場、創新市場』，並特定本案相關市場為『CD-R 技術市場』，前述判決就相關市場之處理上已更細緻化[136]。」

2. 獨占事業之認定[137]

　　爭點在於，飛利浦公司等 3 公司究為一家單一力量之獨占地位？或複數事業視為獨占？

(1) 就複數事業之獨占地位如何形成，論者認為複數事業要居於具有控制市場力量之獨占地位，通常彼此間是具有關係企業之關係、聯合行為或透過寡占市場中平行行為為之，否則無法解釋為何複數事業彼此會形成一股如同單一事業般的獨占力量。在本件爭訟的前階段，公平會於公處字第 091069 號處分書認定飛利浦公

弘鈺（2020），〈論飛利浦光碟案之前世今生〉，《公平交易季刊》，28 卷 1 期，頁 50-52。

[135] 而之所以直接將相關市場界定為「CD-R 光碟片技術市場」，實乃因當時全球只有一項「可錄一次式光碟片」，即「CD-R」光碟片，公平會因此便宜行事而將市場之界定與特定產品名稱掛勾，故不可因為不被稱為 CD-R 光碟片之產品，即認屬非 CD-R 光碟片之競爭產品。吳秀明（2009），〈專利聯盟（Patent Pool）與公平法之聯合行為管制（上）——以「飛利浦光碟案」中弔詭的競爭關係為核心〉，《月旦法學雜誌》，174 期，頁 131。范建得、陳丁章（2005），〈淺析臺北高等行政法院 92 年訴字第 908 號判決〉，《臺灣本土法學雜誌》，77 期，頁 297-298。

[136] 廖義男（2020），《公平交易法國內重要案例之評析——以獨占及其他（非聯合）限制競爭行為為中心》，公平交易委員會委託研究計劃，頁 266。

[137] 廖義男（2020），《公平交易法國內重要案例之評析——以獨占及其他（非聯合）限制競爭行為為中心》，公平交易委員會委託研究計劃，頁 265-268。

司等 3 公司是透過聯合達到獨占之地位與狀態，但法院（臺北高等行政法院 92 年度訴字第 908 號判決、最高行政法院 96 年度判字第 553 號判決）已否認渠等構成聯合行為，惟綜觀判決全文，卻又看不出法院究竟認為此 3 家公司是以何種方式達到如同單一力量之獨占地位，故實有進一步釐清之必要[138]。

(2) 學者黃銘傑認為：「可使用關鍵設施理論（Essential Facility Doctrine），將飛利浦等公司認定為具有獨占地位」。[139]，亦即學者李素華所言：「系爭專利為廠商所不可或缺，……若拒絕授權足以消滅下游市場之競爭[140]。」申言之，應將 CD-R 案中的橘皮書規格視為事實上標準（de facto standard），此 3 家公司分別擁有之專利技術已經為生產符合 CD-R 標準所不可缺少的一部分，使該等專利等同取得自然獨占之地位，因此專利權人為獨占事業[141]。

(3) 學者廖義男認為：「本件歷審法院於本件使用關鍵設施理論為基礎判斷獨占事業，智慧財產法院認為橘皮書標準經市場競爭後，已成為 CD-R 之事實上標準，

---

[138] 何之邁、張懿云、林廷機、陳志民（2018），《公平交易法：司法案例評析修訂二版》，二刷，頁 69-70，元照。

[139] 黃銘傑（2001），〈專利集管（Patent Pool）與公平交易法——評行政院公平交易委員會對飛利浦等三家事業技術授權行為之二次處分案〉，《月旦法學雜誌》，87 期，頁 136。

[140] 李素華（2008），〈專利權行使與公平交易法——以近用技術標準之關鍵專利為中心〉，《公平交易季刊》，16 卷 2 期，頁 105。

[141] 黃銘傑（2001），〈專利集管（Patent Pool）與公平交易法——評行政院公平交易委員會對飛利浦等三家事業技術授權行為之二次處分案〉，《月旦法學雜誌》，87 期，頁 136-137。

因此橘皮書規格中的專利權人皆為獨占事業。最高行
政法院則認為，後續橘皮書標準中的專利權人，將共
同授權改為單獨授權，各專利權人是否具有獨占地位
仍有疑義[142]。」

---

[142] 廖義男（2020），《公平交易法國內重要案例之評析——以獨占及其他（非
聯合）限制競爭行為為中心》，公平交易委員會委託研究計劃，頁 267-
268；顏雅倫（2016），〈公平會智慧財產權授權管制實務之回顧與評
析〉，《公平交易季刊》，24 卷 1 期，頁 25-29。且認為當系爭標準已成為
產業標準而無替代可能性，即可獨立成為一技術授權市場，由於該標準之
任一標準必要專利權人單獨即可被認定為獨占事業，故而飛利浦公司於
「生產 CD-R 光碟片所需之技術市場」上單獨即具有獨占地位。

案例 2：獨占事業之認定——周星公司檢舉競爭對手發函案[143]

案件事實

原告（即英商周星公司）93 年間向被告（公平會）提出檢舉，指美商業凱公司及其母公司美商應材公司於半導體製程設備及液晶面板前段製程設備之產銷及服務皆為獨占事業，渠等於 92 年間發函給原告之客戶，稱「美商業凱公司就製造面板顯示器用之化學氣相沉積設備投注大量資金從事研發，亦因產品量產而獲回收。為維護客戶及該公司之利益，渠對新產品智慧財產權之保護不遺餘力，並於全世界各國擁有超過 200 件專利，再者，渠之母公司——美商應材公司於全世界獲有超過 4200 件之專利……倘貴公司欲了解本公司或 Applied Material 公司的各項專利內容，敬請洽詢聯絡。」後續並以電話聯絡原告主要客戶，片面宣稱原告及其關係企業韓商周星公司所生產之「液晶顯示器用之電漿輔助化學氣相沈積設備；PE VCD for LCD」（下稱系爭產品）侵害其專利，已向我國法院聲請民事假處分裁定，暗示我國面板廠商向渠等所訂購之系爭產品將無法運送入台，然美商業凱公司發函時，並未取得法院一審判決確認其專利權受侵害，亦未取得鑑定報告，且無敘明其專利權明確內容、範圍及受侵害之具體事實，使受信者得據以為合理

---

143 公平會 94 年 4 月 15 日公貳字第 0940002884 號檢舉函覆、臺北高等行政法院 95 年度訴字第 1182 號判決、最高行政法院 98 年度判字第 343 號判決。

判斷，此舉已損害原告之商譽，而違反公平交易法第 19 條第 1
款（現行法第 20 條第 1 款）、第 22 條（現行法第 24 條）及
第 24 條（現行法第 25 條）規定。

　　被告（公平會）調查後，以美商應材公司非涉案行為主
體；美商業凱公司非公平交易法所稱之獨占事業；美商業凱公
司所發送函件及後續與相關板面廠商之聯繫依現有事證，尚難
認有違反公平交易法規定情事等語，函復原告。原告不服，提
起訴願，經遭駁回，遂提起行政訴訟。

法院就獨占地位之認定

臺北高等行政法院對獨占地位之判斷如下：

1. 市場占有率非判斷獨占地位的唯一基準

　　　「系爭產品之特色為訂單總量少但單價高，損失任何
一訂單即會對於系爭產品所占銷售比率造成極大之影響，
市場占有率變動較大，不能僅以市場占有率作為判斷該事
業是否具有獨占市場之力量。」

2. 系爭產品具替代性及競爭性，且其他事業加入系爭產品之
特定市場並無困難

　　　「系爭產品於我國之銷售市場中，買方僅有友達光
電、……（其他 6 間公司）等面板廠商，而販售系爭產品
之競爭者除韓商周星公司外，尚有……（其他 5 間公司）
等，其產品皆具替代性及競爭性，且我國廠商對系爭產品
之需求皆仰賴進品，我國法令對系爭產品之進口並無限
制，其他事業加入系爭產品之特定市場並無困難，被告辯
稱系爭產品係屬買方市場且可以自由進口，不會形成獨占

等語，堪信為真。」

3. 美商業凱公司提出專家證人意見

「母公司美商應材公司為半導體製程設備之製造商，於我國並不從事系爭產品（液晶面板前段製程設備）之製造、行銷或販售行為，系爭產品係運用於面板之製造而無法用於半導體之製造，兩者不具可替代性，因認美商應材公司亦不具獨占地位。」

最高行政法院認同高等行法院之見解，認為「市場占有率非判斷獨占地位的唯一基準」：「依據公平交易法施行細則第 3 條之規定，獨占事業之判斷，事業於特定市場之占有率仍不足認定其獨占地位，而必須審酌商品或服務在特定市場變化中之替代可能性、事業影響特定市場價格之能力、他事業加入特定市場有無不易克服之困難，商品或服務輸入或輸出之情形等要素，方得正確為判斷。」尤其是，系爭產品之特色為訂單總量少但單價高，接單量45 台即已構成 9 成占有率，損失任何一訂單即會對於系爭產品所占銷售比率造成極大之影響，市場占有率變動較大，故市場占有率實不能作為獨占之單一標準。

✑評析[144]

學者廖義男認為：「判斷獨占事業，除於市場占有率外，更需考量替代可能性、事業對市場價格的操控能利、進入市場之難易度等因素。此外，因我國對於獨占行為有罰鍰與刑事責任，認

---

[144] 廖義男（2020），《公平交易法國內重要案例之評析——以獨占及其他（非聯合）限制競爭行為為中心》，公平交易委員會委託研究計劃，頁 238-240。

定獨占事業需採取較嚴格之態度，更需明示判斷標準，以確保法安定性[145]。」

　　在獨占事業之判斷上，我國可借鑑外國判斷企業是否具優勢地位、市場力量的做法。學者廖義男梳理歐盟做法對優勢地位之相關指標如下：「優勢地位之事業，無須理會競爭者、買受人及消費者；並以高市占率及競爭者間之市占率落差為重要判斷指標，甚至阻礙競爭者的能力亦為重要判斷指標[146]。」學者胡祖舜認為：「在符合事業在相關市場中具高市占率、進入市場是存在難度，而使得事業在相當時間內能運用其顯著地位之條件下，方屬美國競爭法的具有市場力量[147]。」

---

[145] 廖義男（2020），《公平交易法國內重要案例之評析——以獨占及其他（非聯合）限制競爭行為為中心》，公平交易委員會委託研究計劃，頁 238-240。

[146] 廖義男（2020），《公平交易法國內重要案例之評析——以獨占及其他（非聯合）限制競爭行為為中心》，公平交易委員會委託研究計劃，頁 32-37。

[147] 胡祖舜（2019），《競爭法之經濟分析》，初版，頁 132-134，元照。

案例 3：獨占事業之認定——
臺灣化纖公司拒絕供應芒硝案[148]

❋案件事實

　　檢舉人合一公司經營銷售化工原料，臺灣化纖公司為其芒硝之上游供應業者，雙方於 74 年起即開始從事芒硝交易。臺灣化纖公司通知合一公司自 101 月 7 月 27 日起停止銷售芒硝予合一公司。但臺灣化纖公司僅對合一公司停止供貨，合一公司以外之芒硝經銷業者仍得向臺灣化纖公司購買芒硝。合一公司以國內僅有臺灣化纖公司從事芒硝製造，臺灣化纖公司此舉使其必須以較高之成本向其他可向臺灣化纖公司取得芒硝之業者購買後，再繼續銷售予下游需求業者，已嚴重影響國內芒硝化工原料市場之交易秩序為理由，向公平會提出檢舉。公平會認為臺灣化纖公司斷絕供給芒硝予合一公司，屬獨占事業濫用市場地位之行為，違反公平交易法第 10 條（現行法第 9 條）第 4 款規定，命停止違法行為，並裁處 300 萬元罰鍰，臺灣化纖公司不服，提起訴願遭駁回，遂提起行政訴訟。臺北高等行政法院判決原處分撤銷。公平會不服提起上訴，最高行政法院駁回其上訴。

---

[148]　公平會 102 年公處字第 102118 號處分書、臺北高等行政法院 103 年度訴字第 187 號判決、最高行政法院 104 年度判字第 53 號判決。

? 爭點

獨占事業之判斷

公平會認定臺灣化纖公司屬獨占事業

1. 界定市場範圍

「按芒硝（又稱無水硫酸鈉）係嫘縈棉製造流程中使用之副料硫酸及液鹼（氫氧化鈉）經酸鹼中和化學反應所衍生之副產品，主要應用於紡織染整業、清潔劑業及玻璃業，另工業鹽雖或可為芒硝之替代品，惟僅限於紡織染整之用途，非足以『完全』替代芒硝之功能及用途。且原告（臺灣化纖公司）銷售之芒硝，仍有高達 48.56% 非用於紡織染整業，故工業鹽在功能、特性、用途或價格條件上，顯非可列為芒硝具有『高度』需求替代性之商品，被告（公平會）將本件原告（臺灣化纖公司）系爭行為所涉產品市場界定為『芒硝』市場並非無據。」

2. 獨占力之審酌

「依原告官方網站之資料顯示，其於國內嫘縈棉市場之占有率為 100%，**為製造嫘縈棉副產品芒硝之國內唯一製造業者**，另依被告產業資料庫資料顯示，100 年度原告銷售金額占國內市場總銷售金額之比率為 76.49%，排名第 1，**原告 100 年度於國內芒硝市場之占有率已達二分之一以上**，**100 年度原告之營業收入為 2,807 億 8,700 萬元**，其銷售金額已達列入獨占事業認定範圍之 10 億元以上，原告於芒硝市場核屬公平交易法第 5 條（現行法第 7 條）

所稱之獨占事業。……。復按原告所陳芒硝因產品之特性必須於出廠 3 個月內售出可知，**國內業者相較於國外業者因減少國際貿易之運送距離，享有較低之運輸與交易成本**，原告面對前開大陸地區等進口業者之競爭，於國內芒硝市場卻仍能維持二分之一以上之占有率，顯示被告綜合上述情況，據此認定原告 100 年度於國內芒硝市場屬獨占事業，應受公平交易法第 10 條（現行法第 9 條）各款禁制規定之規範，並無違誤。」

臺灣化纖公司則抗辯：

1. 「原告（臺灣化纖公司）所生產之芒硝為生產嫘縈棉所生之副產品，其主要應用於紡織染整業、清潔劑業及玻璃業等，原告銷售於國內市場之芒硝，超過半數均用於紡織染整業，**惟芒硝之用途，超過半數以上皆得以工業鹽替代之**，甚至每月工業鹽之國內產量、進口數量均遠大於原告每月芒硝之平均產量，價格更是低於原告之芒硝售價，足**證工業鹽對於原告所銷售之芒硝，不論在功能、用途及價格上，均具有高度替代性**，按最高行政法院 100 年度判字第 1696 號判決意旨，被告（公平會）審查原告之芒硝是否構成獨占市場，於界定市場時，自應依照公平交易法施行細則第 3 條第 2、5 款所定之『獨占』應審酌因素，應將國內及自國外進口之芒硝與其替代品考量在內，方屬適法。」「**原處分漏未依法審酌原告實面臨中國大陸進口芒硝與替代品工業鹽、進口工業用粗鹽之強烈價格競爭，原告絕無壓倒性之排除市場競爭地位，亦無影響特定市場之能力**，絕不符合獨占之要件，被告仍僅以錯認之市占率唯一因素遽認原告之芒硝為獨占，應屬違誤，又

被告所引原告於國內嫘縈棉市場之占有率為 100% 之資料實為 94 年之統計資料，不足以作為原告目前是否為獨占事業之依據；被告無據泛稱原告相較國外業者有較低之交易成本，且交易條件明顯優於大陸地區等進口業者，認定原告具相當市場優勢地位，其認定事實與採證亦有違反行政程序法第 36 條及第 43 條規定之違誤[149]。」

---

[149]　臺北高等行政法院 103 年度訴字第 187 號行政判決。

案例 4：不當價格決定——
大台北瓦斯不當收費案[150]

✳案件事實

　　大台北區瓦斯公司藉其獨占事業對於價格資訊之優勢地位，於 87 年間在用戶不了解瓦斯表計費差異之情況下，將原使用三號瓦斯表即已足夠之用戶，逕為裝設五號瓦斯表，其透過為用戶裝置較大流量之瓦斯表，使基本度數（最低用量）提高 6 度，收費基準因而調高，持續獲取瓦斯基本度數差額之不當利益，公平會認為顯然構成對商品價格為不當決定之榨取性濫用行為，違反行為時公平交易法，處以罰鍰。

公平會裁處

　　公平會認為大台北瓦斯公司藉其獨占事業顯著性市場地位，持續獲取不當利益，濫用市場地位對商品價格不當決定之行為，違反行為時公平交易法第 10 條（現行法第 9 條）之規定，乃以 89 年 5 月 29 日（89）公處字第 083 號處分書，處原告罰鍰 500 萬元，並命大台北瓦斯公司自處分書送達之次日起，應立即停止前項違法行為，對既有 5 號燈表用戶，無須更換燈表，改以 3 號燈表之基本度計收費用。

---

[150]　公平會 89 公處字第 083 號處分書、臺北高等行政法院 90 年度訴字第 1091 號判決、最高行政法院 92 年度判字第 1904 號判決。

法院裁判

　　大台北瓦斯公司不服，以其並未強制用戶使用 5 號燈表，非屬濫用市場地位，且超收度數於核定價格時已列入分母計算而降低每度價格，無獲取不當利益云云，提起訴願，亦遭決定駁回，遂提起行政訴訟。臺北高等行政法院判決駁回其訴，大台北瓦斯公司提起上訴，亦遭最高行政法院駁回。

　　大台北瓦斯公司另抗辯，瓦斯相關費用均是由政府機關核定，其並無不當決定價格情事，然法院認為，瓦斯基本費、基本度數及每度瓦斯費固然是由政府核定，但並未規定瓦斯用戶應裝設何種計量燈表。而因各型燈表之基本度並不相同，用戶將因裝設不同燈表而有不同負擔之收費起算點，故究應裝設何種燈表，實與用戶之權益關係甚鉅，自應由用戶自行選擇決定，而非逕由大台北瓦斯公司自行決定。法院並進一步認為，該瓦斯公司居於市場上之獨占地位，尤應於裝設燈表時充分告知用戶各型燈表之差異，使用戶在資訊充分揭露之對等情形下與該獨占公司進行自由選擇之交易，方屬合法正當，因此維持公平會的處分。

案件評析

1. 本件爭議在於，究應適用公平法第 9 條第 2 款之不當價格決定、維持或變更，抑或是同條第 4 款其他濫用市場地位之概括規定。

   (1) 學者提出，公平法第 9 條第 2 款規範目的，是對於獨占事業之價格決定行為加以監督，以避免獨占事業在缺乏外在競爭機制之情形下，對於交易相對人收取不當之高額利潤。就天然氣之收費而言，大台北區瓦斯公司所取收之每度瓦斯費都是依中央主管機關所核准

之費率，實無單價特別提高之情形，故而本案要否屬於公平法第 9 條第 2 款所規制「就商品價格為不當之決定、維持或變更」之情形，亦不無疑問[151]。

(2) 學者廖義男提出，本件適用公平法第 9 條第 2 款之結果，有可能造成當與不當間之界線變得模糊。其見解為：若認定超收基本度數費為不當，則任何價格決定、維持、變更之情事，皆是有可能為不當。因此不當應限縮適用於高額、嚴重時例外適用。其更進一步主張，此處之不當價格決定，應區分實體（價格內容）、程序（決定方式）為判斷。公平會應避免介入價格內容之實質判斷；但公平會可於價格決定之程序為干涉。本件因大台北瓦斯公司將應使用 3 號燈表之用戶實際裝設 5 號燈表，產生超收基本度數費之情形，屬於程序之違法，故有公平法第 9 條第 2 款之適用[152]。退步言之，本件亦可能有同條第 4 款規定之適用，蓋依煤氣事業管理規則第 26 條所訂定之營業規程第 22 條第 2 項規定：「計量表之燈數由本公司依據用戶裝置瓦斯器具之最大同時使用瓦斯量，建議用戶採用最適當之瓦斯計量表。」準此以言，大台北瓦斯公司實係存有提供相關資訊以供用戶選擇適當瓦斯計量表之義務，是以本件所應非難者是，大台北瓦斯公司

---

[151] 何之邁、張懿云、林廷機、陳志民（2018），《公平交易法：司法案例評析修訂二版》，二刷，頁 22，元照。

[152] 廖義男（2020），《公平交易法國內重要案例之評析——以獨占及其他（非聯合）限制競爭行為為中心》，公平交易委員會委託研究計劃，頁 175-176。

於安裝瓦斯燈表時，未充份揭露 5 號燈表及 3 號燈表
之使用及基本度數差異等相關資訊，致使用戶於資訊
不對等之情形下，無法選擇其認為最適之燈表，故而
亦可評斷為該公司本其獨占地位，未揭露交易重要資
訊，造成用戶於無法獲得充分資訊之情形下，均裝設
流量較高之瓦斯計量表，增加基本度數費之支出，
或有公平法第 9 條第 4 款「其他濫用市場地位」之違
反[153]。

---

[153] 何之邁、張懿云、林廷機、陳志民（2018），《公平交易法：司法案例評析修訂二版》，二刷，頁 22，元照。

案例 5：不當價格維持──
飛利浦公司收取不當權利金案

✻案件事實

　　飛利浦公司、太陽誘電公司及新力公司將所研發有關可錄式光碟（CD-R）及可錄式磁碟（CD-MO）專利組成專利聯盟由飛利浦公司集中管理，並共同制定可錄式光碟（CD-R）標準規格（即橘皮書）及預先擬訂定型化之專利授權契約後，委由飛利浦公司對外授權，授權契約訂有權利金之計算方式為「以每片光碟產品淨銷售價格 3%或日幣 10 圓中之較高者」。自 85 年 11 月起由飛利浦公司先後授權予巨擘公司等多家 CD-R 製造商，得使用製造該專利產品，並銷售至世界各地。

　　巨擘等公司與飛利浦公司簽訂專利授權契約後，國內外 CD-R 銷售價格大幅滑落，該等被授權公司因認情事變更，請求降低權利金，而為飛利浦公司及其他 2 家公司所拒絕。巨擘公司等公司 88 年 6 月間向公平會檢舉飛利浦公司及其他 2 家公司違反行為時公平交易法第 10 條（現行法第 9 條）第 2 款、第 4 款、第 14 條、第 19 條第 6 款（現行法第 20 條第 5 款）等規定，遂開始本件長達 20 多年的爭訟歷程。

？爭點

　　本件是否屬不當維持價格而違反公平交易法第 9 條第 2 款規定？

智慧財產法院 100 年度行公訴字第 3 號行政判決

　　智慧財產法院 100 年度行公訴字第 3 號行政判決認為，原告飛利浦公司及其他 2 家公司於 CD-R 光碟片技術市場具有獨占地位，其在市場情事顯著變更情況下，仍不予被授權人談判之機會及繼續維持其原授權金之計價方式，屬不當維持授權金之價格，違反公平交易法第 10 條（現行法第 9 條）第 2 款規定：

(1) 專利權以授權方式交易所收取之權利金，亦屬公平交易法第 9 條第 2 款所稱之「商品價格」。

　　　「公平交易法第 10 條（現行法第 9 條）第 2 款所稱之『商品價格』應不限有體財產之交易價格，不論有體財產或**無體財產**之交易均有其財產上之價值，故應包括有體財產及無體財產在內，否則倘特定市場為『技術市場』時，因該市場並無有體財產之交易，若事業於特定技術市場已具備獨占地位並濫用其優勢地位而不當決定價格時，即可逸脫公平交易法之規範，實非合理，而專利權係屬無體財產權之一種，其以授權方式交易所收取之權利金，自應屬公平交易法第 10 條（現行法第 9 條）第 2 款所稱之『商品價格』。」

(2) CD-R 商品之市場價格及規模自締約後，確有顯著變更之事實。

(3) 原告在市場價格及規模顯著變更情況下，竟恃其優勢地位而不予被授權人談判之機會及繼續維持其原授權金之計價方式，屬不當維持授權金之價格「按商品的價格或服務的報酬，原則上固然應由事業依據其所面臨之競爭狀況及成本結構自由決定，惟當該事業具有市場上之獨

占地位時，為避免其濫用獨占力不當決定價格以攫取超額利潤，公平交易法第 10 條（現行法第 9 條）第 2 款爰明文規定，獨占事業不得對商品價格或服務報酬，為不當之決定、維持或變更。**惟獨占事業之獨占性定價是否應受管制，應取決於獨占地位事業所決定之價格是否遠超過其所提供商品或服務之經濟價值，而造成濫用。在判斷價格之正當與否必須回歸價格機能之理性，即就獨占事業價格之決定是否出自於市場供需法則加以分析，否則，可推定其價格之決定係出自於獨占者之獨占地位與獨占力。**就本件 CD-R 專利授權案件而言，專利權人固得與被授權人自由協商決定其授權金價格，然當其為某一市場之獨占事業時，被告雖不得實質介入具體權利金數額之決定，以免干涉私人契約自由，惟倘專利權人恃其市場上之獨占地位，而無視於市場之供需法則，而逕自單方決定授權金之價格，迫使被授權人僅得選擇締約與否，毫無協商授權金之餘地，即構成獨占力之濫用，至於專利權人於締約後主張欲貫徹其契約之履行，而拒絕談判或調整價格，雖非必然構成獨占力之濫用，惟因原告與新力公司、太陽誘電公司於 CD-R 技術市場具有獨占地位，且依系爭授權合約第 10.01 條之規定，原告與被授權人所簽訂之定型化契約期間均為 10 年，參酌被授權人自 85 年起陸續向原告取得授權後，渠等為提高產能俾以因應市場快速大幅成長之需求，已投入大量生產設備及製造成本，且因原告及新力公司、太陽誘電公司已共同制訂橘皮書，設定 CD-R 標準規格，致被授權人於 CD-R 技術市場上已無其他合理可取代之交易對

象，實難期待被授權人具有依契約自治原則與原告談判及協商調整授權金之平等地位與合理機會，而原告於事實上亦挾其優勢地位而對於被授權人因市場價格及規模之顯著變化所提出協商調整權利金之請求，毫不給予協商談判之機會，斯時其拒絕調整價格之行為，將使被授權人陷入必須長久支付不合理對價之境，致使已締約之被授權人僅得選擇繼續履約支付原先約定之權利金或完全退出 CD-R 商品市場之競爭，即難謂原告及新力公司、太陽誘電公司無濫用市場支配性力量不當維持價格之行為，並使被授權人面臨不合理之剝削榨取，足以導致競爭秩序無法維持，而已違反公平交易法第 10 條第 2 款之規定。」

(4) 原告抗辯其是基於維持全球授權之公平一致及不歧視原則，而無法同意國內廠商請求調整權利金計算方式。

「所謂合理無歧視原則（Reasonable and Non-Discriminatory）係指無正當理由不得拒絕第三人請求授權，且不得對條件相同之交易相對人提供不同之交易條件，惟原告所採取固定授權金計算方式顯未考量被授權人對於產品製造良率之提昇、市場之拓展行銷能力等非因專利權之技術本質所涵蓋因素之差異性，僅係造成齊頭式平等之假象，而實質剝奪被授權人基於非因專利權技術本質之因素而對原告就專利授權所得經濟利益所產生貢獻之授權金協商機會，實非合理。況本件係就原告拒絕調整授權金有無運用其獨占力而違反公平交易法第 10 條第 2 款之規定予以判斷，而非就其是否無正當理由而對交易相對人為差別待遇予以審究，是其所辯亦非可採。」

(5) 原告抗辯合理權利金之決定所欲考量之因素眾多。

　　　「公平交易法第 10 條第 2 款所欲規範者，實非直接介入價格之決定，而造成引發市場機制失靈之疑慮，其規範對象在事業對於價格決定及維持方式之合理與否，以及是否有不當利用其獨占地位而為反競爭之行為，是以被授權人之毛利率多寡及其是否有支付權利金之能力，即與本款構成與否之判斷無涉。」

 最高行政法院 101 年度判字第 1001 號判決

1. 最高法院認同本件關於上訴人（飛利浦公司）及其他 2 家公司於 CD-R 技術市場，具有壓倒性優勢，得排除他事業參與競爭，係屬公平交易法所稱「獨占事業」，其在市場情事顯著變更情況下，仍不予被授權人談判之機會及繼續維持其原授權金之計價方式，屬不當維持授權金之價格，違反公平交易法第 10 條（現行法第 9 條）第 2 款規定之事實，業據原審敘明其得心證之理由（原判決事實及理由四(三)-(四)參照），除「合理無歧異原則之論述」有部分未洽外，其餘經核其認事用法並無違經驗或論理法則，亦無判決不適用法規或適用不當之違背法令之情形。

2. 關於專利聯盟集中授權應基於合理無歧視原則。

　　　「專利聯盟集中授權應基於合理無歧視原則，包括基於合理與無差別待遇的授權條件。上訴人之所定對商品價格或服務報酬，已為不當之決定、維持或變更時，即非屬合理之授權條件，而不符合理無歧視原則，自無從以合理無歧視為專利聯盟集中授權原則，而主張其無公平交易法第 10 條第 2 款之適用。」

「惟原判決有關上訴人所採取固定授權金計算方式顯未考量被授權人對於產品製造良率之提昇、市場之拓展行銷能力等非因專利權之技術本質所涵蓋因素之差異性，僅係造成齊頭式平等之假象，而實質剝奪被授權人基於非因專利權技術本質之因素而對上訴人就專利授權所得經濟利益所產生貢獻之授權金協商機會，實非合理之論述部分（原判決事實及理由四(四)5.參照）。易於造成上訴人專利聯盟集中授權時尚應考量被授權人對於產品製造良率之提昇、市場之拓展行銷能力等非因專利權之技術本質所涵蓋因素之差異性，而被要求於被授權人間有不同授權條件之誤解，固有未妥。但查，**本件係關於上訴人拒絕調整授權金有無運用其獨占力而違反公平交易法第 10 條第 2 款所定對商品價格或服務報酬，為不當之決定、維持或變更，並非就上訴人是否無正當理由而對交易相對人為差別待遇予以審究**，已據原審論明。上訴人所主張係基於維持全球授權之公平一致及不歧視原則，無法同意有關調整權利金計算方式之請求乙節，與判決結果無涉，自無可採。」

3. 原審已說明公平交易法第 10 條（現行法第 9 條）第 2 款所欲規範者，並非直接介入價格之決定，而造成引發市場機制失靈之疑慮，其規範對象在事業對於價格決定及維持方式之合理與否，以及是否有不當利用其獨占地位而為反競爭之行為（原判決事實及理由四（四）6.參照）……；就本件 CD-R 專利授權案件而言，專利權人固得與被授權人自由協商決定其授權金價格，然當其為某一市場之獨占事業時，被上訴人雖不得實質介入具體權利金數額之決

定，以免干涉私人契約自由，**惟倘專利權人恃其市場上之獨占地位，而無視於市場之供需法則，而逕自單方決定授權金之價格，迫使被授權人僅得選擇締約與否，毫無協商授權金之餘地，即構成獨占力之濫用**。至於專利權人於締約後主張欲貫徹其契約之履行，而拒絕談判或調整價格，雖非必然構成獨占力之濫用，惟因上訴人與新力公司、太陽誘電公司於 CD-R 技術市場具有獨占地位，且依系爭授權合約第 10.01 條之規定，上訴人與被授權人所簽訂之定型化契約期間均為 10 年，參酌被授權人向上訴人取得授權後，渠等為提高產能俾以因應市場快速大幅成長之需求，已投入大量生產設備及製造成本，且因上訴人及新力公司、太陽誘電公司已共同制訂橘皮書，設定 CD-R 標準規格，**致被授權人於 CD-R 技術市場上已無其他合理可取代之交易對象，實難期待被授權人具有依契約自治原則與上訴人談判及協商調整授權金之平等地位與合理機會，而上訴人於事實上亦挾其優勢地位，而對於被授權人因市場價格及規模之顯著變化所提出協商調整權利金之請求，毫不給予協商談判之機會**，斯時其拒絕調整價格之行為，將使被授權人陷入必須長久支付不合理對價之境，致使已締約之被授權人僅得選擇繼續履約支付原先約定之權利金或完全退出 CD-R 商品市場之競爭，即難謂上訴人及新力公司、太陽誘電公司無濫用市場支配性力量不當維持價格之行為，並使被授權人面臨不合理之剝削榨取，足以導致競爭秩序無法維持，而已違反公平交易法第 10 條第 2 款之規定（原判決事實及理由四(四)3.參照）等情。經核於法並無不合。

4. 原處分認定上訴人及其他 2 家公司於 CD-R 光碟片技術市場具有獨占地位，其在市場情事顯著變更情況下，仍不予被授權人談判之機會及繼續維持其原授權金之計價方式，屬不當維持授權金之價格，違反公平交易法第 10 條第 2 款部分，於法雖無違誤，已如前述。但查，依上訴人於原審所提出上證 28 顯示，**上訴人自 2001 年起即已改為單獨授權，若果屬實，則上訴人與其他 2 家公司自該時起，既非共同授權，上訴人是否仍存在排除競爭之能力，具有獨占地位，且在市場情事顯著變更情況下，仍不予被授權人談判之機會及繼續維持其原授權金之計價方式，屬不當維持授權金之價格之情形，即有疑義。**

✍ 評析[154]

我國公平交易法禁止獨占事業「**對商品價格或服務報酬，為不當之決定、維持或變更**」而取得獨占利益或暴利，公平會採取該等規範之理由為：「商品價格或服務報酬，除了係依市場供需關係而決定外，獨占事業因具有控制市場的力量，亦能決定或影響市場價格。此市場價格的高低不但影響廠商之利潤，亦影響下游事業的生產成本或消費者購買的價格，故對獨占事業的價格決定應審慎檢視[155]。」

然而，關於不當維持價格之指摘，實涉及政府機關即公平會應否或能否介入市場機制的運作，並規制私部門（private sector）的定價行為。

---

[154] 莊弘鈺（2018），〈論飛利浦光碟案之前世今生〉，《公平交易季刊》，28 卷 1 期，頁 39-78。

[155] 公平交易委員會（2019），《認識公平交易法（增訂第 18 版）》，頁 42。

1. 黃銘傑教授採否定見解，認為授權金額之決定應循契約自由原則，政府機關既無法也不能完全替代市場機制決定合理的市場價格，若其強行介入、管制價格設定行為，將導致市場機制失靈[156]。是以公平會針對過高授權金進行管制時，應更具體且充分地舉證所要促進的競爭秩序或消費者利益究係為何，否則貿然地介入私法自治的契約自由行為，恐有違反法律保留原則的疑慮[157]。

2. 亦有認為本件公平會不當維持授權金價格之處分，易被批評為價格管制，且忽略高科技產業特質，因此或許較好的處分理由是飛利浦公司等 3 家公司掌握專利技術之關鍵設施，要求令人怯步的價格，無異於是拒絕交易而使交易相對人無法公平參與市場競爭，故應以違法論處[158]。對此拒絕交易之論調，學者顏廷棟主張：「縱將不合理授權金與拒絕授權等視，然拒絕交易並非當然違法，公平法僅規範具有不當目的、限制競爭的拒絕授權[159]。」

3. 亦有採較折衷見解者，認為依公平會實務運作之情形，該會實則不欲直接介入獨占性定價之過高價格管制，公平會對於不合理之獨占性定價縱有介入，亦僅僅限於糾正有限

---

[156] 黃銘傑（2002），〈專利集管（Patent Pool）與公平交易法——評行政院公平交易委員會對飛利浦等三家事業技術授權行為之二次處分案〉，《月旦法學雜誌》，87 期，頁 139。

[157] 黃銘傑（2002），〈專利集管（Patent Pool）與公平交易法——評行政院公平交易委員會對飛利浦等三家事業技術授權行為之二次處分案〉，《月旦法學雜誌》，87 期，頁 140-142。

[158] 劉孔中（2004），〈公平法與智慧財產權法的衝突與調和〉，《月旦法學雜誌》，104 期，頁 106-107。

[159] 顏廷棟（2009），〈日本獨占禁止法對於技術授權行為之規範——兼論對我國公平法規範之啟示〉，《公平交易季刊》，17 卷 3 期，頁 135。

制競爭之虞的「價格決定方式」，而迴避實質的價格認定問題[160]，而無須抽象的論述判斷正常價格之標準；相對地，法院判決的重點應在於將此種類似情事變更之法理詳細闡明，說明何以飛利浦公司在此案之價格決定方式有限制競爭之虞，如此一來，將可適度地免除外界質疑競爭法主管機關已採取積極介入價格管制[161]。

4. 就本件智慧財產法院 100 年度行公訴字第 3 號判決及最高行政法院 101 年度判字第 1001 號判決維持原審智慧財產法院之觀點，有論者認為我國主管機關在判斷是否為不當維持價格時，需比較「獨占地位事業所決定之價格」是否遠超過「所提供商品或服務之經濟價值」，且觀察該獨占事業是否毫無給予被授權人任何協商授權金之餘地，以據此認定是否違反公平法相關規範[162]。然此判斷標準的問題是，如何認定價格過高，對於主管機關或法院而言，皆是一大挑戰，此乃因價格之決定因素並不僅僅是所提供產品或服務經濟上之價值，更是牽涉許多商業及經濟上之考量，故主管機關或法院在介入價格之管制時，應特別審慎考慮[163]。

5. 學者莊弘鈺認為：「本件法院以價格決定、價格維持方式

---

[160] 何之邁、張懿云、林廷機、陳志民（2018），《公平交易法：司法案例評析修訂二版》，二刷，頁 70-71，元照。

[161] 何之邁、林怡君（2006），〈荷蘭皇家飛利浦光碟案判決評析——以公平交易法對於「獨占」之規範為中心〉，《月旦民商法雜誌》，11 期，頁 103-104。

[162] 黃惠敏（2016），〈標準必要專利與競爭法之管制——以違反 FRAND/RAND 承諾為中心〉，《中原財經法學》，36 期，頁 223。

[163] 黃惠敏（2016），〈標準必要專利與競爭法之管制——以違反 FRAND/RAND 承諾為中心〉，《中原財經法學》，36 期，頁 223。

之合理性為判斷標準，並未介入實質價格決定。但本案當
事人、關係人所重視之處可能為授權金數額是否合理、適
當，若法院無法將合理、適當的授權金數額具體畫出標
準，恐難服眾[164]。」

---

[164]　莊弘鈺（2018），〈論飛利浦光碟案之前世今生〉，《公平交易季刊》，28 卷 1 期，頁 60。

案例 6：差別訂價——
中油公司對經銷商不當差別訂價案[165]

✳案件事實

　　中油公司為當時國內液化石油氣（又稱液化瓦斯或桶裝瓦斯）供氣市場之獨占事業，其南部經銷商李長榮公司、合興公司、台和公司、和協公司、聯華公司、乾惠公司等，原本都是用一樣的價格提氣（均以牌價銷售）。88 年 6 月李長榮公司、台塑公司參進液化石油氣市場。中油公司自 88 年 7 月起，給予和協、乾惠與聯華公司低於牌價的優惠價格提氣，並拒絕與合興公司續約。公平會認定中油公司差別訂價之措施，屬不當差別取價，對商品價格為不當之決定，違反行為時公平法第 10 條（現行法第 9 條）第 2 款規定，命中油公司停止違法行為，並處以罰鍰。中油公司不服，提起訴願遭駁回，復提起行政訴訟，經臺北高等行政法院判決駁回，中油公司上訴，最高行政法院亦駁回其上訴。

🗨公平會裁處

　　公平會認定中油公司對商品價格為不當決定之理由略為：自 88 年 5、6 月起，李長榮公司、台塑公司參進液化石油氣市場後，中油公司為阻礙李長榮公司及台塑公司之經銷商合興公司遂

---

[165] 公處字第 091050 號處分書、臺北高等行政法院 92 年度訴字第 938 號判決、最高行政法院 95 年度判字第 1518 號判決。

行市場競爭，竟於同年 7 月起對採行差別訂價措施，對經其認定
銷售其他競爭者產品致減少提氣之經銷商，利用該等對液化石油
氣價格資訊之不對稱性，及對中油公司一向在氣價上對其經銷商
均一致性對待之錯誤信賴，在未陳報主管機關經濟部之情況下，
無正當理由逕對其經銷商採行不當差別待遇行為（例如，對提氣
績效較差之乾惠公司、聯華公司給予低於牌價之價格，對於提氣
績效良好的合興公司仍維持以牌價提氣），核其目的無非在間接
打擊新參進液化石油氣進口商李長榮及台塑，以確保其市場開放
競爭後之優勢地位。

中油抗辯

　　中油公司抗辯其是因李長榮公司及合興公司之因素而面臨氣
槽滿儲壓力，為鼓勵經銷商多提氣，故於 88 年 7、8 月間調降提
氣價格，而李長榮公司已自行進口石油氣，與中油公司同屬進口
或生產廠商、合興公司與北海能源公司同屬臺灣石化公司所投
資，北海能源公司經銷台塑公司之石油氣，合興公司於 88 年 6
月 22 日台塑公司進口石油氣銷售後，其提貨量即無預警萎縮至
原提貨量之一半，則該公司亦已銷售進口氣至為明顯。李長榮公
司及合興公司即是導致中油公司需降價求售之因，且李長榮公司
實與中油公司居於競爭關係，故中油公司調降價格之對象自不會
包含該二公司，調降價格乃因應市場競爭及產銷管理所為之策
略，僅得論為防衛性競爭行為，不具商業倫理之非難性。

評析[166]

　　1. 如何判斷獨占事業之價格決定是否「不當」，有論者認為

---

[166]　廖義男（2020），《公平交易法國內重要案例之評析──以獨占及其他（非

公平法第 9 條第 2 款適用限於「獨占事業對交易相對人收取不當之高額利潤[167]」，因此「高額」為主張「不當」之前提[168]。

2. 亦有認為公平會若真要認定何為「不當」決定、維持或變更價格，則勢必要先說明何為「適當」的價格，就此適當的價格數值或區間作成判斷後，才可助於公平會評斷獨占事業的價格行為是否為不當，但是在此情形下，恐怕會使得公平會成為價格的決定機關，而遭受介入市場運作之指摘[169]。另有論者認為，若要避免公平會成為價格的決定機關，應將不當決定、維持或變更價格之規範，限縮於價格決定、維持或變更之過程、形式、方式。意即前述形式不當，即可認定價格決定、維持等行為不當。此時公平會即可不就實際價格內容為認定[170]。

公平交易法第 9 條第 2 款之規定有賦予競爭主管機關價格介入之權限，但觀察歷來公平會裁罰實務，雖不乏直接適用該條款之案件，但對於實質的價格認定（例如：直接認定合理價格為何）卻多採迴避之態度[171]。本件之論

聯合）限制競爭行為為中心》，公平交易委員會委託研究計劃，頁 198-199。

[167] 何之邁、張懿云、林廷機、陳志民（2018），《公平交易法：司法案例評析修訂二版》，二刷，頁 22，元照。

[168] 廖義男（2020），《公平交易法國內重要案例之評析——以獨占及其他（非聯合）限制競爭行為為中心》，公平交易委員會委託研究計劃，頁 198。

[169] 顏廷棟（2009），〈日本獨占禁止法對於技術授權行為之規範－兼論對我國公平法規範之啟示〉，《公平交易季刊》，17 卷 3 期，頁 133-134。

[170] 廖義男（2020），《公平交易法國內重要案例之評析——以獨占及其他（非聯合）限制競爭行為為中心》，公平交易委員會委託研究計劃，頁 198。

[171] 何之邁、張懿云、林廷機、陳志民（2018），《公平交易法：司法案例評析修訂二版》，二刷，頁 71，元照。又如法院曾於智慧財產及商業法院 100

斷上，似乎是採取「方式」、「形式」之認定，認為當事人係透過促銷之方式，達成其對特定廠商之實質價格制裁，故違反公平交易法第 9 條第 2 款之規定。換言之，即使公平會僅需就價格行為是否有「形式」上的不當為認定，避免就市場價格為實質判斷[172]。

3. 但學者進一步提出，要就形式、實體要件為區分實屬困難且有爭議，法院若過度偏重形式認定的，將使公平會在執法或法院在審理時，過度著眼於形式判斷，放棄對實質面之處理，可能再生爭議[173]。

年度行公訴字第 3 號行政判決中闡明「公平交易法第 10 條（現行法第 9 條）第 2 款所欲規範者，實非直接介入價格之決定，而造成引發市場機制失靈之疑慮，其規範對象在事業對於價格決定及維持方式之合理與否，以及是否有不當利用其獨占地位而為反競爭之行為，是以被授權人之毛利率多寡及其是否有支付權利金之能力，即與本款構成與否之判斷無涉。」。

[172] 廖義男（2020），《公平交易法國內重要案例之評析 —— 以獨占及其他（非聯合）限制競爭行為為中心》，公平交易委員會委託研究計劃，頁 198。

[173] 廖義男（2020），《公平交易法國內重要案例之評析 —— 以獨占及其他（非聯合）限制競爭行為為中心》，公平交易委員會委託研究計劃，頁 199。

案例 7：忠誠折扣──
關貿網路公司優惠方案鎖定客戶案

✳案件事實[174]

　　關貿網路公司經營通關業務，該公司之市占率以營業額計算達 91%，屬公平交易法規定之獨占事業。該公司實施之通關網路服務優惠方案，分為 A、B 兩種，「A 方案」為優惠期間內使用該公司通關網路服務，即享有原費率打 8 折的優惠；「B 方案」為優惠期間內承諾 100% 使用該公司通關網路服務，即享有原費率打 6 折的優惠。惟參加廠商若未能遵守承諾，該公司有權中止本項優惠方案，並收取已給付之優惠金額與原價之差額。事實上，「A 方案」與「B 方案」間折扣差距達 2 成，尤其對於傳輸量較大之 用戶，若選擇「A 方案」或不參加「通關網路服務優惠方案」則須相對負擔高額之傳輸費用。況且即便用戶均知悉倘關貿網路公司在排除競爭者後，有可能將費率調高，然而對個別用戶而言，並不具充分誘因選擇「A 方案」或不參加「通關網路服務優惠方案」，因此選擇「B 方案」之用戶達關貿網路公司所有用戶 80%。是以具有獨占地位之關貿網路公司訂定之忠誠性條款對於用戶選用其他通關網路業者之服務具有拘束效果，使其不敢私下轉換使用其他通關網路業者，關貿網路公司之作法產生實質嚇阻作用，構成行為時公平交易法第 10 條第 1 款「以不公平方法，直接或間

---

[174] 公平會公處字第 094017 號處分書。

接阻礙他事業參與競爭」之獨占濫用行為。

公平會裁處

1. 公平會認定關貿網路公司屬通關網路服務業相關市場之獨占事業。

   (1) 本件相關市場以「通關網路服務」為產品（服務）市場，以全國作為地理市場，市場範圍內有關貿網路公司（市場占有率 91%）及汎宇電商公司（市場占有率 9%）兩家市場參與。

   (2) 通關網路係成熟且穩定之產業，其市場規模原本即屬有限，關貿網路公司繼受通關自動化小組之營業與資產，屬通關網路市場之既有業者，與該公司連線之用戶，除一般報關行之外，尚包括多家海運、貨櫃場等運輸業者；至汎宇電商公司係通關網路市場之新進業者，與該公司連線之通關服務業者不僅數目不及關貿網路公司，且均多屬一般報關行。由於通關網路業務具有所謂「網路效應」及「兩面市場」之經濟特性，在網路效應作用下，通關網路使用者傾向於加入用戶數目最多的網路（因該網路內可通訊對象最多）；在兩面市場影響下，通關網路使用者傾向選擇用戶種類最多的網路（例如通關網路使用者會選擇加入已有報關行、貨櫃場、船公司、航空公司等不同種類用戶的網路，而不會選擇加入只有報關行的網路），關貿網路公司因其既有業者之先發優勢、用戶規模及市場占有率，及前述網路效應及兩面市場特性之影響，顯較汎宇電商公司擁有競爭上之優勢，具有壓倒性地位、

可排除競爭之能力。是以，雖關貿網路公司 92 年度之總銷售金額雖未達新臺幣 10 億元（修法前第 5 條之 1 第 2 項），惟因其具有前述足以影響市場供需可排除競爭能力，應認屬公平交易法第 5 條（現行法第 7 條）所稱之「獨占事業」。

2. 公平會認定關貿網路公司濫用市場優勢地位。

(1) 事業以折扣優惠招徠交易機會，係自由市場慣見之競爭方式，而無須特別加以限制折扣優惠；惟部分忠誠折扣方式，其優惠係附隨於禁止用戶轉換交易對象之約定，或針對可能轉換交易對象之用戶給予大幅折扣優惠，藉以防止其轉換交易對象之情形，由於該類折扣之實施，將**造成用戶被特定事業「鎖定」，妨礙競爭者爭取交易機會，進而形成市場封鎖之反競爭效果**，故仍有公平交易法適用之餘地。

(2) 查關貿網路公司之優惠方案分為「A 方案」（優惠期間內原費率打 8 折）及「B 方案」（汎宇電商公司提出檢舉之方案），優惠方案推出之時機，顯係針對汎宇電商公司進入市場，並開始以較低之價格爭取關貿網路公司既有用戶，關貿網路公司為因應競爭壓力而推出折扣優惠，原本應屬正常之市場競爭過程，惟關貿網路公司在「A 方案」外，另外推出「B 方案」，依一般市場法則，用戶會選擇最優惠方案，以降低支出，**關貿網路公司要求用戶須承諾 100% 使用其服務，即有明顯意圖限制用戶轉換交易對象、鎖定既有用戶，並有封鎖競爭者之反競爭效果**。關貿網路公司選擇參加「B 方案」之用戶比例超過 80%，符合前揭

市場法則。

(3) 本件可受非難處為，用戶於加入「B 方案」後 1 年內，倘欲轉換使用汎宇電商公司之通關網路服務，即需負擔已給付優惠金額與原費率之差額作為罰款，增加用戶轉換交易對象時之轉換成本，進而降低用戶選用汎宇電商公司通關網路服務之誘因。是以，關貿網路公司推出「B 方案」，**明顯係以限制或排除其他競爭者作為目的，而確實亦造成超過該公司 80%既有用戶無法轉換交易對象之效果，形成通關網路市場人為因素之參進障礙**，業已構成違反公平交易法第 10 條第 1 款（現行法第 9 條第 1 款）之規定。

✍️ 評析

本件關貿網路公司並非因實施僅因折扣優惠而受罰，而是因「該優惠乃是附隨於禁止用戶轉換交易對象的約定」，將造成既有用戶被鎖定，妨礙競爭對手爭取交易機會，公平會方予以處分。

另外，應避免僅因獨占業者採取「忠誠折扣」即直接率以認定其為違法，此可參高通案中之不同意見書對於公平會處分書之指摘「……處分書在事實與結論之間欠缺實質的論證與連結，似乎只要確認有可名之為獨家交易、忠誠折扣等作法存在並由獨占廠商實施，就是『不公平』的阻礙競爭了，形同依行為的類型決定其法律效果，實已認定系爭行為屬於『當然違反』的態樣。今（106）年 9 月間，歐盟法院就英特爾（Intel）與執委會間的訴訟作成判決，及該案佐審官（Advocate General）較早提出的法律意見，提供相對豐富的思考面向。歐盟法院就該案判決的主旨

為，獨占事業排他性濫用的案件，應檢視所有情況（all the circumstances）以認定系爭行為是否有限制競爭的可能或能力。Wahl 佐審官特別強調，獨占事業只有在以市場力損害競爭致傷害消費者，才算是違法濫用獨占力，因此反競爭的『效果』（effect）至關重要，無論我們是否借用所謂『目的違法』（restriction "by object"）的捷徑，歐盟競爭法所欲規範者為有反競爭效果的行為；時至今日，**特定行為的『形式』（form）已被認為不具有重要性。系爭行為是否有限制競爭的可能或能力，應考量該忠誠折扣影響的市場範圍或部分；持續的時間；競爭者在市場的表現及價格下降；『相同效率競爭者』測試等。**折讓條款的效果評估，除了有潛在限制競爭疑慮外，經濟學研究也肯認，折讓條款也可能有促進競爭效果及效率，使得正面效果可以大於負面，最主要的指標是觀察總產出是否增加（whether total output has increased or not）[175]。」

---

[175]　魏杏芳，公處字第 106094 號處分書不同意見書。

案例 8：拒絕報價——
中油公司拒絕報價予文久公司案

✳**案件事實**[176]

　　中油公司於 88 年間為國內獨家進口、煉製、批售航空燃料的業者，同時也經營各航空站的加油業務。文久公司為中正機場經營國際線航機加油服務業者，其經營形態係向中油公司購買航空燃油，再為客戶航機加油，賺取加油入機服務費及經銷利潤。嗣中正機場啟用國內航線後，文久公司也欲進入國內線加油服務市場，並接獲立榮航空公司要求評估 89 年供國內、國際航線加油服務，故文久公司兩度請中油公司提供國內航線用油報價，並簽約供油，惟中油公司以研議油價結構為由拖延，直至 88 年 12 月 10 日迫使文久公司只得先與立榮航空公司先簽訂國際航線加油合約，而立榮航空公司國內航線因與中油公司間之原加油合約將屆期，恐有斷油之虞，遂仍與中油公司續約。迨 89 年 1 月 3 日中油公司始函復文久公司以中正機場之國內航線用油客戶皆與其簽訂 89 年航空油料合約，故不另對其提供報價。文久公司遂向公平會提出檢舉。

　　公平會認中油公司藉其國內航空燃油供油市場獨占地位，無正當理由拒絕文久公司之報價要求，阻礙文久公司參與競爭之機會，以維持在中正機場國內航線加油業務之既有市場地

---

[176]　公平會(89)公處字第 170 號處分書、臺北高等行政法院 90 年度訴字第 5882 號行政判決、最高行政法院 93 年度判字第 795 號判決。

位，係為濫用市場地位，以不公平之方法直接阻礙他事業參與競爭行為，違反公平交易法第 10 條（現行法第 9 條）第 1 款規定，故命中油公司停止違法行為，並處罰鍰新臺幣 500 萬元。中油公司提起訴願遭駁回，又提起行政訴訟，臺北高等行政法院駁回其訴。中油公司上訴，仍遭最高行政法院駁回。

公平會裁處

1. 公平交易法第 9 條第 1 款「以不公平之方法，直接或間接阻礙他事業參與競爭」之適用，是否以同一市場或水平市場之競爭為限？

　(1) 本件法院之見解：

　　　　本件原審法院認為不以阻礙同一市場之競爭為限「公平交易法第 10 條第 1 款規定所謂『阻礙他事業參與競爭』，並不以同一市場或水平市場之競爭為限，倘獨占事業以其在該市場（如上游供貨市場）之獨占力，對於其他市場（如下游銷售服務市場）之其他事業以不公平方法阻礙其在其他市場（如下游銷售服務市場）參與競爭，亦有該款之適用[177]。」

　(2) 學者間存有不同意見：

　　I. 有論者認為獨占濫用控制之目的，在於防止獨占者恃其優勢支配力量，影響市場自由競爭，是以若市場競爭的不利影響，係來自於獨占者濫用市場地位之結果，本應屬獨占管制所欲涵蓋之範圍，故縱為「涉及第三市場之阻礙」應亦包含在獨占濫用控制

---

[177]　臺北高等行政法院 90 年度訴字第 5882 號行政判決。

之內容中。申言之，公平法第 9 條第 1 款所規範「阻礙他事業參與競爭」，該濫用行為所影響之市場，除獨占者具有獨占地位之市場外，尚且包括獨占者雖參與競爭但尚未有獨占力之市場，甚至也包括獨占者未參與競爭但阻礙措施影響所及之第三市場。如學者吳秀明所言：「凡是有市場之競爭功能受到妨害，係因獨占者濫用市場地位所致者，即屬獨占管制所要規範之範圍[178]。」

亦有認為公平法第 9 條第 1 款之獨占管制，屬「阻礙濫用類型」，指事業不當運用其市場力量，妨礙或排除市場上之事業（現存或潛在）從事競爭，以圖達到完全支配或閉鎖其已取得之優勢地位，甚或進而獨占其他市場。故本條款阻礙濫用行為所影響的市場，非必限於同一或水平市場，此即所謂之「外溢效果」（spillover effect）。質言之，凡是市場競爭機制受到破壞或扭曲，要係來自於獨占者濫用市場地位所致，即應屬獨占管制所欲涵蓋的範圍[179]。

II. 另有論者認為，參考外國之立法例，第 9 條第 1 款應係水平關係的市場阻絕，至於上下游之間的齟齬，則側重在垂直關係之處理，即獨占利益之規範。獨占管制始自界定相關市場，而後認定是否有

---

[178] 吳秀明（2004），《競爭法制之發軔與展開》，初版，頁 346-347，元照。劉華美（2009），《競爭法與能源法》，頁 237，元照。

[179] 何之邁、張懿云、林廷機、陳志民（2016），《公平交易法司法案例評析》，二版，頁 36，元照。

　　獨占之狀態及事業存在，再評價獨占事業於相關市
場中之措舉是否屬濫用獨占力之行為，判斷獨占事
業之行為是否違法，目的在於維護該相關市場之機
能與福祉，亦即是對該獨占市場中可能造成之福利
損失加以關切。準此，宜否跳出該相關市場之範
圍，而去關心其他市場的競爭狀態，實不無疑義。
實則，若有獨占者延伸（leverage）其獨占力於其他
市場之場合，應視其情節適用公平交易法第 9 條第
4 款概括條款、或同法第 20 條第 1 款杯葛，或第 5
款不當限制交易相對人等規範加以處理為宜[180]。此
可參考「中油公司對經銷商不當差別訂價案」，最
高法院即將中油公司阻礙其他市場競爭之行為，論
以公平交易法第 2 款及第 4 款[181]。

　　學者廖義男從體系解釋觀點引出：公平交易法第 9 條文義解
釋固未有限定以水平市場為限，但現行法第 19、20 條已就垂直
交易的限制競爭行為有特別規定，應將公平交易法第 9 條第 1 款
限縮之適用限縮於水平市場[182]。

---

[180]　范建得（2003），〈註釋公平交易法——第十條〉，廖義男（等著），《公平交易法之註釋研究系列（一）第一條至第十七條》，行政院公平交易委員會合作研究報告，頁 392。

[181]　最高行政法院 95 年度判字第 1518 號。

[182]　廖義男（2020），《公平交易法國內重要案例之評析——以獨占及其他（非聯合）限制競爭行為為中心》，公平交易委員會委託研究計劃，頁 188。

案例 9：拒絕授權——高通案[183]

✖案件事實

> 　　本件緣於 104 年 2 月 11 日報載，高通公司（Qualcomm Incorporated）因行動通訊晶片專利授權行為遭多國競爭法主管機關調查或處罰，公平會訪查我國相關業者，獲悉該公司確有不授權競爭同業之情，且限制手機業者（品牌商及代工商）若不與其簽署專利授權契約則無法獲得晶片（下均指含基頻處理器／Baseband processor 之相關晶片）供應之情事，對美商 Apple Inc.（下稱 Apple）以獨家交易為折讓（rebate）獎勵條件，有限制競爭疑慮，公平會主動立案調查並因檢舉人提出檢舉而併案處理。

📝公平會裁處

　　公平會調查後認為，高通公司於 CDMA、WCDMA 和 LTE 等標準之基頻處理器市場具獨占地位，然**拒絕對晶片競爭同業授權專利技術並要求訂定限制條款、採取不簽署授權契約則不提供晶片之手段**及與**特定事業簽署含有排他性之獨家交易折讓條款**等，核其整體經營模式所涉行為，損害基頻處理器市場之競爭，屬以不公平之方法，直接或間接阻礙他事業參與競爭之行為，違反公平交易法第 9 條第 1 款規定。並處以：

---

[183]　公處字第 106094 號處分書及 3 份不同意見書。

1. 被處分人自處分書送達之次日起 60 日內，應停止涉案違法行為，包括：①停止適用與晶片競爭同業已簽署須提供含晶片價格、銷售對象、銷售數量及產品型號等敏感經銷資訊之契約條款；②停止適用與手機製造商已簽署之元件供應契約有關未經授權則不供應晶片之契約條款；③停止適用與案關事業已簽署排他性之獨家交易折讓之契約條款。

2. 被處分人自本處分書送達之次日起 30 日內，應以書面通知晶片競爭同業及手機製造商，得於收受該通知之次日起 60 日內向被處分人提出增修或新訂專利技術授權等相關契約之要約，被處分人於收受要約後，應即本於善意及誠信對等原則進行協商；協商範圍應涵蓋但不限於協商對象根據本處分書而認有不公平之契約條款，且協商內容不得限制協商對象透過法院或獨立第三方之仲裁途徑解決爭議。

3. 被處分人自本處分書送達之次日起每 6 個月，應向本會陳報與前項協商對象之協商情形，並於完成增修或新訂之契約簽署後 30 日內向本會陳報。

4. 處新臺幣 234 億元罰鍰。

公平會認為高通公司違反公平交易法第 9 條第 1 款之理由

1. 有關高通公司拒絕授權基頻處理器競爭同業乙節[184]

   (1) 為避免智慧財產權人濫用權利，標準制定組織訂有智慧財產權政策，要求會員揭露可能會成為標準的智慧

---

[184] 公處字第 106094 號處分書，頁 55-60。

財產或相關專利技術，對於已被採認為標準的專利權，要求標準必要專利權人依 FRAND（Fair、Reasonable and Non-discriminatory，即公平、合理及無歧視）條件為授權。高通公司為歐洲電信標準協會（ETSI）之成員，ETSI 訂有 IPR 政策第 6.1 條「ETSI 理事長要求 IPR 所有者在 3 個月內提出不可撤回之書面承諾書，以說明其願基於公平、合理、無歧視的條款及條件提供以下授權內容：包括製造、或使他人製造在製造過程中根據被授權人的設計需求客製化零組件及子系統的權利；銷售、出租或處分已製造好的設備；修復、使用或操作設備；以及使用方法。」高通公司於 ETSI 宣告公開之 SEP（標準必要專利 Standard Essential Patents）中占○○，渠並依上開 IPR 政策第 6.1 條向 ETSI 承諾依 FRAND 原則授權。

(2) 按反托拉斯法處理獨占業者「排除行為」（exclusionary practices）業形成「樞紐設施理論」（essential facilities doctrine）之觀點，為生產符合 CDMA、WCDMA、LTE 標準之產品，需取得被處分人之專利授權，並無其他可替代之技術。

(3) 判斷是否為專利權正當權利行使行為時，須注意有無權利耗盡。倘權利人本於自己意志，將使用該技術生產產品合法散布於本國市場，他人就該產品所為交易行為，即無權利侵害問題，專利權人對此交易有附加限制條件者，仍有公平交易法之適用。高通公司無視系爭晶片於銷售時權利即耗盡之商業慣例，竟以「未耗盡」為對競爭同業之授權主張，並附加戕害效能競

爭之限制條款，違反國際耗盡原則，也損害我國之競
爭秩序而違反公平交易法。

(4) 依據調查之事證，高通公司確有拒絕授權競爭同業之
行為。

(5) 高通公司擁有 CDMA、WCDMA 和 LTE 等行動通訊標
準必要專利，為基頻處理器相關市場之獨占業者，渠
以其垂直整合支配市場之地位，違背標準制定承諾
FRAND 之初衷，未給予競爭同業於請求授權時公平對
待的授權協商機會，僅以「互不告訴」之承諾取代當
競爭同業向被處分人要求取得 FRAND 條件之 SEP 授
權，造成未獲授權之競爭同業必須面對專利侵權風險
而有銷售中斷的不穩定性，並要求競爭同業提供敏感
之晶片銷售資訊以供查核，掌握競爭同業之銷售資
訊，阻礙基頻處理器業者之研發及商業活動，藉由限
制基頻處理器市場競爭，以確保、維持或加強其在基
頻處理器市場支配地位而得執行手機層級的授權商業
模式。

2. 有關手機業者不簽署授權契約則不提供晶片乙節[185]

「被處分人不簽署授權契約則不提供晶片之政策使得
手機業者無法與被處分人就授權條件有充分對等之談判機
會，造成手機業者於晶片需求之考量下接受對被處分人較
為有利之授權條件並購買被處分人基頻處理器，提升被處
分人競爭同業供應基頻處理器之價格，降低交易相對人對
於被處分人競爭同業基頻處理器的需求，排除被處分人競

---

[185]　公處字第 106094 號處分書，頁 62-64。

爭同業競爭，並使手機業者將其高額權利金之支付轉嫁予消費者，提高消費者為手持裝置所支付之價格。」

公平會認定本件存有不合理的交易條件有二：①以整機售價為權利金計算基礎「被處分人以拒絕提供晶片為前提，致手機業者難以對整機為授權金費率計價基礎之合理性有對等協商或請求仲裁之機會。」、②無償交互授權「按被授權人是否同意交互授權，仍賴被授權人之談判協商地位是否對等而定，應由被授權人整體衡酌並評估專利授權交換的整體對價及授權條件為對等協商之基礎，然被處分人以簽署授權契約為供應晶片之前提，致被授權人為求晶片供應，礙於晶片需求之必要，只能接受被處分人授權條件並簽署授權契」。

3. 被處分人提供折讓以要求○○○獨家交易[186]

高通公司利用對主要交易對象提供獨家交易以獲取授權金優惠之誘因，使競爭同業因無法取得授權，喪失或降低爭取交易之機會，或立於價格競爭之劣勢。「被處分人以渠於 3G 及 4G 通訊標準及基頻處理器之獨占地位，與○○○簽署含有排他性之獨家交易折讓條款，不當且有效排除來自其他基頻處理器供應商供應晶片予○○○之機會，損害基頻處理器市場之競爭。」

4. 結論

「被處分人擁有相當多數之 CDMA、WCDMA 和 LTE 等行動通訊標準必要專利，同時也是基頻處理器市場之獨

---

[186] 公處字第 106094 號處分書，頁 66。

占業者，渠以其垂直整合支配市場之地位，挾其於行動通訊標準之優勢，拒絕授權晶片競爭同業行動通訊標準必要專利，防止被處分人之專利因授權競爭同業而於基頻處理器層級耗盡，並增加手機業者與競爭同業交易之成本，而為遂行其於終端裝置專利授權金繳付之實現，要求手機業者不簽署專利授權契約則不提供基頻處理器，致使手機業者於晶片需求之考量下接受對被處分人較為有利授權條件，而被處分人再利用對主要交易對象○○○○○提供獨家交易以獲取授權金優惠之誘因，使競爭同業因無法取得授權，喪失或降低爭取交易之機會，或立於價格競爭之劣勢。被處分人競爭同業於無法迴避被處分人 SEP 又無法取得授權情況下，礙難不與被處分人簽署限制銷售予未經被處分人授權之手機業者及定期提供含交易對象及交易數量等敏感性資訊，以供查核之互不告訴契約，被處分人拒絕授權競爭同業並要求訂定限制條款、不簽署授權契約則不供應基頻處理器及對特定業者以獨家交易為條件提供授權金優惠等作為之交互作用，環環相扣，致提升被處分人競爭同業供應基頻處理器之價格，降低交易相對人對於被處分人競爭同業基頻處理器的需求，排除被處分人競爭同業競爭，進而穩固其商業交易模式，核其整體經營模式所涉行為，損害基頻處理器市場之競爭，以確保、維持或加強被處分人在基頻處理器市場支配地位，屬違反公平交易法第 9 條第 1 款『獨占之業者不得以不公平之方法，直接或間接阻礙他業者參與競爭』之規定[187]。」

---

[187]　公處字第 106094 號處分書，頁 66-67。

📝本件最後由公平會與高通公司達成訴訟上和解。

📝不同意見書之意見[188]

1. 未以經濟分析觀點考量系爭行為對競爭與消費者福利的影響，致本處分的效果在保護「競爭者」而非「競爭」，偏離公平法立法意旨。

　　「以經濟分析的觀點，認定系爭行為是否符合公平交易法第 9 條第 1 款「不公平之方法致阻礙競爭」時，應以系爭行能否增進消費者福利（improving consumer welfare）為判準，以避免拘泥於各類行為的形式與外觀，將競爭法保護「競爭」的立法意旨與保護「競爭者」混淆。主管機關應避免將「維持現有的競爭結構」（preservation of a particular market structure）（現在市場上有哪幾家事業正參與競爭），直接當作是保護競爭；換言之，主管機關不能先入為主的認為，現存的其他事業繼續留在市場上是競爭的保證，介入執法的結果，反而可能是在保護該等事業免於競爭。競爭機關必須確認個案中影響消費者福利的競爭傷害（competitive harm）之所在，以及是否有足以超越的效率並且回饋給消費者，這需要合理的分析與事實及證據的支撐，也就是排他性濫用案件應導向「合理原則」（a rule of reason）的分析模式。歐盟執委會也認為，排他性濫用相關規範的目的在保護競爭而不在保護競爭者，因此執法上關注的核心，乃是否有阻礙競爭的封鎖（foreclosure）致最終傷害消費者福利；

---

[188]　魏杏芳，公處字第 106094 號處分書不同意見書。

市場上的競爭者並不能免於與既有的支配事業從事「優勢競爭」（competing on the merits），也就是競爭者應就較高的品質、新穎的產品、適時的創新或其他較佳的表現等方面，與既有的支配事業一較高下，以追求市場進入或擴張，這才是所謂保護競爭的真意。

　　所謂消費者福利是多面、多重的考量；除了系爭行為本身可能的效果（例如被處分人授權模式對競爭同業與代工品牌商與終端消費者的影響），還應同時評估一旦介入執行後對消費者福利的影響（例如是否減少被處分人或競爭同業研發創新的誘因；技術追隨者採包裹授權是否反而較有效率；向競爭同業收取權利金是否反而導致競爭同業的晶片價格提高，更僵固代工品牌商的選擇，更不利競爭同業；是否因必須進行更多專利分析而增加成本；如果高通將專利授權與晶片整合後的晶片出售雖已權利耗盡，但價格是否反而更高等）；在短期利益之外，長期效果也應納入考量（例如欠缺誘因致不利於持續產品創新或品質提升；降低加入標準制定組織的意願，使較佳的技術未能納入標準而減損整體消費者福利、是否影響業者取得完整技術等）；除了檢視對受調查市場的直接效果（例如本件基頻處理器市場與授權市場），也應一併觀察對相臨市場的可能影響（例如晶片製造、封測市場及可能轉單效應、手機代工廠的產品主要供外銷而非國內消費等），類此對整體經濟的綜合評估，仍然在經濟分析之脈絡下，以促進消費者福利為核心，依舊屬於競爭機關職權的範疇，這與競爭機關在執法時是否應考量產業政策的論辯無關，不能混為一談。至少應在處分的決定中明示主管機關衡平的因

素，以及其所關切的消費者福利效果為何。

　　而本件處分中，公平會採取「形式」的審查觀點，偏重被處分人與其競爭者間得失的比較，極少論及被處分人現行商業模式的不變與改變，究竟會對消費者福利產生何種影響。依據合理原則的經濟分析，競爭傷害應建立在相當的事實與證據資料，而市場參與者彼此應進行優勢競爭。蘋果公司即曾證稱：「……過去 10 年內曾多次針對被處分人競爭對手產品進行評估，但因未達到技術標準而未採用……」，高通公司主要憑恃其產品的品質進行優勢競爭，如果競爭同業並沒有促進消費者福利的真正優勢，那競爭主管機關何以要為了維持特定事業的既有地位而介入？何不將競爭問題留給市場自身去解決，讓市場機制運作的結果彰顯消費者真正價值的所在？但處分書主要在形式上確立有系爭行為的存在，並未進一步考量被處分人可能的抗辯（例如必要性、效率、有利終端消費者等），也未綜合評估系爭行為對同業、下游業者及終端消費者短期與長期利益可能的影響，使得公平會在適用公平法第 9 條第 1 款時，實質上等同採取了「當然違法」的立場，違反我國禁止獨占濫用規範的立法意旨，並與歐美競爭法執行趨勢不一致。」

2. 單邊的市場界定使市場力建構與獨占事業排他性濫用的連結欠缺邏輯[189]。

　　「在市場界定部分，本處分只界定了產品市場，劃定為『CDMA, WCDMA, LTE 各行動通訊標準之基頻處理

---

[189]　魏杏芳，公處字第 106094 號處分書不同意見書。

器』為範圍，並認定被處分人在該市場為獨占事業，但並未直接認定被處分人在技術市場亦為獨占。

　　本案究竟是否有另外界定技術市場的必要？理論上應觀察該技術與產品之間的關係而定。如果特定技術是一項產品的生產『投入』（input），尋求授權交易以合法取得該技術的這項需求，稱之為『衍生的投入需求』（a "derived demand" for inputs），當技術授權的價格需求彈性偏低，該項（組）技術就很可能構成一個市場，其情形與一般的產品市場界定在概念上並無不同。換言之，對於作為生產投入之一的專利技術，應用假設性獨占檢測，當權利金提高到超越有競爭力的程度但需求降低甚少或被授權的需求依舊維持水準，代表這項（組）技術是生產特定產品不可或缺的投入，再加上這項（組）技術如果是不可替代的技術，或轉換成本很高，且權利金占生產成本比例不高等條件，此時在特定個案中，技術市場就可能存在。本件涉及已被認定為標準且必要的各項專利技術也具有相似特性，乃生產各類基頻處理器不可迴避、無從替代、不易轉換的生產投入，自應考慮相關技術市場的成立。

　　就本件系爭產品而言，競爭同業不是被處分人的交易相對人，不依賴被處分人的處理器產品。競爭同業想與被處分交易的標的是技術授權，本案卻又未界定技術市場，當然也未認定被處分人在該市場為獨占事業，那又如何導出被處分人不『授權』競爭對手是一種違法的獨占濫用？結果形成『被處分人濫用其在處理器產品市場的支配地位，因而拒絕與被處分人的競爭同業簽署授權契約』的奇怪說法。以處分書試圖建立的結構，應該是以專利授權技

術市場的力量，延伸至產品市場，並在產品市場發生阻礙（封鎖）效果（降低品牌商代工商購買競爭對手產品的意願），始能自圓其說。」

3. 就違反 FRAND 承諾與拒絕授權競爭同業致違反競爭法的關係，相關論述不正確。

「處分書裡指摘被處分人拒絕授權競爭同業故違反公平法的另一個基礎，是被處分人未遵守它曾對標準制定組織作出的 FRAND 承諾，但綜觀國際標準制定組織的政策，其實重視權利人與被授權人之間利益的平衡，並非一廂情願將潛在被授權人視為弱勢的一方，因此有特別加以補強的必要。

綜合過去近十年歐盟處理標準必要專利授權案件的脈絡，有幾項值得注意的觀察，第一、是否屬於不正當行使專利權的方式，多與標準必要專利權人向法院訴請發出禁止令有關；二、標準必要專利權人訴求禁令的目的都在阻止競爭對手的產品銷售或停留在市場上；三、競爭對手指摘標準必要專利權人不當行使專利權，都是以專利權人違反以 FRAND 條件授權為理由，也就是在這類案件中，FRAND 承諾是原本被指為侵權人的抗辯；四、有關授權是否符合 FRAND 承諾，主要以法院裁判來解決爭端；五、實質上違反 FRAND 承諾的授權條件並不當然違反第 102 條，競爭主管機關在調查、分析、判斷方面應回歸一般競爭法案件處理模式。以 Motorola 案為例，執委會仍就市場界定、支配地位認定、濫用的事實及對市場的反競爭效果、被處分人抗辯事由的論述等事項，逐一論證建

構，只是在該案中考量例外情況（exceptional circumstances），即資通產業建立共通標準的必要及所涉必要專利的特性，以及專利權人的 FRAND 承諾，使第三人對授權有合法期待等相關特殊狀況。必須強調的是，執委會的決定仍以第 102 條為依據，雖然過程中關注專利權人的 FRAND 承諾以便衡平兩造利益，但執委會用來認定專利權人是否因未遵守 FRAND 承諾而違反競爭法的要件，依舊是第 102 條，與各標準制定組織所適用的準據法無關，Huawei v ZTE 案的判決也未改變上述原則。

　　本案處分書似乎認為，專利權人如果違反 FRAND 的承諾而拒絕授權，就有濫用市場力的違法，因此在引述歐盟 Huawei v ZTE 案判決後，便認為『標準必要專利權人若未踐行上開程序，則有濫用市場地位之情』。然而以 FRAND 條件授權的承諾所涉事項為技術授權，並非產品交易；換言之，此處討論的是被處分人是否拒絕授權而非拒絕出售產品，本處分根本沒有明確界定技術市場，也不曾具體認定被處分人在技術市場為獨占事業，因此一個未必是獨占事業的廠商，就算它在技術市場未正式授權同業，如何能逕以『拒絕授權同業』適用獨占濫用禁止的規定？

　　其次有關是否落實 FRAND 承諾在競爭法上的評價，FRAND 承諾本身並未增加或減少適用公平法的要件、標準或舉證責任，FRAND 條件只能視為標準必要專利權人在授權過程中所應作為的最低要求（minimum requirements for the patentee's conduct），以及適用公平法時應予考量的一個情況，但它本身絕非等同於法條的構

成要件，以致於形成只要不符合 FRAND 的要求就有濫用市場力之嫌的謬誤。更何況依 Huawei v ZTE 案判決所謂符合 FRAND 程序的行為，係就授權人與被授權人各自應履行的義務分別說明，不是只有針對專利權人的要求，例如 Huawei v ZTE 案判決中即明示潛在被授權人應有善意且積極成為被授權人的願意，至於該等義務是否已被履行，則屬於個案中應予調查確認的事實。

此外，歐盟過去發生的案例，都涉及專利權人訴請法院發佈禁令以阻止侵權商品的銷售，也就是專利權人具體『行使』專利權。但本案所涉的事實，一方面被處分人並沒有對競爭同業主張侵權並積極行使專利權，更沒有所謂的聲請禁止令；另一方面競爭對手的產品也未因專利權問題而被禁止銷售，故本案與歐盟案例中真正的拒絕授權（禁止任何被主張侵權的產品上市）在效果上有所差異。本案雙方應再本於 Huawei v ZTE 案判決所示的原則，繼續進行合於 FRAND 精神的協商，或者交由公正第三人（法院）決定，就此爭點在目前階段，尚無競爭法介入的必要。」

案例 10：拒絕交易——臺灣化纖芒硝案

※案件事實[190]

臺灣化纖公司被下游廠商檢舉藉由在化工原料市場的獨占地位，要求下游廠商必須先付貨款後方供貨，然而檢舉人溢付貨款卻未收到貨物，且在檢舉人未違反交易條件時，斷絕對檢舉人之化工原料供給。公平會調查後，認定臺灣化纖公司斷絕提供芒硝予檢舉人之行為，係屬獨占事業濫用市場地位之行為，違反公平交易法第 10 條第 4 款規定，處新臺幣 300 萬元，並要求臺灣化纖公司停止該等行為。臺灣化纖公司不服，提起訴願，經決定駁回後，復提起行政訴訟。經臺北高等行政法院判決撤銷訴願決定及原處分，公平會不服提起上訴，最高行政法院駁回其上訴。

? 爭點

獨占事業斷絕供貨之行為，是否違反公平交易法第 9 條第 4 款「其他濫用市場地位之行為」？

公平會裁處

1. 公平會裁罰臺灣化纖公司之理由

(1) 公平會先指出，獨占事業濫用市場地位之行為，係指

---

[190]　公處字第 102118 號處分書、臺北高等行政法院 103 年度訴字第 187 號判決、最高行政法院 104 年度判字第 53 號判決。

以維持或強化其獨占地位為目的之行為，亦即其係以獨占力量來防止、阻礙或封鎖競爭，而非從事競爭者；又獨占事業憑藉其獨占地位，在無正當商業理由之情形下，榨取其交易相對人之行為，亦構成濫用市場地位之行為。換言之，除前述所謂封鎖競爭之濫用外，以榨取、剝削其交易相對人為主要目標者，即所謂榨取之濫用，亦屬濫用獨占力量之行為態樣。有關榨取之濫用行為類型包含價格之濫用、交易條件之濫用、搭售或採取其他不公平競爭手段等。亦即，除前述對於商品或服務價格，為不當決定、維持或變更價格濫用之行為外，獨占事業倘利用其獨占優勢地位，要求其交易相對人接受許多苛刻、不公平之交易條件，即所謂賣方交易條件之濫用，即構成公平交易法第 10 條（現行法第 9 條）第 4 款不得為「其他濫用市場地位之行為」。

(2) 綜合檢舉人合一公司與臺灣化纖公司間之芒硝交易期間（歷時 27 年）、數額（訂購金額占臺灣化纖公司芒硝總銷售金額排名第 1 名）及頻率（98 年 1 月至 100 年 12 月各月份皆銷售芒硝予合一公司）等因素，合一公司於國內芒硝市場供需情形並無劇烈改變之前提下，應持續有請求臺灣化纖公司銷售芒硝之需求；又，臺灣化纖公司 101 年 8 月 1 日之後仍繼續銷售芒硝予其他主要交易相對人包含合禮公司等事業，該等事業並未因臺灣化纖公司指稱之產銷重新安排而停止芒硝之銷售，故臺灣化纖公司斷絕供給芒硝予檢舉人之情事顯無正當之商業理由。是臺灣化纖公司為國內

芒硝市場之唯一製造廠商，且合一公司為其芒硝最主要之交易相對人，惟臺灣化纖公司憑恃其於國內芒硝市場之獨占地位，無正當商業理由單獨斷絕供給芒硝，構成獨占事業濫用市場地位之行為，違反公平交易法第 10 條第 4 款（現行法第 9 條第 4 款）。

2. 法院與公平會見解相異，法院撤銷原處分之理由主要為：臺灣化纖公司拒絕交易，是因合一公司**未循例依照長年交易模式要約**（未使用先前雙方**交易慣行**使用之固定訂單格式，且合一公司 101 年 8、9 月均未訂貨，卻於同年 10 月中旬以後，始以與其之前迥不相同之交易方式即寄發存證信函之方式向臺灣化纖訂貨）所致，且因合一公司已隔 2 個月未訂貨，則臺灣化纖公司另有產銷安排，亦屬合理，故臺灣化纖公司因此未能答應供應，亦難謂無正當理由。且臺灣化纖公司既與合一公司為多年交易關係，倘臺灣化纖公司一時無法出貨，其認臺灣化纖公司確有違反雙方預訂買賣契約之情事，**亦非不得循民事債務不履行之方式**，請其履約；**或再另行向臺灣化纖公司要求繼續履約**。公平會以臺灣化纖公司於 101 年 7 月下旬因部分貨物未供應，及於 101 年 10 月下旬未能接受檢舉人不符雙方交易模式之存證信函訂購等兩次偶發之事件，逕認臺灣化纖公司已對合一公司構成斷絕供給合一公司一切芒硝之意圖與行為，亦屬武斷。

案例 11：拒絕交易——台塑公司燒鹼案

案件事實[191]

合一公司為銷售化工原料之公司，台塑公司是其長達 24 年的「燒鹼」化工原料之上游供應業者。台塑公司 101 月 10 月 1 日起停止供給燒鹼產品予合一公司，合一公司向公平會提出檢舉，公平會調查後，認為台塑公司之行為構成獨占事業濫用市場地位，違反公平交易法第 10 條第 4 款（現行法第 9 條第 4 款）規定，乃依同法第 41 條第 1 項前段（現行法第 40 條第 1 項前段）規定，以處分命台塑公司停止違法行為，並處以新臺幣 200 萬元罰鍰。台塑公司不服，提起訴願遭駁回，復提起行政訴訟。臺北高等行政法院撤銷原處分與訴願決定。公平會不服提起上訴，最高行政法院駁回其上訴。

公平會裁處

本件亦在處理拒絕交易之問題。公平會認定台塑公司於製造燒鹼之化工原料市場具有獨占地位，而其斷絕供給燒鹼予合一公司之行為，屬獨占事業濫用市場地位之行為，違反公平交易法第 10 條（現行法第 9 條）第 4 款規定。

法院撤銷原處分之理由為，台塑公司與合一公司間「就燒鹼交易所為之約定及慣行，核與公平交易法第 1 條所表彰之『為維護交易秩序與消費者利益，確保公平競爭，促進經濟之安定與繁

---

191 公處字第 102119 號處分書、臺北高等行政法院 103 年度訴字第 223 號判決、最高行政法院 104 年度判字第 54 號判決。

榮』之立法目的，並無違背，自無因出賣人居於獨占市場地位，即得無條件的予以強制限縮之理[192]。」法院進一步指出，合一公司長年訂購燒鹼之交易模式，必須填載「銷售確認書」，載明所需規格、數量、交運期限、包裝方式等資訊，台塑公司依需求確認受訂並安排出貨，合一公司應已知之甚詳，卻未循往例時程提出下一季之季合約要約，之後逕以存證信函向台塑公司訂貨，並要求馬上供貨，確難認符合彼此間之交易常情，台塑予以拒絕，並不違背公平法之規定。「檢舉人（合一公司）自101年10月1日起迄原處分作成前，既未再向被上訴人（台塑公司）依30年來約定之交易模式訂購燒鹼，被上訴人要無片面請求檢舉人向其訂購之義務及可能。從而，上訴人以被上訴人對於檢舉人未依約提領訂購之燒鹼之主觀嫌惡意思，遽認被上訴人與檢舉人間自101年10月1日起，無再有燒鹼之交易，即係被上訴人斷絕供給之濫用市場地位，顯乏相當因果關係之證據。易言之，若檢舉人於101年10月1日起，依往例交易模式向被上訴人訂購燒鹼，被上訴人以檢舉人過往曾未依約提領燒鹼之紀錄，拒絕供貨，始有濫用市場地位可言。原判決認定上訴人僅憑檢舉人主觀臆測，遽認被上訴人因此停止供貨，無正當之商業理由，其認定事實有未憑證據之違誤，且未就被上訴人有利事項加以查證，有違行政程序法第9條及第36條之情事一節，經核亦無不合[193]。」

評析[194]

1.學者廖義男認為：拒絕交易與獨占力濫用之判斷，本質上

---

[192]　最高行政法院104年度判字第54號行政判決。

[193]　最高行政法院104年度判字第54號行政判決。

[194]　廖義男（2020），《公平交易法國內重要案例之評析——以獨占及其他（非

為競爭法與民法如何競合適用的爭議，原則上先適用民事契約體系來解決爭議，在例外情形才由競爭法規制，以免行政機關過度干涉市場自由運作[195]。所謂例外情形如下：

(1) 美國法觀點認為後列情形可由競爭法規制：過往事業間有交易行為，拒絕交易將使消費者不利；抑或是事業所提供之商品或服務屬於關鍵設施，拒絕交易將影響市場交易秩序[196]。

(2) 歐盟實務晚近見解則以：拒絕交易產生排擠競爭對手或中斷一般商業行為的供給，且遭拒絕供應的原料為不可缺少之項目時，方屬競爭法上之濫用優勢地位[197]。

2. 臺灣化纖芒硝案及台塑公司燒鹼案中，法院見解均與公平會不同。學者認為，法院避免輕易地、不適當地介入交易自由、市場機制之立場，與先進國家競爭法制之發展趨勢一致，就判決結果而言值得讚許。然而，為德不卒之處在於，法院之論理均未交待清楚，何以兩個案件不屬於競爭法之爭議，即為何非屬競爭法應介入之例外情事，要屬可惜。學者進一步提出，臺灣化纖芒硝案中所爭執之標的，

聯合）限制競爭行為為中心》，公平交易委員會委託研究計劃，頁 279-282、291-293。

[195] 廖義男（2020），《公平交易法國內重要案例之評析──以獨占及其他（非聯合）限制競爭行為為中心》，公平交易委員會委託研究計劃，頁 279。

[196] 廖義男（2020），《公平交易法國內重要案例之評析──以獨占及其他（非聯合）限制競爭行為為中心》，公平交易委員會委託研究計劃，頁 280。

[197] 廖義男（2020），《公平交易法國內重要案例之評析──以獨占及其他（非聯合）限制競爭行為為中心》，公平交易委員會委託研究計劃，頁 280。

可以從歐美法制下的「關鍵設施」或「不可或缺原料」切入，補充判決之論據。本件因芒硝有替代品存在，可認為臺灣化纖公司非居於關鍵設施地位，所提供的並非不可或缺的原料。因此本件撤銷公平會之處分，認定本件為民事契約法糾紛[198]。

3. 另補充關鍵設施／樞紐設施理論（essential facilities doctrine）如下：

(1) 關鍵設施理論之概念起源於美國反托拉斯法的判例法，發展至今演變為具有多重概念的抽象定義。學者謂關鍵設施指「一事業或數事業共同控制了一項設施，該設施於相關市場中，乃競爭者欲從事競爭所不可或缺的元素，且經濟上、技術上難以被複製，無法使用設施，形同被排除於該相關市場之競爭外[199]。」

(2) 國際間就關鍵設施理論是否能普遍適用，尚未形成一致共識，除美國因偏自由經濟主義之國情影響而較少適用該理論外，歐盟、中國、韓國等國家態度也似趨於一致，肯認該理論之適用[200]。

(3) 我國目前明確揭示關鍵設施之法規為「公平交易委員會對於電信事業之規範說明[201]（公平會 106 年 1 月 18

---

[198] 廖義男（2020），《公平交易法國內重要案例之評析——以獨占及其他（非聯合）限制競爭行為為中心》，公平交易委員會委託研究計劃，頁 281-282。

[199] 何之邁（2020），《公平交易法要義》，頁 29，一品。

[200] 莊弘鈺、林艾萱（2019），〈標準必要專利競爭法管制之分與合：兼論我國高通案處分〉，《公平交易季刊》，27 卷 1 期，頁 37。

[201] 將規範說明關鍵設施定義為符合以下條件之設施：1.該設施係由獨占事業所擁有或控制。2.競爭者無法以經濟合理且技術可行之方式複製或取代該設施。3.競爭者倘無法使用該設施，即無法與該設施之擁有者或控制者於相關

日修正發布）」及「對於數位匯流相關事業跨業經營
之規範說明（公平會 106 年 1 月 23 日修正發布）」，
指出具獨占地位之電信事業、數位匯流相關事業濫用
關鍵設施者，涉及違反公平交易法第 9 條規定。但實
務及學說上，對於究應如何適用及是否應適用該理論
亦尚未形成一致見解。飛利浦案中，智慧財產法院於
判決理由中似乎承認樞紐設施理論之適用，惟描述上
並不明確[202]；而公平會於高通案處分書中，論及高通
公司拒絕授權競爭同業行為部分之前提段落，雖提及
「樞紐設施理論」之概念[203]，惟除該段落外，公平會

市場競爭。4.擁有或控制該設施的事業有能力將該設施提供給其競爭者。並
說明所謂「設施」不再侷限於有形的鐵路橋、電力傳輸線或電信網路等傳
統設施的概念，而逐漸包含無形的服務。以電信市場來說，關鍵設施可能
是一個實體的設施（例如：電信網路、管線、渠道、人孔、電桿或鐵
塔）、空間（例如：機房共置、大樓電信室），也可能是一項服務（例
如：帳務處理服務）、功能（例如：緊急電話服務）、能力（例如：特定
國際路由的海纜頻寬接取）或資訊（例如：SS7 信號系統或資料庫之接
取）。通常，關鍵設施認定是採取事後的方式，公平會並不預先認定哪些
電信設施、服務、功能、能力或資訊是關鍵設施，而是在具體個案發生
後，由當事人依照前述的原則，舉證證明系爭電信設施、服務、功能、能
力或資訊構成或不構成關鍵設施。

[202] 智慧財產法院 101 年度行公訴字第 1 號判決：「是以依原告及其他 2 家公司
行為時之市場狀況，從供給、需求、產銷及成本各方面考量，全球 CD-R 之
製造必須循原告及其他 2 家公司制定之橘皮書規格，為不爭之事實，然製造
符合橘皮書規格之 CD-R 於技術上所不可或缺之專利分別為原告及其他 2 家
公司所擁有，此亦為兩造所不爭，則原告及其他 2 家公司所擁有之專利即構
成生產 CD-R 商品之關鍵技術／設施，倘相關事業係欲製造 CD-R 僅能選擇
向原告及其他 2 家公司支付專利授權金，原告及其他 2 家公司即具絕對的優
勢地位，其他事業欲爭取進入系爭 CD-R 光碟產品技術市場的機會，已因原
告及其他 2 家公司制定統一規格而被限制……」，法院於該判決中似已承認
樞紐設施理論之適用。

[203] 公處字第 106094 號處分書：「所謂『樞紐設施』係指符合下列要件之設
施：由獨占業者所擁有或控制；競爭者無法於短期內以經濟合理且技術可
行之方式複製或取代該設施；競爭者倘無法使用該設施，即無法與該設施
之擁有者或控制者競爭；擁有或控制該設施的業者拒絕將該設施提供給其

於該件處分書並未實質就關鍵設施理論為涵攝，故該
件是否有實際適用關鍵設施理論為裁罰依據，仍有疑
問[204]。

競爭者。所謂『設施』不限於有形之實體設施，亦包含抽象之能力服務或
功能，甚至智慧財產權。如前述，為生產符合 CDMA、WCDMA、LTE 標準
之產品，需取得被處分人之專利授權，並無其他可替代之技術。」

[204] 莊弘鈺、林艾萱（2019），〈標準必要專利競爭法管制之分與合：兼論我
國高通案處分〉，《公平交易季刊》，27 卷 1 期，頁 35。

案例 12：無正當理由差別待遇——臺灣港務公司案[205]

案件事實

本件檢舉人向臺灣港務公司所屬臺中港務分公司承租臺中港碼頭後線土地及倉棧設施，經營一般散雜貨裝卸承攬業務，臺中港區另有中港公司及德隆公司亦向台中港務分公司承租碼頭土地及艙棧經營同樣業務。臺灣港務分公司在收取「建物租金」時，依建物類型區分「合作興建免租年限屆滿續租」與「前港務局自建，業者單純租賃」二類而訂定不同的租金計算基礎，前者（合作興建型）僅以建物原始造價作為計算基礎，而免除營造工程物價年增率之重估，後者（前港務局自建型）採取建物之重置價值或現值作為租金計算基礎。檢舉人認為其因此種差別對待，一直承受不公平競爭，檢舉人之建物租金成本較中港及德隆公司每平方公尺高出 2.5 倍及 1.3 倍。

公平會裁處

(1) 公平會調查後認為臺灣港務公司於臺中港收取「建物租金」時，就非合作興建者之建物租金採取建物之重置價值或現值作為租金計算基礎，惟就合作興建者則僅以建物原始造價作為計算基礎，而免除營造工程物價年增率

205 公平會公處字第 103043 號處分書。

之重估，為無正當理由對下游貨物裝卸承攬業者之必要性關鍵設施給予差別待遇之行為，屬獨占事業其他濫用市場地位之行為，違反公平交易法第 10 條（現行法第 9 條）第 4 款規定，應於 104 年 1 月 1 日前，完成商港設施租金基準公式之修正發布並實施。

(2) 臺灣港務公司於臺中港「建物租金」之收取，涉及對下游貨物裝卸承攬業者有無正當理由差別待遇情事，對於相關市場競爭之影響，係因該等土地建物係屬下游貨物裝卸承攬業者所「不可或缺的必要性關鍵設施」（下稱必要性關鍵設施），且為臺灣港務公司所獨家擁有，故臺灣港務公司對該等必要性關鍵設施，倘有對下游貨物裝卸承攬業者為差別待遇情事者，將足使部分下游業者承擔高於其他貨物裝卸承攬業者之營業成本，導致下游港埠貨物裝卸承攬市場有限制競爭或妨礙公平競爭之虞，該行為係屬獨占事業其他濫用市場地位之行為，其目的尚非係為防止、阻礙或封鎖其他港埠競爭者參與競爭，亦非為謀求獨占利益而挾其獨占事業之強大議價能力來榨取下游貨物裝卸承攬業者之剩餘或福利，且建物租金係因出租港埠必要性關鍵設施所形成之固定費用，尚與各項港埠業務費之收取（如一般貨物裝卸費以每噸計收、一般碼頭碇泊費以每船每小時計收、貨櫃滯留費以每櫃每日計收等港埠服務之報酬）有別。爰臺灣港務公司於臺中港就「建物租金」對下游貨物裝卸承攬業者涉及無正當理由差別待遇情事，當應以公平交易法第 10 條（現行法第 9 條）第 4 款予以規範。

本件無論係屬業者合作興建或臺灣港務公司自建類型，相關

建物產權均已屬臺灣港務公司所有，且參與合作興建之業者也已享有 17 年至 18 年之合作興建之免租金優惠，當得以反映當初鼓勵業者合作興建之資金成本與風險。換言之，合作興建業者於享有免租金優惠年限耗盡後，應無再享有較其他競爭者更好的優惠之正當性和必要性，故認定該無正當理由差別待遇而構成違法。

第五章　限制競爭行為之二：結合行為

第一節　我國結合管制之規範架構

　　市場競爭機制的充分發揮，以存在多數的有效競爭單位（具「獨立性」、「經常性」從事經濟活動之「事業」）為前提，當有效競爭單位因結合而減少，致市場結構逐漸趨向集中，而有限制競爭之虞時，公平交易法即應適當加以管制，以維護市場競爭機制之有效運作。此種管制手段，稱為「**市場結構規範**」，有別於公平交易法其他「行為規範」之管制手段[206]。

　　又為兼顧鼓勵中小企業合併以達經濟規模之政策，公平交易法僅對達到一定規模之事業之結合，規範須於結合前向公平會提出申報，如果公平會未於一定之期間（一段等待期間）提出異議，那麼該結合案件即可合法生效，無待公平會再為任何之表示，此即為「**事前申報異議**」制度[207]。

　　現行法及公平交易實務，就結合案件之申報及審查步驟，大抵如下：

　　首先、認定事業所為之行為是否符合公平交易法第 10 條第 1 項所規定「結合」之定義：除了表徵上一看即知的合併，並將

---

[206] 黃銘傑（2017），〈公平交易法結合管制之問題點與盲點──以結合類型與實體規範要件為中心〉，黃銘傑（等著），《競爭法發展之新趨勢：結合、聯合、專利權之行使》，頁 6，元照。

[207] 公平交易委員會（2019），《認識公平交易法（增訂第 18 版）》，頁 62。

取得他事業一定比例的「具有表決權」之股份或資本額的事業加以納入規範。除此之外，受讓或承租他事業全部或主要部分之營業或財產，或與他事業經常共同經營或受他事業委託經營，甚至是控制對方的人事任免，均屬事業對另一事業取得實質的控制力的手段，而應受結合管制。

第二、當事業合致第 10 條第 1 項之結合定義，再來檢視該結合是否達到公平交易法第 11 條所規範之應申報門檻，該條文以「市場占有率」和「銷售金額」為篩選之標準，劃定了一定事業規模作為結合管制的門檻。諸如參與結合之事業其本身市場占有率是否達 1/4，或結合後的事業其市場占有率達 1/3，或參與結合之事業，其上一會計年度銷售金額，超過主管機關所公告之金額。另，事業間結合，若符合同法第 12 條之例外條款，因不至於影響公平交易法所欲維護之競爭，亦不至對消費者利益產生過度影響，公平交易法則無介入管制之必要。此申報門檻乃依政策判斷，於事前擬定一定具有競爭內涵之門檻，以作為公平會案件篩選之標準，使公平會得集中執法資源於重要結合案件之審查[208]。

第三、公平會依公平交易法第 13 條，就該結合案件對於「整體經濟利益」與「限制競爭之不利益」予以實質審查、利益評量。當結合對整體經濟利益大於限制競爭之不利益，公平會不得禁止結合；但若為確保整體經濟利益大於限制競爭的不利益，得於結合處分添加條件或負擔。

由於「整體經濟利益」與「限制競爭之不利益」均為不確定

---

[208] 黃銘傑（2017），〈公平交易法結合管制之問題點與盲點──以結合類型與實體規範要件為中心〉，黃銘傑（等著），《競爭法發展之新趨勢：結合、聯合、專利權之行使》，頁 3，元照。

之法律概念，立法者乃將該審查標準委諸公平會於執法時進行補充，故公平會訂定「公平交易委員會對於結合申報案件之處理原則[209]」（下稱結合申報處理原則），將審查標準予以具體化、明確化。

關於該結合申報處理原則：

結合申報處理原則就結合案件之審查程序採「簡化作業程序」及「一般作業程序」之分級審查程序，以加速對於不具限制競爭疑慮案件之審查；並針對水平、垂直及多角化之不同結合類型，訂立不同的審查事項及標準，如下簡表4所示。

司法實務認為，基於憲法之功能分配，結合申報處理原則並未逾越法律授權之範圍，自非不得適用，且法院對於公平會依循上開處理原則適用不確定法律概念所為之決定，除就法律解釋是否正確；事實認定是否有誤；其組織是否合法；是否遵守有關之程序規定；是否根據與事件無關之考量觀點；是否遵守一般之評價標準等為合法性之審查外，原則上予以尊重[210]。

表4：結合申報處理原則之分級審查程序

分級審查	簡化作業程序	一般作業程序
適用之結合類型	結合申報處理原則第7點 (1)水平結合：市占率小。 (2)垂直結合：市占率小。 (3)多角化結合：事業間相互不具重要潛在競爭可能性。 (4)參與結合之一事業持有	結合申報處理原則第8點

---

[209] https://www.ftc.gov.tw/internet/main/doc/docDetail.aspx?uid=1801&docid=217&mid=1801

[210] 臺北高等行政法院108年度訴更四字第78號行政判決。

分級審查	簡化作業程序	一般作業程序
	他事業一定比例之有表決權股份或出資額，再與該他事業結合。	
審查重點	倘無第 8 點適用一般作業程序之例外事由，得認其結合之「整體經濟利益」＞「限制競爭之不利益」	1.公平會判斷是否具「顯著限制競爭疑慮」。考量因素依結合申報處理原則： (1)水平結合：第 9 點、第 10 點 (2)垂直結合：第 11 點 (3)多角化結合：第 12 點 ↓ 2.1 不具「顯著限制競爭疑慮」：得認其「結合之整體經濟利益」＞「限制競爭之不利益」； 2.2 具有「顯著限制競爭疑慮」：進一步衡量整體經濟利益，以評估其結合之整體經濟利益是否大於限制競爭之不利益 ↓ 3.整體經濟利益：考量因素為第 13 點

資料來源：自行整理

上述結合管制之規範架構，如下圖所示：

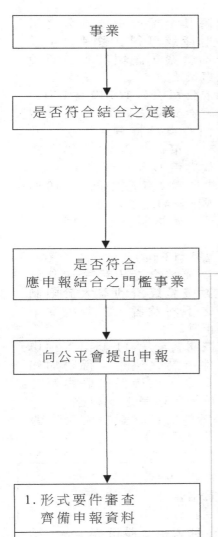

（公平法第 10 條第 1 項）本法所稱結合：
1. 與他事業合併。
2. 持有或取得他事業之股份或出資額，達到他事業有表決權股份總數或資本總額 1/3 以上。
3. 受讓或承租他事業全部或主要部分之營業或財產。
4. 與他事業經常共同經營或受他事業委託經營。
5. 直接或間接控制他事業之業務經營或人事任免。

（公平法第 11 條第 1 項、第 6 項）現行法採市占率、營業額作為事業應主動向公平會提出申報之門檻：
1. 事業因結合而使其市場占有率達 1/3。
2. 參與結合之一事業，其市場占有率達 1/4。
3. 參與結合之事業，其上一會計年度銷售金額，超過主管機關所公告之金額。不同行業採不同標準。

（公平法第 12 條）毋庸主動申報之情形：
1. 參與結合之一事業或其 100%持有之子公司，已持有他事業達 50%以上之有表決權股份或出資額，再與該他事業結合者。
2. 同一事業所持有有表決權股份或出資額達 50%以上之事業間結合者。

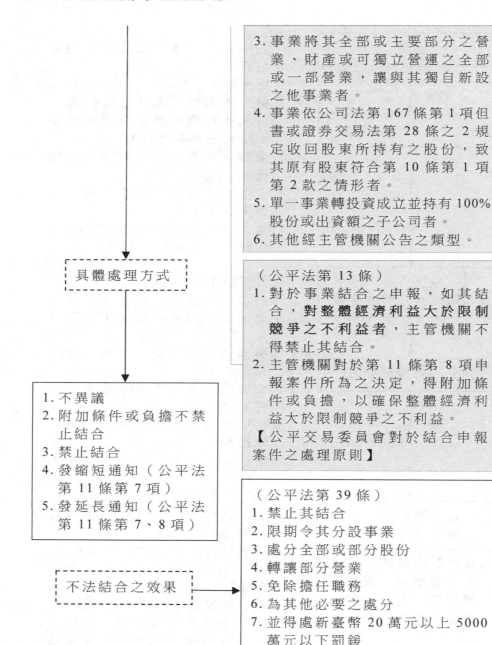

具體處理方式

3. 事業將其全部或主要部分之營業、財產或可獨立營運之全部或一部營業，讓與其獨自新設之他事業者。
4. 事業依公司法第 167 條第 1 項但書或證券交易法第 28 條之 2 規定收回股東所持有之股份，致其原有股東符合第 10 條第 1 項第 2 款之情形者。
5. 單一事業轉投資成立並持有 100% 股份或出資額之子公司者。
6. 其他經主管機關公告之類型。

（公平法第 13 條）
1. 對於事業結合之申報，如其結合，**對整體經濟利益大於限制競爭之不利益者**，主管機關不得禁止其結合。
2. 主管機關對於第 11 條第 8 項申報案件所為之決定，得附加條件或負擔，以確保整體經濟利益大於限制競爭之不利益。
【公平交易委員會對於結合申報案件之處理原則】

1. 不異議
2. 附加條件或負擔不禁止結合
3. 禁止結合
4. 發縮短通知（公平法第 11 條第 7 項）
5. 發延長通知（公平法第 11 條第 7、8 項）

不法結合之效果

（公平法第 39 條）
1. 禁止其結合
2. 限期令其分設事業
3. 處分全部或部分股份
4. 轉讓部分營業
5. 免除擔任職務
6. 為其他必要之處分
7. 並得處新臺幣 20 萬元以上 5000 萬元以下罰鍰

圖10：公平交易法關於結合管制之規範架構
資料來源：自行整理

第二節　結合之定義

一、法律上之定義

（一）公平交易法第 10 條第 1 項之規定

本法所稱結合，指事業有下列情形之一者：

一、與他事業合併。

二、持有或取得他事業之股份或出資額，達到他事業有表決權股份總數或資本總額3分之1以上。

三、受讓或承租他事業全部或主要部分之營業或財產。

四、與他事業經常共同經營或受他事業委託經營。

五、直接或間接控制他事業之業務經營或人事任免。

計算前項第 2 款之股份或出資額時，應將與該事業具有控制與從屬關係之事業及與該事業受同一事業或數事業控制之從屬關係事業所持有或取得他事業之股份或出資額一併計入。

（二）五種結合型態

公平交易法第 10 條第 1 項臚列五種結合型態，須符合 5 款法定結合定義之一，始受公平法所規範，而落入公平會之管轄。該條文除了第 1 款之合併外，其他 2 至 4 款皆為第 5 款「**直接或間接控制他事業**」之具體例示[211]，學者黃銘傑認為「闡明事

---

[211] 另有學者認為，從本條規定可知，公平法所規範之事業結合類型，包括：(1)合併、(2)股份取得、(3)資產取得、(4)董事兼充、(5)其他直接或間接之控制型態。

業藉由對其他事業股份、權利、資產等的取得或與他事業共同或受託經營等契約的締結，令他事業喪失其原有的競爭功能，難能繼續被認定為公平交易法第 2 條定義之事業，從而縱令形式上其法人格依舊存在，但實質上與至少一事業其法人格消滅為前提的合併，就公平交易法規範目的而言，並無不同，故同列為公平交易法規範對象之結合型態[212]。」簡言之，結合之精義在於事業對他事業之**控制支配**，原屬法律及經濟上各自獨立之事業，以任何手段建立一種控制從屬的關係，使數個商業經營決策中心成為一個[213]。

1. 與他事業合併[214]

公司合併可分為創設合併及吸收合併。前者創設合併係指二以上之企業結合為單一個體，各失其法人格，並另以一新的法人格取代之；後者吸收合併則稱二以上企業結合為單一個體，由吸收公司繼受他企業之資產與負債而保存其法人

---

[212] 黃銘傑（2017），〈公平交易法結合管制之問題點與盲點——以結合類型與實體規範要件為中心〉，黃銘傑（等著），《競爭法發展之新趨勢：結合、聯合、專利權之行使》，頁 5，元照。

[213] 何之邁（2003），〈註釋公平交易法——第六條〉，廖義男（等著），《公平交易法之註釋研究系列（一）第一條至第十七條》，行政院公平交易委員會合作研究報告，頁 241；何之邁（2020），《公平交易法要義》，頁 67，一品。

[214] 公平交易委員會（2019），《認識公平交易法（增訂第 18 版）》，頁 62-63。；何之邁（2003），〈註釋公平交易法——第六條〉，廖義男（等著），《公平交易法之註釋研究系列（一）第一條至第十七條》，行政院公平交易委員會合作研究報告，頁 246；公平交易委員會（2019），《認識公平交易法（增訂第 18 版）》，頁 62-63。

格，被吸收公司之法人格消失[215]。又事業合併，為公平交易法第 10 條第 1 項所規範事業結合型態中，結合程度最高者[216]，被合併之參與事業不論在經濟上或法律上，其獨立法人格將消失，使多數事業轉變為單一事業，市場經濟力因而匯集，競爭關係也消滅，此將影響市場整體結構，從而有減損市場上有效競爭之疑慮，故公平交易法採取事前監督管制，冀以維護市場之競爭效率。

2. 持有或取得他事業之股份或出資額，達到他事業有表決權股份總數或資本總額 1/3 以上[217]

(1) 取得他公司有表決權股份，可藉行使表決權以控制他公司之股東會。又就事業結合之目的在於**建立統一管理關係**之觀點言，競爭法所關切者係事業是否因取得他事業股份而具有**控制從屬關係**，公平交易法第 10 條第 1 項第 2 款規定，須持有或取得他事業之股份或出資額，達

---

[215] 柯芳枝（1991），《公司法論》，再修訂初版，頁 71，三民。

[216] 公司法所稱的「合併」是公平交易法所定義的結合型態之一，但公平交易法中所稱的結合，還包含股份取得、營業或財產之受讓、共同經營或受委託經營、控制他事業之業務經營或人事任免等型態，所以公平交易法的事業結合，涵蓋範圍較公司法的「公司合併」更為廣泛。詳閱公平交易法所稱的事業結合是什麼？和公司法所稱「合併」是否相同？公平交易法網站常見問答結合行為之規範。
https://www.ftc.gov.tw/internet/main/doc/docDetail.aspx?uid=1206&docid=14283&mid=1201

[217] 何之邁（2003），〈註釋公平交易法──第六條〉，廖義男（等著），《公平交易法之註釋研究系列（一）第一條至第十七條》，行政院公平交易委員會合作研究報告，頁 247-249；公平交易委員會（2019），《認識公平交易法（增訂第 18 版）》，頁 63-65。

到他事業有表決權股份總數或資本總額 1/3 以上者，始認定具有統一管理關係，乃採「**實質控制說**」。申言之，依公司法規定，舉凡變更公司章程、董事競業行為之許可、重大營運政策改變及轉投資等，均須經有代表已發行股份總數 2/3 以上股東出席，出席股東表決權過半數同意之特別決議通過，故公平交易法所規定取得有表決權股份 1/3，即可掌握一家公司之重大經營決策[218]，而屬公平交易法規範之結合類型。

(2) 計算方式

為避免事業利用關係企業規避公平交易法之適用[219]，公平交易法第 10 條第 2 項明定計算股份或出資額時，應將：

I.　與該事業具有「控制與從屬關係」之事業、

II.　與該事業受同一事業或數事業控制之從屬關係事業所持有或取得他事業之股份或出資額一併計入。

說明如下：

I.　應將與該事業具有「控制與從屬關係」之事業所持有或取得他事業之股份或出資額

---

[218]　何之邁（2020），《公平交易法要義》，頁 68，一品。

[219]　何之邁（2003），〈註釋公平交易法——第六條〉，廖義男（等著），《公平交易法之註釋研究系列（一）第一條至第十七條》，行政院公平交易委員會合作研究報告，頁 253。

一併計入。

例如：甲公司的表決權股共有 10 萬股，今
A 公司持有甲公司的 3 萬股表決權股，而
A 公司的子公司 B 公司又購入甲公司 1 萬
股表決權股，但因 A、B 兩者之間有第 2
項所說的「控制與從屬」關係，所以持股
一併計算有 4 萬股，已超過甲公司表決權
股的 1/3，故此時應申報結合。[220]

II. 然而，應如何計算「具有控制與從屬關係
　　之事業」取得他事業之股份或資本額？此
　　涉及**事業間控制與從屬關係之認定**[221]：

　　i. 公平交易法施行細則第 6 條增訂前，
　　　 公平會實務見解（公平會第 366 次委
　　　 員會議決議）認為，公平交易法第 6
　　　 條（現行法第 10 條）第 2 項與公司法
　　　 關係企業專章之規定雖相近，但規範
　　　 意旨不同，不宜等同以觀，而應自
　　　 「競爭法」之角度觀之為妥。具體言
　　　 之，事業間倘具有第 6 條（現行法第
　　　 10 條）第 1 項第 2 款至第 5 款規定之

---

[220]　修改自范建得、莊春發，《公平交易法 Q&A 範例 100》，問題 11，頁 60-
　　　 62，商周文化，1992 年初版，後因授課需要，將原案例進行調整，編為課
　　　 程講義使用。

[221]　以下章節有關事業間控制與從屬關係之認定，摘錄自何之邁（2003），
　　　 〈註釋公平交易法——第六條〉，廖義男（等著），《公平交易法之註釋研
　　　 究系列（一）第一條至第十七條》，行政院公平交易委員會合作研究報
　　　 告，頁 253-254。

一者，則其彼此間已具有**緊密之經濟連結關係**，應認其已具有同條第 2 項之「控制與從屬關係」。如此見解，學者有予以支持者，如何之邁在研究報告指出「競爭法對於事業結合之規範要義，主要在於事業因控制與從屬關係之取得而達成**經濟一體化**，進而評估其對市場結構可能產生之影響；公司法關係企業之規定，則著重於保護少數股東及債權人，二者規範意旨並不相同。此外，公司法關企業專章對於控制與從屬之概念，係源自正面控制理論，其對於關係企業之規範為狀態後結果之監督，故所要求之持股比例較高；競爭法則自**反面控制理論**著眼，**只要形成牽制作用，即可認定有控制從屬關係**，並於市場結構形成前為事前之把關，故其所要求之持股比例較低。職是，關於事業間控制與從屬關係之認定問題，鑒於上開二法無論在規範意旨或管制時點上，均有相當之差異，故論者認為無比附援引之必要。解釋競爭法適用之際，應自競爭法之角度出發，公平交易法第 6 條（現行法第 10 條）第 2 項規定計算持有他事業之股份比例時，依公平交易

法第 6 條（現行法第 10 條）第 1 項各
款逐一檢視，當母、子公司持股比例
達 1/3 時，即應認其已達於公平交易法
上之控制與從屬關係。易言之，論者
認為，公平交易法第 6 條（現行法第
10 條）第 2 項所稱之控制與從屬關
係，即指同條第 1 項第 2 款至第 5 款之
結合型態所產生之控制與從屬關
係。」

ii.　公平交易法施行細則第 6 條規定於 104
年新增，明定了所謂控制與從屬關
係，是指有下列情形之一者：「

一、事業持有他事業有表決權之股份
　　或出資額，超過他事業已發行有
　　表決權股份總數或資本總額半
　　數。

二、事業直接或間接控制他事業之人
　　事、財務或業務經營，而致一事
　　業對另一事業有控制力。

三、二事業間，有本法第 10 條第 1 項
　　第 3 款或第 4 款所定情形，而致一
　　事業對另一事業有控制力。

四、本法第 11 條第 3 項之人或團體及
　　其關係人持有他事業有表決權之
　　股份或出資額，超過他事業已發
　　行有表決權股份總數或資本總額

半數。

有下列情形之一者，推定為有控制與從屬關係：

一、事業與他事業之執行業務股東或董事有半數以上相同。

二、事業與他事業之已發行有表決權股份總數或資本總額有半數以上為相同之股東持有或出資。」

公平交易法施行細則第 6 條規定之增訂理由為「本法第 10 條第 2 項所稱控制與從屬關係，主管機關訂有行政解釋在案，又本法第 11 條第 2 項就控制與從屬關係亦有規定，爰就本法所稱控制與從屬關係予以定義。」、「配合本法第 11 條第 3 項及第 4 項增訂對事業具有控制性持股之人或團體，視為本法有關結合規定之事業，為求明確，於第 1 項第 4 款明定本法第 11 條第 3 項之人或團體及其關係人對其具有控制性持股之事業亦屬控制與從屬關係，以利事業遵循。」

(3) 例如：

全聯公司取得大潤發公司 95.97% 股份，並直接或間接控制大潤發公司之業務經營及人

事任免，合致本款之結合型態[222]。

3. 受讓或承租他事業全部或主要部分之營業或財產[223]

(1) 所謂「受讓」，指當事人之一方，基於契約關係而取得他方所讓與之權利或標的物之所有權；「承租」，則指當事人約定，一方以物租與他方使用、收益，他方支付租金之契約。事業將其全部資產讓與另一企業，可明顯彰顯其間之**控制關係**；至於取得他事業營業或財產之使用收益權（例如營業租賃契約），由於營業財產之使用收益權，透過契約訂立而為他事業所掌握，其經營決策權亦為他事業所支配控制，實質上與所有權為他事業取得無異。

(2) 事業之「營業或財產」，**包括設備、商品等有體財產及債權債務、信用、專利及商號等無體財產之集合物**。一事業之營業或財產之全部或主要部分，為他事業所持有或取得者，縱其仍保有法人格，惟事實上已受制於他事業。

(3) 「主要部分」營業或財產之認定，公平會認為[224]「除應從系爭財產之『**量**』占讓與事業總財

---

[222] 公結字第 111001 號；公平交易委員會 111 年 7 月 13 日第 1607 次委員會議決議，附加負擔不禁止其結合。

[223] 何之邁（2003），〈註釋公平交易法——第六條〉，廖義男（等著），《公平交易法之註釋研究系列（一）第一條至第十七條》，行政院公平交易委員會合作研究報告，頁 249-250；公平交易委員會（2019），《認識公平交易法（增訂第 18 版）》，頁 65。何之邁（2020），《公平交易法要義》，頁 69，一品。

[224] 公平交易委員會（2019），《認識公平交易法（增訂第 18 版）》，頁 65。公平會於 88 年 12 月 3 日以(88)公法字第 03543 號書函發布「公平交易法第

產之比例，及其『質』相較於讓與事業其他財產之重要性外，更應衡酌參與結合事業之市場地位是否因此而有所改變。可參酌下列因素就具體個案綜合考量：

I. 讓與部分之財產或營業占讓與事業之總財產價值之比例及其營業額比例；

II. 讓與部分之財產或營業得與讓與事業分離，而得被視為獨立存在之經營單位（例如行銷據點、事業部分、商標、著作、專利或其他權利或利益）；

III. 從生產、行銷通路或其他市場情形，讓與部分之財產或營業具有相當之重要性。

IV. 受讓公司取得讓與部分之財產或營業，將構成受讓事業經濟力之擴張，而得增強其既有之市場地位。」

(4) 例如：

I. 全聯實業公司受讓松青商業公司既有 65 家營業賣場承租權，並受讓取得商標、用品盤存及部分固定資產，向公平會提出事業結合申報，合致本款之結合型態[225]。

II. 遠傳電信公司與亞太電信公司於 3.5GHz 頻

---

6 條第 1 項第 3 款『全部或主要部分之營業或財產』之認定方式」，詳參公平交易委員會網頁：https://www.ftc.gov.tw/internet/main/doc/docDetail.aspx?uid=218&docid=350&mid=218（最後瀏覽日：01/31/2024）。

[225] 公平會 105 年 1 月 27 日第 1264 次委員會決議；公平會之限制競爭不利益及整體經濟利益評估；公平交易委員會（2019），《認識公平交易法（增訂第 18 版）》，頁 93-96。

段進行頻率與網路共用合作結合案，亞太電信公司以分攤 2/9 的頻譜標金、5G 無線網路設備資本支出及網路維運等相關成本與費用為對價，取得遠傳電信公司前述頻段等比例的網路容量使用權，合致本款之結合型態。公平會不禁止其結合，但附加負擔，以確保整體經濟利益大於限制競爭之不利益[226]。

---

[226] 本案為國內首宗電信事業間頻率與網路共用合作案，屬水平結合類型。亞太得以透過本結合，與遠傳共用 3.5GHz 頻段（3340MHz 至 3420MHz 頻率）與網路，參進 5G 服務之競爭。在國內目前頻譜資源稀少的情形下，本案具有促進頻譜資源共享、節省經營成本、減少重複基礎建設之資源浪費、增加有限頻率資源的使用效能、促進服務品質提升及相關產業發展等整體經濟利益。惟公平會進一步表示，依據遠傳與亞太協議內容，雙方除前述頻率及網路共用外，尚包括遠傳投資亞太 50 億元及取得亞太 11.58%股份、擔任 1 席董事之合作事項。經通盤考量水平結合申報案件的各項因素，並參酌產業與消費者保護主管機關、專家學者及競爭對手等各界意見，遠傳與亞太在頻率與網路共用的合作過程，有就 5G 業務營運事項交換訊息等聯合行為或為共同經營之疑慮；且遠傳倘透過與亞太頻率與網路共用或持有亞太股份及擔任董事，參與亞太經營，會降低彼此競爭壓力，亞太推出促銷頻率或強度可能縮減，市場競爭程度將會降低，有促發共同效果形成之虞，而有減損國內行動寬頻服務市場價格競爭的疑慮；潛在競爭者因電信管理法相關規範不易即時參進市場，亦難對既有業者形成競爭壓力。為消弭上述疑慮，確保本結合案之整體經濟利益大於限制競爭之不利益，故附加下列負擔：（一）參與結合事業不得透過 3.5GHz 頻段頻率與網路共用、持有股份或擔任董事等協議內容，就雙方之行動寬頻業務資費、終端設備補貼、行銷活動、客戶與帳務資料管理等營運事項為共同經營、委託經營、合作研商或交換資訊等行為。（二）參與結合事業應於實際結合之日起 5 年內，定期提供監督小組組織圖、亞太歷次股東會會議紀錄、歷次董事會會議紀錄等資料，送交公平會備查。公平會 110 年 8 月 4 日第 1555 次委員會議決議、公平交易委員會 110 年 8 月 4 日新聞資料：https://www.ftc.gov.tw/internet/main/doc/docDetail.aspx?uid=126&docid=16798（最後瀏覽日：01/31/2024）。

4. 與他事業經常共同經營或受他事業委託經營[227]

(1) 此結合方式乃數事業間透過契約委託經營或共同經營，使數個經營決策中心成為一個，形成控制從屬關係[228]。

(2) 所謂與他事業經常共同經營，例如數事業間訂定損益全部共同契約，訂定契約之事業均須服從**統一指揮權**，以求經營之一體化；又如數事業間於重要經濟決策事項整合為經濟一體、核心業務統一指揮與共同營運、營運用設備及產品共同採購及資源共享等。至於損益之分配，則依照各公司之投資比例或其實際價值比例為之，且需經常共同經營，如僅係偶爾為之，則無本款之適用。共同經營契約，亦可能是二個以上事業合資經營某一事業時簽訂者，近似概念為「合資（Joint venture）」，合資之要件並不一致，公平會見解認為應包括：①從事合資經營事業契約關係之存在；②共同利益之存在；③共享利潤及共同負擔損失；④對事業有共同經營權；⑤股東間基於誠信原則有互相信

---

[227] 何之邁（2003），〈註釋公平交易法──第六條〉，廖義男（等著），《公平交易法之註釋研究系列（一）第一條至第十七條》，行政院公平交易委員會合作研究報告，頁 250-251；公平交易委員會（2019），《認識公平交易法（增訂第 18 版）》，頁 66。修改自范建得、莊春發，《公平交易法 Q&A 範例 100》，商周文化，1992 年初版，後因授課需要，將原案例進行調整，編為課程講義使用。

[228] 何之邁（2020），《公平交易法要義》，頁 69，一品。

賴之關係[229]。論者提醒，若合資的目的或效果，在於進行參與事業間競爭行為之協調整合者，如該等參與事業屬同一產銷階段之水平競爭者，在我國法制下，應以聯合行為規範之[230]。

(3) 另一方面，所謂委託經營，係指一事業將全部營業委由他事業經營，惟須以委託事業之名義經營，且營業上的損益概歸委託事業負擔[231]。在此情況下，因一事業之經營控制指揮權，操諸於另一事業手中，委託事業與受託事業間具有類似於控制事業與從屬事業之關係，而構成公平交易法上所稱之結合。

(4) 本條款之實務案例，例如臺灣連線金融科技股份有限公司、台北富邦銀行、聯邦銀行、中國信託銀行、渣打銀行、臺灣大哥大公司及遠傳電信公司合資新設「連線商業銀行股份有限公司（LINE Bank）」經營純網路銀行業務，申報事業結合案。另有中華電信公司等 9 事業亦響應金融主管機關推動純網銀政策，以橫跨電信、金融、實體零售、保全、瓦斯等不同產業的組合，合資發起設立「將來商業銀行股份有

---

[229] 公平交易委員會（2019），《認識公平交易法（增訂第 18 版）》，頁 66。

[230] 何之邁（2020），《公平交易法要義》，頁 72，一品。

[231] 修改自范建得、莊春發，《公平交易法 Q&A 範例 100》，問題 11，商周文化，1992 年初版，後因授課需要，將原案例進行調整，編為課程講義使用。

限公司」經營純網銀。此二結合案均合致公平
交易法第 10 條第 1 項第 4 款之結合型態。公
平會評估後，均認不具有顯著限制競爭疑慮，
整體經濟利益大於限制競爭之不利益，故不禁
止其結合[232]。

5. 直接或間接控制他事業之業務經營或人事任免[233]

公平交易法第 10 條第 1 項第 5 款「**直接或間**
接控制他事業之業務經營或人事任免」為概括規
定，其立法設計係為填補前 4 款可能產生之漏列
之弊[234]。

所稱控制之要件，並不以須達到全部控制的
程度為必要，只要達到一事業基本上受他事業之
控制，且足以影響受控制事業之重要經營決策或
經營成敗即可[235]。另有主張，只要控制「業務經
營」或「人事任免」其一，即具有控制關係：**業**
務經營之控制，主要表現在採購與銷售之對象及
交易條件之決定；人事任免之控制，主要指經理
級以上管理人員之任免[236]。易言之，只要達到一
事業基本上受他事業之控制，從而達到足以影響

---

[232] 吳佳蓁（2020），〈連線金融科技公司等 7 家事資新設純網銀 「連線銀行」〉，《公平交易通訊》，92 期，頁 7-8。

[233] 何之邁（2003），〈註釋公平交易法——第六條〉，廖義男（等著），《公平交易法之註釋研究系列（一）第一條至第十七條》，行政院公平交易委員會合作研究報告，頁 252。

[234] 臺北高等行政法院 98 年度訴字第 2814 號行政判決。

[235] 汪渡村（2004），《公平交易法》，初版，五南圖書公司，頁 64。

[236] 林洲富（2018），《公平交易法：案例式》，增訂三版，頁 42，五南。

該事業之重要經營決策或經營成敗即可，**並非必須達到全部控制的地步**[237]。

司法實務見解則認為「公平交易法管制事業結合之立法目的，在於避免事業經由結合之手段而有形成獨占之可能，或雖未形成獨占，卻造成市場結構之過度集中，進而可能影響交易秩序，造成對於競爭與整體經濟利益之弊害。公平交易法對事業結合之管制，是防止限制競爭之一環。是以上開公平交易法第 6 條（現行法第 10 條）第 1 項第 5 款之直接或間接控制事業之業務經營或人事任免，**自是以控制事業因其對他事業業務經營或人事任免之影響程度，達到有妨害市場競爭之危險（可能），始足當之**[238]。」

然而，公平交易法未就「控制」為定義，是否具有「直接或間接控制他事業之業務經營或人事任免」之控制從屬關係之認定，仍屬須經累積個案始能具象之概念[239]。實務上曾討論以下問題：

(1) 掌握董監超過半數：

公平會認為「董事會係股份有限公司之業務執行機關，依公司法第 29 條第 1 項第 3 款

---

[237] 何之邁（2003），〈註釋公平交易法——第六條〉，廖義男（等著），《公平交易法之註釋研究系列（一）第一條至第十七條》，行政院公平交易委員會合作研究報告，頁 252。

[238] 最高行政法院 100 年度判字第 1346 號行政判決。

[239] 張芬芬（1996），〈公平交易法第 6 條第 5 款結合實務〉，《公平交易季刊》，4 卷 2 期，頁 96。

規定，對於公司經理人亦享有任免權」，故掌
握董事 7 席中之 4 席者，已超過半數，應認其
已符合本款規定[240]。

　　例如：全聯公司取得大潤發公司 95.97％
股份，並直接或間接控制大潤發公司之業務經
營及人事任免，合致本款之結合型態[241]。

(2) 董事兼充：

　　我國公司法原則並不禁止董事兼充，但如
所兼者為屬於公司營業範圍內之行為者，應對
股東會說明其兼任董事之重要內容，並取得股
東會特別決議之許可[242]。如公司法第 369 條之
3 第 1 款所謂「董事兼充」規定，係指兩家公
司之「執行業務股東或董事」有半數以上相同
之情形[243]。公司法立法原意在防止董事利用其
職位上之便利，為自己或他人謀取私利，致損
害公司之利益，即避免董事之利益與公司之利

[240] 何之邁（2003），〈註釋公平交易法——第六條〉，廖義男（等著），《公平交易法之註釋研究系列（一）第一條至第十七條》，行政院公平交易委員會合作研究報告，頁 252。公平會 85 年公處字第 195 號處分書、86 年公結字第 123 號許可決定書。劉孔中，〈論結合管制之理論與實務〉，《公平交易季刊》，6 卷 2 期。

[241] 公結字第 111001 號；公平交易委員會 111 年 7 月 13 日第 1607 次委員會議決議，附加負擔不禁止其結合。

[242] 公司法第 209 條第一項：「董事為自己或他人為屬於公司營業範圍內之行為，應對股東會說明其行為之重要內容並取得其許可。」

[243] 何之邁（2003），〈註釋公平交易法——第六條〉，廖義男（等著），《公平交易法之註釋研究系列（一）第一條至第十七條》，行政院公平交易委員會合作研究報告，頁 252。顏廷棟；馬泰成；林國彬（2015），〈公平交易法對企業集團事業之結合管制〉，《公平交易季刊》，23 卷 3 期，頁 1-46。

益產生衝突。

　　學者何之邁認為，如從反托拉斯法的角度觀察，之所以限制董事兼充原因，乃在避免事業利用此方式，作為**控制**其他事業之手段，例如，在水平結合方面，原處於競爭狀態之事業，因實際負責事業經營之人員兼任，而消弭彼此間的競爭、在垂直或多角化結合方面，亦可藉人員兼任達到累積經濟力的效果。職是，結合管制所欲規範之董事兼充，實不應限於董事，舉凡企業之董事、監察人、總經理及其他一切有決定營業權限之人，似皆應包括在內[244]。

　　歷來公平會對於事業與他事業有半數以上董事兼充情形，胥皆歸類其為公平法第 6 條（現行法第 10 條）第 1 項第 5 款所謂「直接或間接控制他事業之業務經營或人事任免」之結合類型，倘其符合第 11 條第 1 項各款之一結合申報門檻者，即認定參與結合事業負有申請許可之義務[245]。蓋因在水平結合方面，因事業原處於競爭狀況，而透過企業經營人員之兼任，明顯的將因此種兼任而消弭彼此間之競

---

[244]　何之邁（2003），〈註釋公平交易法——第六條〉，廖義男（等著），《公平交易法之註釋研究系列（一）第一條至第十七條》，行政院公平交易委員會合作研究報告，頁 252。

[245]　顏廷棟；馬泰成；林國彬（2015），〈公平交易法對企業集團事業之結合管制〉，《公平交易季刊》，23 卷 3 期，頁 1-46。

爭，故應受競爭法有關結合之規範[246]。董事兼
充者實不應限於董事，舉凡企業之董事、監察
人、總經理及其他一切有決定營業權限之人亦
皆應包括在內[247]。

(3) 加盟（franchise）：

加盟係指商業上之複製（copy），從軟體
到硬體所有設施，皆由加盟業主一併包裹授
權，加盟店則支付權利金予加盟主[248]。加盟店
藉著加盟業主的商品、商譽、商標，讓消費者
產生信賴感，而得以快速進入市場。加盟店是

---

[246] 公處字第 098035 號。

[247] 這段公平法歷來對董事兼充見解，在 2009 年之統一公司與維力公司結合應
申報而未申報之處分案，遭受最高行政法院質疑。學者顏廷棟認為，公司
法規範關係企業之目的在於保護從屬公司股東與債權人權益，與公平法管
制事業結合之目的為維護市場競爭結構，二者之立法意旨不盡相同。公平
法對於董事兼充之結合管制，未必受限於公司法關係企業之過半數董事兼
充規定，公平會宜應發展出適合於競爭法原理運作之結合審查準則。詳請
參閱顏廷棟；馬泰成；林國彬（2015），〈公平交易法對企業集團事業之
結合管制〉，《公平交易季刊》，23 卷 3 期，頁 1-46；顏廷棟；馬泰成；
林國彬（2015），〈公平交易法對企業集團事業之結合管制〉，第 21 屆競
爭政策與公平交易法學術研討會論文集。另可參見王志誠，〈事業結合之
典範變遷、執法檢討及展望〉，《公平交易季刊》，31 卷 3 期，頁 17。何
之邁，〈論企業結合〉，收錄於：氏著，《公平交易法專論》，初版，自
版，283（1993）。

[248] 何之邁（2020），《公平交易法要義》，頁 69，一品。公平會訂定「公平
交易委員會對於加盟業主經營行為案件之處理原則」，定義「加盟業
主」，指在加盟經營關係中提供商標或經營技術等授權，協助或指導加盟
店經營，並收取加盟店支付對價之事業。「加盟店」，指在加盟經營關係
中，使用加盟業主提供之商標或經營技術等，並接受加盟業主協助或指
導，對加盟業主支付一定對價之他事業。「加盟經營關係」，指加盟業主
透過契約之方式，將商標或經營技術等授權加盟店使用，並協助或指導加
盟店之經營，而加盟店對此支付一定對價之繼續性關係。但不包括單純以
相當或低於批發價購買商品或服務（以下簡稱商品）再為轉售或出租等情
形。

個別的經營主體，且加盟經營後，各店經營會呈現外表商業一體化的結果[249]。

以超商加盟為例，公平會認為超商加盟型態符合公平交易法第 6 條（現行法第 10 條）第 1 項第 5 款之規定，其理由為：「關於控制他事業，在控制之內容有業務經營及人事任免。依公平法第 6 條第 1 項第 5 款，只要控制其一，即具有控制關係。關於業務經營，其控制主要表現在營業表徵的選擇，採購及銷售之對象及交易條件的決定；關於人事任免則主要指經理級以上管理人員之任免。滿足控制之要件，並非必須達到全部控制的地步，只要達到一事業基本上受他事業之控制，從而達到足以影響該事業之重要經營決策或經營成敗即可。在此認識下，於聯盟關係，聯盟總部（指『加盟業主』）基本上拘束加盟主之採購對象、交易條件，或拘束其銷售對象或交易條件者，聯盟總部對於加盟主便有『直接或間接控制其業務經營』的情形，構成結合關係[250]。」

何之邁認為公平會上開見解乃是受到加盟結果的誤導，「加盟本質為垂直整合行銷行為，是商業行銷態樣，而商業一體化之外表乃加盟的必然結果，**並非因控制手段所致**。時至

---

[249]　何之邁（2020），《公平交易法要義》，頁 70，一品。

[250]　公平會(81)公壹字第 04799 號函。

今日，公平會認為加盟屬於結合之見解依然未變，只是因為民國 91 年以後，公平法之結合改採『雙門檻審查』（取得者／結合他人者，與被取得者／被結合者的規模都要評量），加盟店的營業額未符合門檻而無須申報，此問題才一定程度上被弭平[251]。」

(4) 掌握董監席次「剛好半數」：

有關董監席次比較知名者可參本書【參閱案例 13：掌握董監席次——統一／維力結合案】之簡述。

問題 7：公平法對於結合的規範與公司法有何關聯[252]？

【範例】

是否只要是關係企業就須申報結合？那麼究竟什麼叫關係企業？

【相關條文】

➢公平交易法第 10 條

➢公平交易法第 11 條

➢公司法第 369 條-2

公司持有他公司有表決權之股份或出資額，超過他公司已發行有表決權之股份總數或資本總額半數者為控制公司，該他公司為從屬公司。

251　何之邁（2020），《公平交易法要義》，頁 71，一品。

252　修改自范建得、莊春發，《公平交易法 Q&A 範例 100》，問題 14，商周文化，1992 年初版，後因授課需要，將原案例進行調整，編為課程講義使用。

　　除前項外，公司直接或間接控制他公司之人事、財務或業務經營者亦為控制公司，該他公司為從屬公司。

➤公司法第 369 條-2

　　計算本章公司所持有他公司之股份或出資額，應連同左列各款之股份或出資額一併計入：

　　一、公司之從屬公司所持有他公司之股份或出資額。

　　二、第三人為該公司而持有之股份或出資額。

　　三、第三人為該公司之從屬公司而持有之股份或出資額。

【解析】

　　原則上，符合第 10 條與第 11 條定義的關係企業均有申報結合問題，至於何謂關係企業？應參考 86 年新增之關係企業專章規定。

　　公平法中有關結合的規範用語有些沿襲自公司法，又因為公平交易法本身對於這些用語並無明確的定義，所以在解釋公平法結合的規定時，有見解認為應以公司法中有關條文的解釋為出發點。例如：

一、公平法第 10 條第 2 項規定，計算同條第 1 項第 2 款的股份或出資額時，應將與該事業具有控制和從屬關係的事業及與該事業受同一事業或數事業控制之從屬關係事業所持有或取得他事業之股份或出資額一併計入。而公司法關係企業專章第 369 條之 11，除計入從屬公司所持有的他公司股份或出資額外，還擴及「第三人為該公司或從屬公司而持有之股份或出資額」一併計入。公司法的規定是為防止公司以迂迴間接手段持有股份，以規避「相互投資」而設；而公平法則是為了貫徹第 10 條第 1 項第 2 款的精神，

和公司法的規定應為同一解釋。

　　但另有認為，公平法及公司法規範目的不同，解釋適用公平法第 10 條第 2 項時，仍應自競爭法之角度出發為妥。

二、關於「受讓或承租他事業全部或主要部分的營業或財產」，何謂「主要部分」？按公平交易委員會對「主要部分」之解釋，「主要部分」的界定，應視各該公司的營業及經營性質而定，從反托拉斯法的觀點來看，應指代表出售公司營業或財產項目之實質部分，如紡織機為紡織公司的主要財產（經濟部民國 57 年 11 月 11 日經臺（57）商字第 38023 號），若公司主要業務為砂糖產銷，則其主要財產則為製糖設備，若只是將生產副產品（如甘蔗板）的工廠轉售他人，並不算是主要財產的轉讓，因此受讓此副產品的工廠不必申請許可。

三、所謂與他事業經常共同經營，在公司法上的解釋為數家公司之間的損益全部共同負擔，關係企業必須服從統一的指揮。而為求經濟一體化，通常會組織一個總管理處或類似的專責機構，統一管理或協調各公司的經營。此時，總管理處的設立即為事業經常共同經營的表徵，必須申報結合。

四、公司法第 369 條之 2 第 2 款稱「公司之人事、財務或業務經營直接或間接受他公司控制者為從屬公司，該他公司為控制公司」，即為公平法所規範的結合形態之一，在公司法上應受關係企業專章相關規定所拘束[253]。

---

[253]　由於公司法第 369 條之 2 及第 369 條之 3 對於所謂控制公司與從屬公司設有

二、經濟上之定義

　　結合在經濟分析上，可區分為「水平結合」、「垂直結合」及「多角化結合」三種類型，公平會訂定「公平交易委員會對於結合申報案件之處理原則」，針對不同結合類型，規範不同之審查標準。

（一）水平結合（Horizontal merger）

　　　　所謂「水平結合」，依「公平交易委員會對於結合申報案件之處理原則」第 2 點定義為：「**※於結合申報案件之處理原則謂與結合之事業具有水平競爭關係者而言**[254]。」水平結合之主要型態，係將生產銷售具競爭性商品或服務之事業予以合併，而由結合後之組織予以控制，因此自會減少市場上之競爭之存在[255]。有學者進一步說明指水平結合為生產相同或高度替代性產品或服務之事業結合。廠商以合併或其他方式，在同一地理市場內，生產相同或類似（具替代性）之產品，且於同一產銷階段所為之事業結合，即為水平結合[256]。例如：

　　立法解釋，故公平法第 10 條第 2 項所稱「具有控制與從屬關係之事業」，自不宜為相左之定義。因此，施行細則第 6 條第 1 項第 1 款及第 2 款有關「控制與從屬關係」規定，應與公司法第 369 條之 2、第 369 條之 3 規定見解一致，以維持法律適用之一致性。王志誠，〈事業結合之典範變遷、執法檢討及展望〉，《公平交易季刊》，31 卷 3 期，頁 12。

[254] 公平交易委員會對於結合申報案件之處理原則。

[255] 沈麗玉（2003），〈事業結合之管制與變革——兼論公平交易法之最新修正〉，《公平交易季刊》，11 卷 1 期，頁 49。

[256] 何之邁（2003），〈註釋公平交易法——第六條〉，廖義男（等著），《公平交易法之註釋研究系列（一）第一條至第十七條》，行政院公平交易委

1. 臺灣中油公司吸收合併東鼎液化瓦斯公司之結合案，中油公司產銷各類油氣及石化產品，東鼎公司以液化天然氣為其主要營業項目，本案相關市場被界定為我國液化天然氣進口及生產市場。我國液化天然氣市場由中油公司獨家供應，東鼎公司參進該市場競爭卻未取得液化天然氣採購標案而無營業實績，參與結合事業僅屬潛在水平競爭關係，故本結合應屬水平結合態樣[257]。

2. 美商迪士尼公司擬透過收購美商 21 世紀福斯公司全部股份進行結合，並直接或間接控制 21 世紀福斯公司之業務經營或人事任免案，因迪士尼公司及 21 世紀福斯公司於國內主要業務活動均包含電影片發行及衛星廣播電視節目供應，屬於水平結合[258]。

（二）垂直結合（vertical merger）

　　垂直結合，係指參與結合之事業具有上、下游關係者而進行之結合型態，規定於「公平交易委員會對於結合申報案件之處理原則」第 2 點。垂直結

員會合作研究報告，頁 243。

[257] 公平交易委員會 106 年 1 月 18 日第 1315 次委員會議紀錄；公平交易委員會（2019），《認識公平交易法（增訂第 18 版）》，頁 83；公平交易委員會電子報第 86 期，http://www.ftc.gov.tw/upload/1061101-2-2.pdf（最後瀏覽日：01/31/2024）。

[258] 公平交易委員會 107 年 10 月 3 日第 1404 次委員會議紀錄；公平交易委員會（2019），《認識公平交易法（增訂第 18 版）》，頁 106-109；公平交易委員會電子報第 117 期，https://www.ftc.gov.tw/upload/1080220-2.pdf（最後瀏覽日：01/31/2024）。

合指在同一地理市場內，同一產品於不同產銷階段之事業間所為之結合，有可能因垂直結合而使事業能夠將市場力延伸到相鄰的上下游階段，故而認為有限制競爭的可能。

　　垂直結合又可分為「向前垂直結合」（forward vertical merger）與「向後垂直結合」（backward vertical merger）二種，前者指事業與下游事業結合，如汽車製造廠商為了保障商品銷售管道而取得汽車經銷商之資產，後者指事業與上游事業進行垂直整合，確保主要原料的供應，如汽車製造廠商與車體製造廠之結合[259]。

（三）多角化結合（Conglomerate Merger）

　　多角化結合係指非生產相同或替代產品之事業間，同時一方亦非他方實際或可能之供應者間之結合，亦即既非競爭者之間，又不具有買賣關係者之結合[260]。結合廠商既無水平間之現有或潛在競爭關係，亦無垂直間之供應或顧客關係，此種結合行為對「競爭」而言，經常被視為正向或至少中性效果[261]。是以在「公平交易委員會對於結合申報案件之處理原則」第 2 點定義將之定義為「參與結合之事

---

[259] 何之邁（2003），〈註釋公平交易法──第六條〉，廖義男（等著），《公平交易法之註釋研究系列（一）第一條至第十七條》，行政院公平交易委員會合作研究報告，頁 243。

[260] 吳成物（2021），〈競爭法對企業併購行為之規範〉，《月旦法學雜誌》，68 期，頁 66。

[261] 施錦村（2011），〈事業多角化結合案件類型結構分析──以組合效果為中心〉，《公平交易季刊》，19 卷 1 期，頁 155-188。

業非屬水平競爭關係及上、下游關係者」。

　　跨產業間事業之結合，廠商以合併或其他方式，取得不屬於同一產業之其他廠商之股票或財產之一部或全部，謂之多角化結合。[262]例如汽車製造商與傢俱製造廠商之結合，或 A 汽車公司與 B 紡織公司共同經營等行為均屬之。國內公平交易實務案例如：臺灣大車隊公司於 103 年 6 月取得經營機車快遞服務為主之全球商務公司的 100%股份及出資額，且直接控制其業務經營與人事任免，卻未依法提出結合申報，公平會認「……惟考量本案被處分人與全球商務公司之結合係多角化結合，並未具有重要潛在競爭可能性、未提高相關市場集中度、對於市場影響程度尚非顯著……[263]。」又例如臺灣連線金融科技等 7 事業合資新設事業經營純網路銀行申報事業結合案，所屬行業包含資訊服務業、銀行業、保險業、電信業，公平會認定因新設的事業連線商業銀行與參與結合之事業間，並無水平或重疊之關係，而係屬多角化結合型態[264]。

　　此外，多角化結合又可分為「純粹多角化結

---

[262] 何之邁（2020），《公平交易法要義》，頁 67，一品。何之邁（2003），〈註釋公平交易法——第六條〉，廖義男（等著），《公平交易法之註釋研究系列（一）第一條至第十七條》，行政院公平交易委員會合作研究報告，頁 243。

[263] 公平交易委員會處分書公處字第 104108 號；林學良，〈多角化結合——當計程車遇見機車〉，公平交易委員會電子報，45 期，https://www.ftc.gov.tw/upload/1050217-2.pdf。

[264] 吳佳蓁，〈連線金融科技公司等 7 事業合資新設純網行「連線銀行」〉，《公平交易通訊》，109 年 3 月，92 期，頁 7-8（2020）。

合」與「非純粹多角化結合」。前者「純粹多角化結合」指非屬同一地理市場，亦非同一產品市場之事業間之結合；後者「非純粹多角化結合」依其地理市場與產品之不同，又可分為非屬同一地理市場，但為同一產品市場之「地理市場擴張之結合」（geography market extension merger）[265]，及同屬一地理市場但非同一產品市場之「產品市場擴張之結合」（product market extension merger）[266]，二者均屬非純粹之多角化結合[267]。

第三節　我國的結合管制：事前申報異議制及其核駁

一、事前申報異議制

（一）公平交易法及其施行細則相關規定

公平交易法第 11 條第 7 至 11 款：

---

[265] 地理擴張之結合，即市場延伸結合（geography market extension merger），二事業雖販售相同產品，但處於不同之地理市場，則因不具直接競爭關係而不屬於水平結合，應歸類於多角化結合。參閱張甘穎（2013），《結合審查基準之研究——以統一與維力結合案為例》，臺灣大學法律學院科技整合法律學研究所碩士論文，頁 18-20。

[266] 產品擴展之結合，係指生產某產品之公司，雖與生產其他不同產品之公司結合，然二產品間製造加工或行銷技術相類似。參閱張甘穎（2013），《結合審查基準之研究——以統一與維力結合案為例》，臺灣大學法律學院科技整合法律學研究所碩士論文，頁 18-20。

[267] 何之邁（2003），〈註釋公平交易法——第六條〉，廖義男（等著），《公平交易法之註釋研究系列（一）第一條至第十七條》，行政院公平交易委員會合作研究報告，頁 244。

事業自主管機關受理其提出完整申報資料之日起算 30 工作日內，不得為結合。但主管機關認為必要時，得將該期間縮短或延長，並以書面通知申報事業。（第 7 項）

主管機關依前項但書延長之期間，不得逾 60 工作日；對於延長期間之申報案件，應依第 13 條規定作成決定。（第 8 項）

主管機關屆期未為第 7 項但書之延長通知或前項之決定者，事業得逕行結合。但有下列情形之一者，不得逕行結合：

一、經申報之事業同意再延長期間。

二、事業之申報事項有虛偽不實。（第 9 項）

主管機關就事業結合之申報，得徵詢外界意見，必要時得委請學術研究機構提供產業經濟分析意見。但參與結合事業之一方不同意結合者，主管機關應提供申報結合事業之申報事由予該事業，並徵詢其意見。（第 10 項）

前項但書之申報案件，主管機關應依第 13 條規定作成決定。（第 11 項）

公平交易法施行細則第 8 條：

本法第 11 條第 1 項之事業結合，由下列之事業向主管機關提出申報：

一、與他事業合併、受讓或承租他事業之營業或財產、經常共同經營或受他事業委託經營者，為參與結合之事業。

二、持有或取得他事業之股份或出資額者，為持

有或取得之事業。但持有或取得事業間具有控制與從屬關係者，或受同一事業或數事業控制者，為最終控制之事業。

三、直接或間接控制他事業之業務經營或人事任免者，為控制事業。

應申報事業尚未設立者，由參與結合之既存事業提出申報。

金融控股公司或其依金融控股公司法具控制性持股之子公司參與結合時，由金融控股公司提出申報。

公平交易法施行細則第9條：

本法第11條第1項之事業結合，應備下列文件，向主管機關提出申報：

一、申報書，載明下列事項：

（一）結合型態及內容。

（二）參與事業之姓名、住居所或公司、行號或團體之名稱、事務所或營業所。

（三）預定結合日期。

（四）設有代理人者，其代理人之姓名及其證明文件。

（五）其他必要事項。

二、參與事業之基本資料：

（一）事業設有代表人或管理人者，其代表人或管理人之姓名及住居所。

（二）參與事業之資本額及營業項目。

（三）參與事業、與參與事業具有控制與從屬關

係之事業，以及與參與事業受同一事業或數事業控制之從屬關係事業，其上一會計年度之營業額。

（四）每一參與事業之員工人數。

（五）參與事業設立證明文件。

三、參與事業上一會計年度之財務報表及營業報告書。

四、參與事業就該結合相關商品或服務之生產或經營成本、銷售價格及產銷值（量）等資料。

五、實施結合對整體經濟利益及限制競爭不利益之說明。

六、參與事業未來主要營運計畫。

七、參與事業轉投資之概況。

八、本法第 11 條第 3 項之人或團體，持有他事業有表決權股份或出資額之概況。

九、參與事業之股票在證券交易所上市，或於證券商營業處所買賣者，其最近一期之公開說明書或年報。

十、參與事業之水平競爭或其上下游事業之市場結構資料。

十一、主管機關為完整評估結合對競爭影響所指定之其他文件。

前項申報書格式，由主管機關定之。

事業結合申報，有正當理由無法提出第一項應備文件或資料者，應於申報書內表明並釋明之。

公平交易法施行細則第 10 條：

事業結合依本法第 11 條第 1 項提出申報時，所提
資料不符前條規定或記載不完備者，主管機關得
敘明理由限期通知補正；屆期不補正或補正後所
提資料仍不齊備者，不受理其申報。

公平交易法施行細則第 11 條：

本法第 11 條第 7 項所定受理其提出完整申報資料
之日，指主管機關受理事業提出之申報資料符合
第 9 條規定且記載完備之收文日。

（二）由「事前申請許可制」改採「事前申報異議制」之原因

公平交易法關於結合之管制機制，原採「事前
申請許可制」，要求符合一定門檻標準之事業，須
事前向中央主管機關提出申請，俟取得許可決定書
後方得實施結合。但此管制方式過嚴，有影響事業
商機之疑慮，再者，也為配合國際潮流，故於 91 年
2 月 6 日公平交易法修正時，改採「事前申報異議
制」，事業於結合前，先提出完整資料向主管機關
申報，並等待一定之「等待期間（waiting
period）」，倘主管機關於等待期間內未提出異
議，事業於等待期間屆滿後即可逕為結合，該結合
案件即可合法生效，無待主管機關再為任何之表
示，如主管機關有異議，則做成異議決定書，其性
質為行政處分。此種管制方式，公平會僅須就有限
制競爭疑慮之結合申報案件進行主要之審核程序，
較能集中心力於大型事業之結合案件；且因公平會

必須於較短之時間內為異議之表示，結合企業亦能避免因行政機關審查延宕，延誤結合時機[268]。

（三）事業提出申報之程序

事業提出申報之程序，規定於公平交易法第 11 條第 7、8 及 9 項：

1. 第 11 條第 7 項：欲申報結合之業者，須備齊完整申報資料，才會開始起算等待期間（公平交易法施行細則第 9 至 11 條）。該等待期間，可由公平會認為必要時縮短或延長。

2. 第 11 條第 8 項：延長之期間上限為 60 工作日，且對於延長期間之申報案件，應依第 13 條規定進行實質審查，作成決定。

3. 第 11 條第 9 項：公平會於等待期間屆滿後，未為延長通知，或依第 11 條第 8 項作成實質決定者，事業原則上得逕為結合。惟須留意該項但書定有兩款例外條款不得逕行結合。

二、結合門檻

（一）公平交易法及其施行細則、相關行政規則

公平交易法第 11 條第 1 項至第 6 項：

事業結合時，有下列情形之一者，應先向主管機

---

[268] 何之邁（2003），〈註釋公平交易法——第十一條〉，廖義男（等著），《公平交易法之註釋研究系列（一）第一條至第十七條》，行政院公平交易委員會合作研究報告，頁 404；何之邁（2020），《公平交易法要義》，頁 73-74，一品。

關提出申報：

一、事業因結合而使其市場占有率達分之 1/3。

二、參與結合之一事業，其市場占有率達 1/4。

三、參與結合之事業，其上一會計年度銷售金額，超過主管機關所公告之金額。（第 1 項）

前項第 3 款之銷售金額，應將與參與結合之事業具有控制與從屬關係之事業及與參與結合之事業受同一事業或數事業控制之從屬關係事業之銷售金額一併計入，其計算方法由主管機關公告之。（第 2 項）

對事業具有控制性持股之人或團體，視為本法有關結合規定之事業。（第 3 項）

前項所稱控制性持股，指前項之人或團體及其關係人持有他事業有表決權之股份或出資額，超過他事業已發行有表決權之股份總數或資本總額半數者。（第 4 項）

前項所稱關係人，其範圍如下：

一、同一自然人與其配偶及 2 親等以內血親。

二、前款之人持有已發行有表決權股份總數或資本總額超過半數之事業。

三、第 1 款之人擔任董事長、總經理或過半數董事之事業。

四、同一團體與其代表人、管理人或其他有代表權之人及其配偶與 2 親等以內血親。

五、同一團體及前款之自然人持有已發行有表決權股份總數或資本總額超過半數之事業。（第 5

項）

第 1 項第 3 款之銷售金額，得由主管機關擇定行業分別公告之。（第 6 項）

公平交易法第 12 條：

前條第 1 項之規定，於下列情形不適用之：

一、參與結合之一事業或其 100%持有之子公司，已持有他事業達百分之 50 以上之有表決權股份或出資額，再與該他事業結合者。

二、同一事業所持有有表決權股份或出資額達百分之 50 以上之事業間結合者。

三、事業將其全部或主要部分之營業、財產或可獨立營運之全部或一部營業，讓與其獨自新設之他事業者。

四、事業依公司法第 167 條第 1 項但書或證券交易法第 28 條之 2 規定收回股東所持有之股份，致其原有股東符合第 10 條第 1 項第 2 款之情形者。

五、單一事業轉投資成立並持有百分之百股份或出資額之子公司者。

六、其他經主管機關公告之類型。

公平交易法施行細則第 6 條：

本法第 10 條第 2 項與第 11 條第 2 項所稱控制與從屬關係，指有下列情形之一者：

一、事業持有他事業有表決權之股份或出資額，超過他事業已發行有表決權股份總數或資本總額半數。

二、事業直接或間接控制他事業之人事、財務或

業務經營，而致一事業對另一事業有控制力。

三、二事業間，有本法第 10 條第 1 項第 3 款或第 4 款所定情形，而致一事業對另一事業有控制力。

四、本法第 11 條第 3 項之人或團體及其關係人持有他事業有表決權之股份或出資額，超過他事業已發行有表決權股份總數或資本總額半數。

有下列情形之一者，推定為有控制與從屬關係：

一、事業與他事業之執行業務股東或董事有半數以上相同。

二、事業與他事業之已發行有表決權股份總數或資本總額有半數以上為相同之股東持有或出資。

公平交易法施行細則第 7 條：

本法第 11 條第 1 項第 3 款所稱銷售金額，指事業之營業收入總額。

前項營業收入總額之計算，得以主管機關調查所得資料或其他政府機關記載資料為基準。

　公平會 112 年 6 月 28 日公服字第 11212604081 號公告[269]

---

[269] 本次修正新增無須申報結合之類型。依據「不適用公平交易法第十一條第一項之結合類型」公告修正草案對照表說明：「一、外國事業在我國領域外共同設立或營運合資事業而為結合，且該合資事業不在我國領域內從事經濟活動，其結合與我國較無關連性，對我國相關市場並無直接、實質且可合理預見之影響，則該類型結合並無管制實益，應無須再向本會申報結合，故依公平交易法第十二條第六款規定，公告該類型結合不適用公平交易法第十一條第一項規定。二、所謂『該合資事業不在我國領域內從事經濟活動』指該合資事業所從事經濟活動無涉國內相關商品或服務市場之供需，例如，該合資事業所生產製造之產品只在我國領域外銷售，或完全銷售予其外國母公司，而不影響我國相關市場之供需等情況。所謂『經濟活

　　　　依據公平交易法第 12 條第 6 款規定公告「不適用公平交易法第 11 條第 1 項之結合類型」：

　　「事業結合除有公平交易法第 12 條第一 1 款至第 5 款規定之情形，不適用公平交易法第 11 條第 1 項規定外，於下列情形，亦不適用公平交易法第 11 條第 1 項規定：

　　一、事業與原已存在控制從屬關係之他事業結合。

　　二、事業與他事業結合，且該等事業為同一控制事業之從屬事業。

　　三、事業將其持有之第三人有表決權股份或資本額之一部或全部，讓與其具有控制從屬關係之他事業。

　　四、事業將其持有之第三人有表決權股份或資本額之一部或全部讓與他事業，且該等事業為同一控制事業之從屬事業。

　　五、外國事業在我國領域外共同設立或營運合資事業而為結合，且該合資事業不在我國領域內從事經濟活動。」

（二）申報門檻 —— 市場占有率、銷售金額

1.公平交易法

　　　　公平交易法對於事業之結合，原則上並不禁

動」如商品或服務之銷售、報價、議價及與因銷售與交易相對人締結買賣、承攬、委任等商業行為。」

止，僅對於結合達一定規模者（管制門檻）始介入管制，此乃基於行政成本之考量，以及企業結合有影響市場競爭之虞時，公平會始有管制必要。職是之故，並非所有的事業結合都有申報義務，僅有達到公平交易法第 11 條第 1 項、第 6 項規定之門檻者，始須向公平會提出申報：

(1) 事業因結合而使其**市場占有率達 1/3**。

(2) 參與結合之一事業，其**市場占有率達 1/4**。

(3) 參與結合之事業，其上一會計年度**銷售金額，超過主管機關所公告之金額**。

2. 市場占有率

市場占有率指一事業在相關市場上所銷售之商品或提供之服務，占該相關市場所有銷售之商品或提供之服務的比例[270]。測定結合之市場占有率時，首要應將「相關產品」界定出來，然後再尋找「相關產品市場」，從而定出其市場占有率[271]：

---

[270] 何之邁（2003），〈註釋公平交易法——第十一條〉，廖義男（等著），《公平交易法之註釋研究系列（一）第一條至第十七條》，行政院公平交易委員會合作研究報告，頁 404；公平交易委員會，相關市場界定後，如何計算「市場占有率」？，https://www.ftc.gov.tw/internet/main/doc/docDetail.aspx?uid=1204&docid=13115&mid=1201：「揭示市場占有率指界定相關市場、確認相關市場中的廠商、選擇一定的期間（通常為一年）及採行適當的測度格（metric）（例如：金額、產量、產能、儲量等）測度廠商或市場的大小，最後再計算個別廠商在相關市場之一定期間內，其銷售量或銷售值等變數（出口部分除外）占該相關市場所有供應廠商總銷售量（值）的比率。」

[271] 修改自范建得、莊春發，《公平交易法 Q&A 範例 100》，問題 12，商周文化，1992 年初版，後因授課需要，將原案例進行調整，編為課程講義使用。

(1) 相關市場之界定：

　　依公平交易委員會對於結合申報案件之處理原則第 3 點，界定相關市場係綜合產品市場及地理市場加以判斷：

I. 產品市場：指在功能、特性、用途或價格條件上，具有高度需求或供給替代性之商品或服務所構成之範圍。

II. 地理市場：指事業提供之特定商品或服務，交易相對人可以很容易地選擇或轉換其他交易對象之區域範圍。

　　在考量前項產品市場、地理市場外，得視具體個案，衡量時間因素對於相關市場範圍之影響。

(2) 市場占有率之計算：

　　依公平交易委員會對於結合申報案件之處理原則第 4 點：

　　「計算事業之市場占有率時，應先審酌該事業及該相關市場之生產、銷售、存貨、輸入及輸出值（量）之資料。

　　前項市場占有率原則上以第三點劃定相關市場範圍內之銷售值（量）作為基礎，其不宜以銷售值（量）計算者，得依所處相關市場特性採計其他計算基礎。

　　計算市場占有率所需之資料，得以

主管機關調查所得資料或其他政府機關記載資料為基準。」

綜上，要得知市場占有率就須先劃定市場，但對主管機關而言，劃定市場已屬難事，更遑論事業要自行劃定後，認定有達到門檻標準，而主動提出申報[272]。因此，市占率雖為理論上精確之參數，但實務上，一般多以銷售金額作為審查之門檻標準[273]。

3. 銷售金額

事業結合時，參與結合之事業，其上一會計年度銷售金額，超過主管機關所公告之金額，應先向主管機關提出申報。

(1) 所謂銷售金額，依公平交易法施行細則第 7 條規定，係指「事業之營業收入總額」，並「得以主管機關調查所得資料或其他政府機關記載資料為基準。」

(2) 採「雙門檻制」，結合他人者及被結合者之銷售金額，均須衡量。

(3) 其計算方式，依公平交易法第 11 條第 2 項規定，應將與參與結合之事業具有控制與從屬關係之事業及與參與結合之事業受同一事業或數事業控制之從屬關係事業之銷售金額一併計

---

[272] 何之邁（2020），《公平交易法要義》，頁 75，一品。

[273] 何之邁（2003），〈註釋公平交易法——第十一條〉，廖義男（等著），《公平交易法之註釋研究系列（一）第一條至第十七條》，行政院公平交易委員會合作研究報告，頁 411。

入。

(4) 公平會公告之銷售金額標準[274]：

公平會現行公告僅有金融業、非金融業之分，公告標準為：

I. 參與結合之所有事業，其上一會計年度全球銷售金額總計超過新臺幣 400 億元，且至少二事業，其個別上一會計年度國內銷售金額超過新臺幣 20 億元。

II. 參與結合之事業為非金融機構事業，其上一會計年度國內銷售金額超過新臺幣 150 億元，且與其結合之事業，其上一會計年度國內銷售金額超過新臺幣 20 億元者。

III. 參與結合之事業為金融機構事業，其上一會計年度國內銷售金額超過新臺幣 300 億元，且與其結合之事業，其上一會計年度國內銷售金額超過新臺幣 20 億元者。

公平法制定產業特別門檻之立意在於真實反映各產業真實的經濟力量。蓋因結合需要客觀、明確的方式，以真實掌握參與結合事業之經濟力量與係爭市場之經濟現實，是以公平法選擇銷售金額此項標準。然因特殊產業，如金融、保險產業，相對於其具有之龐大投資、置產，銷售金額並不能真實反映其經濟力量，故而另設結合門檻之標準[275]。

---

[274] 事業結合應向公平交易委員會提出申報之銷售金額標準及計算方法。

[275] 沈麗玉（2003），〈事業結合之管制與變革——兼論公平交易法之最新修正〉，《公平交易季刊》，11 卷 1 期，頁 84。

　　然而，查各國競爭法例，無針對特別產業另設門檻之作法；蓋結合門檻僅為篩選具有一定市場地位之事業，並不進行實質之競爭審查。換言之，其僅為結合案件初步篩選之形式標準，而非一般案件之實質審查基準，是有無必要於此初步審查階段，即投入如此精細之分類，尚非無疑。再者，如欲消弭適用同一銷售金額可能之弊，即須全面制定產業特殊門檻，於設立門檻之前，首先即須選定特定產業，再針對不同產業選定不同之銷售金額門檻；特殊產業選定後，為有效掌握市場狀況，尚須隨時配合市場現狀更新，始為合理。此種多重門檻之管制方式，技術上極為繁雜，不易落實，且中央主管機關是否得完全有效徹底執行，亦非無疑。

　　現行公平交易法將銷售金額之公告由原來全面劃一之適用標準，變更為就金融機構與非金融機構分別公告之，除未根本解決銷售金額之適用問題外，並可能引發外界質疑何以僅金融機構之銷售金額得以適用不同之門檻？進而，如其他同樣銷售金額較優之產業（例如高科技產業）將來要求比照辦理，不難想像立法上將再度面臨是否制定產業特殊門檻之挑戰。綜上，學者何之邁認為，針對特殊產業設立不同產業之銷售金額門檻，理論雖佳，但實務上恐治絲益棼，不宜貿然為之。如欲根本解決劃一銷售金額之適用問題，可仿襲歐盟或德國之作法，考量對於特殊產業之銷售金額以通盤解釋或另訂規範原則之方式，使其適用不同之計算基準。亦

即，在與其他事業採取不同計算基準之前提下，使
該等產業之銷售金額在計算時得充分考量其行業性
質，有一合理之計算基礎，並使其計算結果仍適用
同一銷售金額門檻，以兼顧行業特性並同時保留單
一門檻，以杜爭議，並收簡潔單一之效[276]。

　　有關「處理結合時所考慮的市場占有率與獨占
時所考慮的是否相同」，延伸閱讀請參閱問題 5。

（三）事前申報之除外適用

　　對於某些並未改變市場結構，或對市場競爭並
無影響之事業結合，依照公平交易法第 12 條規定，
無須提出申報：

1. 關係企業間所生之結合（公平交易法第 12 條第 1
   至 3 款）：

　　此款規定於公平交易法第 11 條之 1[277]（即現
行法第 12 條），係 91 年公平交易法第 3 次修正
時所新增，摘錄當時新增之立法說明謂：
「（二）第 6 條（即現行法第 10 條）各款規定之
事業結合情形，因具有經濟規模擴大，改善營運

---

[276] 何之邁（2003），〈註釋公平交易法──第十一條〉，廖義男（等著），
《公平交易法之註釋研究系列（一）第一條至第十七條》，行政院公平交
易委員會合作研究報告，頁 415-416。

[277] 91 年版本之公平交易法第 11 條之 1：「前條第一項之規定，於左列情形不
適用之：一、參與結合之一事業已持有他事業達 50%以上之有表決權股份或
出資額，再與該他事業結合者。二、同一事業所持有有表決權股份或出資
額達 50%以上之事業間結合者。三、事業將其全部或主要部分之營業、財產
或可獨立營運之全部或一部營業，讓與其獨自新設之他事業者。四、事業
依公司法第 167 條第 1 項但書或證券交易法第 28 條之 2 規定收回股東所持
有之股份，致其原有股東符合第 6 條第 1 項第 2 款之情形者。」

效能，而易導致市場集中度提高，貶損市場競爭
效能，增加其他競爭者進入市場障礙等效果，為
就該等結合之弊害預作防範，第 11 條爰規定達一
定規模之事業結合，由主管機關事前予以監督。
惟查關係企業間股權、資產或營業調整之結果，
雖符合第 6 條（即現行法第 10 條）之規範態樣，
然因其僅涉及原有經濟體內部之調整，並非當然
產生規模經濟擴大、市場競爭機能減損之效果，
並無管制之實益，爰於第 1 款至第 3 款中排除此
等結合事業之申報義務[278]。」對此，學者何之邁
認為該條文第 1 款至第 3 款主要係為排除對於市
場並無實質影響之結合案件，俾有效節省主管機
關之管制成本與業者之申報成本，而篩選部分較
為明顯之結合案件類型，直接於條文中排除其事
前申報之義務[279]。

　　現行公平交易法第 12 條第 1 至 3 款規定如
下：

① 參與結合之一事業或其 100%持有之子公司，已
　持有他事業達 50%以上之有表決權股份或出資
　額，再與該他事業結合者。

② 同一事業所持有有表決權股份或出資額達 50%

---

[278] 91.02.06 公平交易法部分條文修正條文對照表；沈麗玉（2003），〈事業結合之管制與變革——兼論公平交易法之最新修正〉，《公平交易季刊》，11卷 1 期，頁 88。

[279] 何之邁（2003），〈註釋公平交易法——第十一條〉，廖義男（等著），《公平交易法之註釋研究系列（一）第一條至第十七條》，行政院公平交易委員會合作研究報告，頁 430。

　　　　以上之事業間結合者。

　　③事業將其全部或主要部分之營業、財產或可獨
　　　立營運之全部或一部營業，讓與其獨自新設之
　　　他事業者。

2. 事業依公司法第 167 條第 1 項但書或證券交易法
　第 28 條之 2 規定收回股東所持有之股份，致其原
　有股東符合公平交易法第 10 條第 1 項第 2 款之情
　形（公平交易法第 12 條第 4 款）。

　　　　蓋事業結合倘出於他事業之單方行為，而被
　動發生公平法情況者，是否須受該法管制之適
　用？公司依公司法第 167 條第 1 項但書收回股份，
　乃當股東於清算或受破產宣告時，尚對公司負有
　債務而顯然不能清償，容許公司按照市價收回其
　股份，以抵償其於清算或破產宣告前結欠公司之
　債務之情形，此際若不容許公司按市價收回其股
　份以抵償股東以前結欠公司之債務，則該股東一
　旦人格消滅，或於破產程序終結後，公司勢將無
　從取償，反而危害到公司之權益。參照 91 年 1 月
　15 日增訂公平法第 11 條之 1（現行法第 12 條第 4
　款）立法理由謂：「事業依公司法第 167 條第 1 項
　但書或證券交易法第 28 條之 2 規定，此等事業結
　合之情形，屬事業負責人依善良管理人之注意義
　務所行使之正當權利，且其結合之發生係由於發
　行股份之公司之行為所致，與本法之結合規範係
　為防範事業結合弊害，而要求結合應事前申報之
　規範意旨，尚屬有間。爰對於此種結合，於第四

款中明文排除。」

　　蓋此等事業結合之情況，係公司為確保債權以維護其財產利益所為，其結合之發生係由於發行股份之公司之行為所致，與公平交易法之結合規範係為防範事業結合弊害，而要求結合應事前申請許可之規範意旨，尚屬有間。且此種型態之結合，既係公司為確保債權以維護其財產利益依法所為，其股東或關係企業之股權持有顯然並非基於競爭目的，如令其不得為之，不但管制上失之過嚴，亦無管制實益。另者，事業依證券交易法第 28 條之 2 規定收回股東所持有股份而生結合之行為者，亦有相同理由。故公平交易法將此種非自發性之事業結合，與一般事業主動進行之結合予以區隔，而排除公平交易法之規範[280]。

3. 單一事業轉投資成立並持有 100%股份或出資額之子公司（公平交易法第 12 條第 5 款）。

　　此款為 104 年修法時所增訂，其增訂理由以申報義務之立法目的主要係預防獨占形成及市場力量過度集中所生之弊害。結合管制既在防止人為因素造成市場結構惡化之目的，而個別事業單獨轉投資成立持有 100%股份或出資額之子公司，對市場結構並無影響，以結合管制之立法目的而言，前開情形應無申報之必要，爰明定免除其申

---

[280] 何之邁（2003），〈註釋公平交易法──第十一條〉，廖義男（等著），《公平交易法之註釋研究系列（一）第一條至第十七條》，行政院公平交易委員會合作研究報告，頁 435。

報義務。

4. 其他經主管機關公告之類型（公平交易法第 12 條第 6 款）。

此款為 104 年修法時所增訂，其增訂理由以「為符合本條規範事前申報除外類型之立法目的，於該條各款列舉規定後，增列概括條款，使主管機關得視實務需要，適時調整免予申報類型，例如：控制公司調整其對從屬公司之持股方式，僅為組織內部之調整，並不影響市場上之競爭家數或造成市場力之不當集中，對市場之影響力將不因內部組織型態之變更而有擴大或更動，即無結合管制之必要。」

公平會 105 年 7 月 18 日公服字第 10512606761 號公告有下述情形，無須提出結合申報：

一、事業與原已存在控制從屬關係之他事業結合。

二、事業與他事業結合，且該等事業為同一控制事業之從屬事業。

三、事業將其持有之第三人有表決權股份或資本額之一部或全部，讓與其具有控制從屬關係之他事業。

四、事業將其持有之第三人有表決權股份或資本額之一部或全部讓與他事業，且該等事業為同一控制事業之從屬事業。

三、結合之實體審查標準

（一）「整體經濟利益」與「限制競爭之不利益」之衡量

我國結合之實體審查標準，依公平交易法第 13 條第 1 項規定「對於事業結合之申報，如其結合，**對整體經濟利益大於限制競爭之不利益者，主管機關不得禁止其結合。**」而審查程序，依「公平交易委員會對於結合申報案件之處理原則」第 6 點規定「採簡化作業程序審理之結合申報案件，倘無第 8 點適用一般作業程序之例外事由，得認其結合之整體經濟利益大於限制競爭之不利益。（第 1 項）依一般作業程序審理之結合申報案件，水平結合經審酌第 9 點、第 10 點所列考量因素及市場占有率情形，垂直結合經審酌第 11 點所列考量因素，多角化結合經審酌第 12 點所列考量因素後，**倘不具有顯著限制競爭疑慮，得認其結合之整體經濟利益大於限制競爭之不利益；若具有顯著限制競爭疑慮，則進一步衡量整體經濟利益，以評估其結合之整體經濟利益是否大於限制競爭之不利益。**（第 2 項）」

依上揭規定，在結合申報案件審查標準，公平會應就申報事業之結合所可能造成之「整體經濟利益」與「限制競爭之不利益」兩者進行衡量。如衡量結果，「整體經濟利益」大於「限制競爭之不利益」時，在等待期間內，公平會不提出異議，或直接通知申報事業縮短等待期間，俾其提早進行結合；反之，倘衡量結果為「整體經濟利益」小於

「限制競爭之不利益」時，公平會須在等待期間或延長期間內作成正式決議寄發，以禁止該等事業結合。由於「整體經濟利益」與「限制競爭之不利益」此二標準為不確定之法律概念，公平會存有相當大之裁量空間，從而據此審查標準所產生之結果，倘「整體經濟利益」大於「限制競爭之不利益」者，即不容公平會再予禁止，以避免過當之干預，故本法第 13 條第 1 項明定「**對於事業結合之申報，如其結合，對整體經濟利益大於限制競爭之不利益者，中央主管機關不得禁止其結合。**」充分揭示該法將公平會之最後決定權，明訂為行政法上**羈束處分**之一種，使公平會對於事業結合之監督法制更趨於明確、合理[281]。

又依「結合申報處理原則」第 6 點規定，公平會於衡量「整體經濟利益」是否大於「限制競爭之不利益」前，會**先審酌結合是否具有明顯限制競爭之疑慮**，此係採折衷規制[282]，有學者並稱此為「二

---

[281] 沈麗玉（2003），〈事業結合之管制與變革——兼論公平交易法之最新修正〉，《公平交易季刊》，11 卷 1 期，頁 60；何之邁（2003），〈註釋公平交易法——第十二條〉，廖義男（等著），《公平交易法之註釋研究系列（一）第一條至第十七條》，行政院公平交易委員會合作研究報告，頁 438-439。

[282] 結合管制在立法例有三種型態，分別是「原則禁止」、「弊害規制」、「折衷規制」三種。採折衷規制之學者認為，事業結合如已達到或客觀上可能達到控制市場地位時，即應加以規範，惟如期結合之結果，經濟利益顯然大於其不利益時，則准許之。沈麗玉（2003），〈事業結合之管制與變革——兼論公平交易法之最新修正〉，《公平交易季刊》，11 卷 1 期，頁 53。

階段審查」，如下所示[283]：

```
                    二階段審查
1. 事業達到結合門檻，即須申報。（不一定會對
   競爭有影響）
2. 評析結合有無造成限制競爭之不利益。
   →無，通過審查。
   →有，進一步審查是否「整體經濟利益」大於
     「限制競爭之不利益」。
```

　　如公平會在在 111 年 7 月 13 日第 1607 次委員會議決議，就全聯公司取得大潤發公司 95.97% 股份之結合案，考量全聯及大潤發等 2 大事業的結合，對於民生消費、供貨商及其他流通同業影響重大，公平會不禁止其結合，為消弭限制競爭之疑慮，但附加負擔，以確保結合後「整體經濟利益」大於「限制競爭之不利益[284]。」惟亦有委員採不同意見，認本案結合後限制競爭疑慮顯著，但衡平整體經濟利益的方式不符常規，致本決定有裁量濫用、違反平等原則的瑕疵[285]。

---

[283] 何之邁（2020），《公平交易法要義》，頁 77-79，一品。

[284] 公結字第 111001 號；公平交易委員會 111 年 7 月 13 日第 1607 次委員會議決議，附加負擔不禁止其結合；全聯併大潤發，公平會有條件通過！https://www.ftc.gov.tw/internet/main/doc/docDetail.aspx?uid=126&docid=17104

[285] 公結字第 111001 號委員魏杏芳不同意見書。

（二）限制競爭之考量因素

事業不論從事「水平結合」、「垂直結合」或「多角化結合」，都因可能造成反競爭之效果而須受競爭法之監督與規範。我國公平會訂定「結合申報處理原則」，即針對不同類型之結合，有不同的審查事項及標準：

1.水平結合之考量因素

(1) 水平結合可能產生限制競爭之結果：

事業結合透過合作雖可使生產達到專業化，降低生產成本，提高技術與效率；但另一方面，因水平結合將導致市場結構之變化，亦有可能對競爭產生負面影響。蓋水平結合之事業，基本上原應處於競爭狀態，該等事業結合後，除非同一市場上尚有其他為數甚多之競爭者存在，且參與結合事業非屬大型事業，否則將不可避免地削弱市場上之競爭活動。換言之，當市場上競爭者不多，且結合事業之市場占有率甚高時，水平結合所產生之結果可能提高市場之集中趨勢，甚至可能形成獨占力量而壟斷市場，造成市場結構變化之負面效果[286]。在此情況下，該等事業如從事反競爭行為，如卡特爾或濫用市場地位之行為，其市場競爭之

---

[286] 何之邁（2003），〈註釋公平交易法——第六條〉，廖義男（等著），《公平交易法之註釋研究系列（一）第一條至第十七條》，行政院公平交易委員會合作研究報告，頁 243-244。

維持將變得十分脆弱，且隨時有被扭曲之虞，故各國政策多以限制水平結合以防止市場力量之過分集中，危害市場競爭之自由與公平[287]。

司法實務就水平結合所產生之顧慮，及針對公平會之處分是否合法之判斷標準，略以「所謂的水平結合，係一家產業收購另一家在同一地理市場，生產製造相同或可密切替代產品的產業。通常，進行水平結合的雙方，係屬同一個或數個相關產品（地理）市場上的競爭者。**因此，水平結合有兩項重大顧慮；其一，發生結合的相關市場勢必減少一個競爭者；其二，結合後的存續產業將當然享有較大的市場占有率，而這正是反獨占法所欲規範的。**為避免結合後產生非出於自由市場競爭所形成之獨占，其評價之標準，通常依循『量』與『質』2 種方式分析。前者以數據分析之，為研判市場力量，**市場占有率及 HHI** 指數為主要數據；後者，則**關注於個案對於特定市場的結構、歷史以及未來的可能趨勢，以推究確定真正反競爭效果。**……核被告依循上開結合申報處理原則，並就結合之利弊為『量』與『質』雙軌分析，合於結合管制之一般評價方式，復無與事件無關之考慮，於本件合法性之審查

---

[287] 沈麗玉（2003），〈事業結合之管制與變革——兼論公平交易法之最新修正〉，《公平交易季刊》，11 卷 1 期，頁 49。

上，無可指摘[288]。」

(2) 依「公平交易委員會對於結合申報案件之處理原則」第9點，公平會評估水平結合之限制競爭效果（限制競爭不利益之評估）時，得考量下列因素：

I. 單方效果：

「**結合後，參與結合事業因消除彼此競爭壓力，而得以提高商品價格或服務報酬之能力。**前揭情形，可依結合前後市場集中度變化、參與結合事業市場占有率、非參與結合事業市場占有率及供給反應程度、買方對價格變動的反應程度加以評估。若屬差異化商品或服務之情形，則可進一步評估參與結合事業之商品或服務替代緊密程度（是否為對方最佳替代選項、顧客群是否高度重疊或只在參與結合事業間轉換、產品定位及價格之接近程度、是否經由相同通路銷售）及結合前的利潤等。」

II. 共同效果：

「結合後，**參與結合事業與其競爭者相互約束事業活動、或雖未相互約束，但採取一致性之行為，使市場實際上不存在競爭之情形。**前揭情形可依事業家數、市場集

---

[288] 臺北高等行政法院 108 年度訴更四字第 78 號行政判決、臺北高等行政法院 108 年度訴字第 1685 號行政判決。

中度、參進障礙、產品同質性、事業間規模與成本之對稱性、市場透明度、交易模式、產能利用率、是否存在擁有獨特競爭誘因且可影響市場競爭程度之事業，及該事業是否為參與結合事業等加以評估。」

III. 參進程度：

「包含潛在競爭者參進之可能性與及時性，及是否能對於市場內既有業者形成競爭壓力。」

IV. 抗衡力量：

「交易相對人或潛在交易相對人箝制參與結合事業提高商品價格或服務報酬之能力。」

V. 其他影響限制競爭效果之因素。

(3) 依「公平交易委員會對於結合申報案件之處理原則」第 10 點，一般作業程序之水平結合申報案件有下列情形之一者，公平會原則上認為有顯著限制競爭疑慮，應進一步衡量整體經濟利益：

I. 參與結合事業市場占有率總和達到 1/2。

II. 相關市場前二大事業之市場占有率達到 2/3。

III. 相關市場前三大事業之市場占有率達到 3/4。

前項第 2 款或第 3 款之情形，參與結合事業之市場占有率總和應達 20/100。

2.垂直結合之考量因素

(1) 垂直結合可能產生限制競爭之結果：

　　垂直結合有節省交易成本、穩定供貨來源及保障商品銷售之優點，其反競爭效果主要來自於封鎖（foreclosure）與剝削（squeeze）：

I.　市場封鎖：

　　具上、下游關係之事業經垂直結合後，將整合為一個經濟體，雖未必顯著改變上、下游相關市場之市場結構（結合前後相關市場內參與競爭之事業數量及市場占有率），但參與垂直結合之事業能因結合而將其市場力延伸到相鄰的上下游階段。結合後，事業若採取拒絕與上下游競爭對手交易的完全封鎖措施，或者配合某些策略性的交易安排（例如搭售、訂定較高的薪資成本契約、獨家交易安排、提高廣告支出及訂定嚴格的產品標準等）而濫用市場力量，都將可能增加上下游競爭對手成本、造成其他事業進入障礙、甚至於迫使其他事業退出市場等，而發生「市場封鎖（foreclosure）」之限制競爭效果。市場封鎖又可分為：結合後的事業，其上游部門拒絕銷售或以較高價格銷售投入要素（input）給下游競爭對手，致使對手難以取得關鍵性投入生產要素之「投入封鎖（input foreclosure）」，以及結合後之事

業，其下游部門不再購買上游競爭對手的產品，限制上游競爭對手的銷售通路，進而使其無法在市場上持續競爭之客戶封鎖（customer foreclosure）[289]。

實務案例有：例如，市占率約 40%的可攜式導航設備公司收購市占率約 60%的電子地圖資料庫公司，電子地圖資料庫屬可攜式導航設備之投入要素，甚至是關鍵組成要素（critical component），限制競爭效果之審查重點為投入封鎖的效果評估[290]。再如：公平會於 109 年 9 月間不禁止晶元光電與隆達電子結合案，公平會表示：「衡酌參與結合事業客戶來源分散，且彼此並非互為主要交易對象，本結合不致造成投入封鎖、客戶封鎖之疑慮。」

II. 剝削：

例如製造商與經銷商結合後，可減少生產及分配過程中無謂之價格累積，或經由範疇經濟與分配經濟所致之成本節約，而提高其產品價格競爭力，使其他經銷商因交易價格較高，而難與之競爭，造成市場占有率提高，或迫使其他既存廠商退出

---

[289] 陳韻珊，〈垂直結合的封鎖效果〉，《公平交易委員會電子報》，19 期，頁 1。

[290] 此為歐盟 TomTom /Tele Atlas 結合案。陳韻珊，〈垂直結合的封鎖效果〉，《公平交易委員會電子報》，19 期，頁 2-3。

市場等情形[291]。

(2) 依「公平交易委員會對於結合申報案件之處理原則」第 11 點，公平會評估垂直結合之限制競爭效果時，得考量下列因素：「

I. 結合後其他競爭者選擇交易相對人之可能性。

II. 非參與結合事業進入相關市場之困難度。

III. 參與結合事業於相關市場濫用市場力量之可能性。

IV. 增加競爭對手成本之可能性。

V. 導致聯合行為之可能性。

VI. 其他可能造成市場封鎖效果之因素。」

3. 多角化結合之考量因素

(1) 多角化結合之限制競爭效果：

多角化結合利在分擔風險、避免因同一產業之不景氣而使事業之經營陷於困境，其最主要的競爭疑慮為：是否存在減損潛在競爭可能性。多角化結合與水平或垂直結合相比，看似對於市場競爭負面影響程度較小，惟仍不排除資力雄厚的事業進行多角化結合後，在其所經營之各個市場之市場力加總後，其相對於各個市場之其他廠商具有優勢之市場地位，復利用

---

[291] 何之邁（2003），〈註釋公平交易法──第六條〉，廖義男（等著），《公平交易法之註釋研究系列（一）第一條至第十七條》，行政院公平交易委員會合作研究報告，頁 245。

交叉補貼（cross-subsidization）或互惠交易（reciprocal buying）的方式，甚至採取掠奪性定價（predatory pricing）或搭售（tie-in sales）等行銷策略，排除被結合事業的競爭者或削弱其競爭力量。基於上述疑慮，以及為維護市場競爭機能的健全，仍有以公平交易法予以規範或監督的必要[292]。

(2) 依「公平交易委員會對於結合申報案件之處理原則」第 12 點，公平會判斷多角化結合是否具有重要潛在競爭可能性時，得考量下列因素：「

   I.　法令管制改變之可能性及對參與結合事業跨業經營之影響。

   II.　技術進步使參與結合事業跨業經營之可能性。

   III.　參與結合事業原有跨業發展計畫。

   IV.　其他影響重要潛在競爭可能性之因素。」

     且「多角化結合依據前項判斷如認為具有重要潛在競爭可能性，應以其產生類似水平或垂直結合之狀態，進一步就水平或垂直結合限制競爭效果之考量因素進行分析。」

---

[292]　林學良（2003），〈多角化結合——當計程車遇見機車〉，《公平交易員會電子報》，45 期；何之邁（2003），〈註釋公平交易法——第六條〉，廖義男（等著），《公平交易法之註釋研究系列（一）第一條至第十七條》，行政院公平交易委員會合作研究報告，頁 245。

（三）整體經濟利益之意涵

1. 公平交易法在 80 年修法首次將整體經濟利益意涵納入，並在 91 年、104 年略做文字修正（如下表），觀諸立法理由謂「事業間進行結合，雖將減少競爭，或妨害市場競爭之功能，但其結合亦可能促進生產規模之經濟，降低生產成本，增強結合後事業之整體競爭能力或促成產銷之合理化，故對事業之結合行為應審酌其利弊得失，如因結合所生之利益大於其所致之弊害，就整體經濟之利益而言，仍然有益，故明文定為中央主管機關得予許可。」

表 5：整體經濟利益之法條沿革[293]

修法時間	條文	立法理由
0800118 制定	第 12 條 對於前條之申請，如其結合，對整體經濟之利益大於限制競爭之不利益者，中央主管機關得予許可。	一、事業間進行結合，雖將減少競爭，或妨害市場競爭之功能，但其結合亦可能促進生產規模之經濟，降低生產成本，增強結合後事業之整體競爭能力或促成產銷之合理化，故對事業之結合行為應審酌其利弊得失，如因結合所生之利益大於其所致之弊害，就整體經濟之利益而言，仍然有益，故明文定為中央主管機關得予許可。 二、參考西德營業競爭限制防止法第二十四條規定。

---

[293]　公平交易法法條沿革，立法院法律系統。

修法時間	條文	立法理由
0910115 修正	第 12 條 對於事業結合之申報，如其結合，對整體經濟利益大於限制競爭之不利益者，中央主管機關不得禁止其結合。 中央主管機關對於第十一條第四項申報案件所為之決定，得附加條件或負擔，以確保整體經濟利益大於限制競爭之不利益。	一、第一項酌作文字修正。 二、第二項新增。按事業結合所涉及之經濟情況萬端，為使中央主管機關有一彈性處理之機制，有賦予其就不禁止之結合附加附款之必要。爰配合本法採取「事前申報異議制」之作法予以修正，將本法施行細則第十條第一項規定於修正後提升至第二項。
1040122 全文修正	第 13 條第 1 項 對於事業結合之申報，如其結合，對整體經濟利益大於限制競爭之不利益者，主管機關不得禁止其結合。 主管機關對於第十一條第八項申報案件所為之決定，得附加條件或負擔，以確保整體經濟利益大於限制競爭之不利益。	一、條次變更，由原條文第十二條移列。 二、配合第六條，將「中央主管機關」修正為「主管機關」。 三、配合第十一條項次變更，第二項酌作文字修正。

資料來源：自行整理

　　2. 整體經濟利益之具體內容表現於公平會頒布之「公平交易委員會對於結合申報案件之處理原則」第 13 點規定，「具有顯著限制競爭疑慮之結合申報案件，申報事業得提出下列整體經濟利益考量因素供本會審酌：

（一）經濟效率。

（二）消費者利益。

（三）參與結合事業原處於交易弱勢之一方。

（四）參與結合事業之一屬於垂危事業。

（五）其他有關整體經濟利益之具體成效。

前項第 1 款所稱經濟效率，應符合：

（一）可被證明在短期內實現。

（二）無法透過結合以外之方法達成。

（三）可反映至消費者利益。

第 1 項第 4 款所稱垂危事業，應符合：（一）垂危事業短期內無法償還其債務；（二）除透過結合，垂危事業無法以其他更不具限制競爭效果方式存在市場；（三）倘無法與他事業結合，該垂危事業必然會退出市場。」

3. 最高法院於審理燁聯鋼鐵公司／唐榮公司結合案時，分析公平會禁止該結合案之判斷體系邏輯，指出(1)公平會訂定上述處理原則之「消費者利益」、「參與結合事業原處於交易弱勢之一方」及「結合事業之一屬於垂危事業」，是針對「緩解競爭摩擦現象」所為之規定，而「其他有關整體經濟利益之具體成效」則是針對創新需求所為之規定。」。(2)至於「緩解競爭摩擦現象」、「其他有關整體經濟利益之具體成效」：「a.充分競爭只能確保既有社會資源之『靜態』最適配置，但不能促使經濟成長，『動態』增加社會整體福利之總量。經濟成長之動力實來自『創新』，不管是技術的創新，或組織架構的創新皆

然。創新才會有新社會資源的形成，但『創新』往往需要適當環境，而適當環境之形成或提供，經常需要通過『限制競爭』之手段達成（例如智慧財產權所以給予創造知識產權者獨占性之壟斷地位，目的正在於鼓勵創新）。而特定結合行為是否具有創新組織或創新技術之功能，致使該結合行為所造成之限制競爭結果，成為『必要之惡』，或是為創新所必須付出之成本。b.再者在形成均衡價格以前之動態競爭過程中，亦常會有市場之摩擦與波動，進而形成供需失衡之短期現象。此等短期失衡現象必須有緩解之道，使均衡結果能夠平緩達成。而結合行為亦具有『緩解競爭摩擦現象』之作用[294]。」（可參閱【案例 15：燁聯鋼鐵／唐榮結合案（水平結合）（非合意併購）】

4. 學者黃銘傑則指出[295]：

(1) 鑑於競爭法確保市場競爭機制之有效運作之規範理念及目的，以及競爭法主管機關其專業在於競爭效果之判斷，主管機關准駁結合之實體規範要件，自應著眼於市場競爭與結合間之關係，鮮有以競爭意涵以外之「整體競爭利益」

---

[294] 最高行政法院 108 年度判字第 400 號行政判決。

[295] 黃銘傑（2017），〈公平交易法結合管制之問題點與盲點——以結合類型與實體規範要件為中心〉，《公平交易法季刊》，25 卷 2 期，頁 29-54；黃銘傑（等著），《競爭法發展之新趨勢：結合、聯合、專利權之行使》，元照。

作為規範要件。總體經濟面向之一般利益、消費者福利、就業保障、效率利得等，並不被認為是與競爭有關之考量。

(2) 現行公平法之規範，較接近德國限制競爭防止法上之第 42 條之「部長許可」，且依前述立法理由，整體經濟利益之內涵，就不限定於與競爭有關連或具有競爭意涵者，只要可增進整體經濟利益，縱令與競爭無關、甚至對競爭帶來限制效果，亦可藉由整體經濟利益的促進，予以正當化。

而我國最高行政法院於審理燁聯鋼鐵公司／唐榮公司結合案時，所作成之 102 年度判字第 758 號判決，即亦有如是見解「基於產業自由化、國際化與全球化之趨勢，大型化企業有利於特定市場在國際上之競爭。為因應此趨勢，政府爰制定企業併購法，俾利事業以併購方式進行組織調整，排除現行公司法及證券交易法等各種法律對於企業併收購之障礙；本法為配合當前事業大型化之政策，亦定有如上所述之相關措施。又不銹鋼商品材料既屬國際化商品，進口該商品不受限制，亦無關稅負擔，下游廠商可輕易透過系爭商品之特定市場選擇有利（品質與價格）之交易對象，從事國、內外不銹鋼商品之取得；國外不銹鋼商品上游業者，也可憑其產品之優勢（品質及價格）吸引國內下游廠商與之交易。再不銹鋼業者整併，

對不銹鋼產業確屬有利，乃參與前揭『不銹鋼產業之市場結構與經營現況』之不銹鋼生產業者——中國鋼鐵股份有限公司、東盟開發實業股份有限公司、嘉發實業工廠股份有限公司、遠龍不銹鋼股份有限公司、臺灣區鋼鐵工業同業公會及顏廷棟教授等一致之見解，皆如上述。另上訴人於原審亦提出『近期（西元 1999 年至 2004 年間）全球主要不鏽鋼廠整併』資料供原審參酌（分別為德國、美國、芬蘭與英國、比利時與法國、日本等相關公司——原審更審前卷第 32 頁）。綜合上開情節，上訴人主張系爭事業水平結合案可以**穩定不銹鋼市場供需、降低生產成本與提昇國際競爭力**，尚非無據；準此，**系爭水平結合**，是否『**可促進不銹鋼商品生產規模之經濟，降低生產成本，增強結合後事業之整體競爭能力或促成產銷之合理化**』，亦即『**其結合所生之利益大於其所致之損害，就整體經濟之利益而言，仍然有利**』（見本法第 12 條立法理由），亦**非無推究之餘地。原審未斟酌上情，採認被上訴人關於系爭事業結合，其限制競爭之不利益大於整體經濟利益的判斷，亦嫌速斷。**」

(3) 上述處理原則第 13 點之「參與結合事業原處於交易弱勢之一方」、「參與結合事業之一屬於垂危事業」之事業，原本即難謂有充分的獨立性或即將喪失其競爭效能，縱令同意渠等與

他事業結合，亦當不會因此發生限制競爭的疑慮，故將其列為整體經濟利益考量因素，不無疑問。而「整體經濟利益的具體成效」，所謂為何，難能理解。蓋結合規範屬於一種事前管制，若此則於申報前、甚至審查過程中，事業間因尚未結合，何來發生具體成效？或許，較為妥適之遣詞用字當是，其他類似結合案件於過去曾經實際產生之整體經濟利益成效。

(4) 就「經濟效率」而言，同點第 2 項要求此「經濟效率」必須符合①「可被證明在短期內實現」；②「無法透過結合以外之方法達成」；以及③「可反映至消費者利益」等 3 款條件。上述①之短期內實現之條件，其規範意義當是在於確保短期內消費者利益不會因系爭結合而受到損害，系爭結合必須於短期內發揮其抑制價格上漲等危害消費者利益的具體成效。③「可反映至消費者利益」之條件，要求必須確保因效率增進所獲利益，確實回饋給消費者，不得以假設其可能會回饋給消費者為已足。此一條件確保消費者會確實獲得補償，而不會因系爭結合受到任何損害。至於②之「無法透過結合以外之方法達成」條件，亦顯示出效率性達成必須與消費者利益間，存在密切關連。蓋倘若效率性的達成可以藉由造成市場結構集中化以外之方式為之，則禁止其結合，不僅可維持市場結構不變，連帶使其因此所產出的價格

與數量亦應維持不變，消費者亦不會因此蒙受損失，但卻可同時享受利用結合以外手段所實現的效率性利益。此一條件，其根本理念，亦在於消費者福利的維護與確保。由上可知，結合處理原則第 13 點第 2 項規定之「可被證明在短期內實現」、「無法透過結合以外之方法達成」及「可反映至消費者利益」等 3 款條件，在在清楚表明，結合處理原則有關經濟效率的判斷標準，係採取消費者剩餘基準，而非總剩餘基準。在消費者剩餘基準等判斷標準下，經濟效率的法律定位與性質是一種反證，作為認定顯著限制競爭效果是否可能存在的證據資料之一；在總剩餘基準下，經濟效率的法律定位與性質，係屬於一種抗辯或阻卻違法事由。申言之，總剩餘基準的核心概念在於縱使消費者剩餘因系爭結合而大幅減少並部分轉移至生產者，但只要因結合所生之經濟效率利益大於絕對損失，則應容許該當結合續行。若此，則縱令相關市場因系爭結合確實發生顯著限制競爭情事，但只要因結合所產生之規模經濟等效率性利益超過限制競爭的不利益，則仍應放行該當結合申報案。於此，經濟效率與限制競爭效果，分屬不同層面，結合事業可藉由與系爭相關市場競爭無關之其他事由，甚或其他相關市場可能獲得之利益，正當化有發生限制競爭效果之虞的結合，並以經濟效率作為其

違法阻卻事由。

四、我國結合管制中之處分結果與附款

（一）公平交易法相關規定

公平交易法第 13 條：

對於事業結合之申報，如其結合，對整體經濟利益大於限制競爭之不利益者，主管機關不得禁止其結合。

主管機關對於第 11 條第 8 項申報案件所為之決定，得附加條件或負擔，以確保整體經濟利益大於限制競爭之不利益。

公平交易委員會對於結合申報案件之處理原則第 14：

結合附加條件或負擔之原則

本會對於申報案件所為之決定，得附加條件或負擔，以消除因結合而造成限制競爭之疑慮，確保整體經濟利益大於限制競爭之不利益。

附加附款之類型例示如下：

1. 結構面措施：要求參與結合事業採取處分所持有之股份或資產、轉讓部分營業或免除擔任職務等措施。

2. 行為面措施：要求參與結合事業持續供應關鍵性設施或投入要素予其他非參與結合事業、授權非參與結合事業使用其智慧財產權、不得為獨家交易、不得為差別待遇或搭售等措施。

本會仍得視個案情形採附加合適之條件或負擔，不受前項規定之拘束。

本會得於作成結合決定前，徵詢參與結合事業對於附加條件或負擔內容之意見。

（二）公平會之處分類型

公平會就結合案進行「整體經濟利益大於限制競爭之不利益」之實體評價後，得為下述處分：

1. 禁止結合

倘該結合案可能形成之「限制競爭之不利益」大於「整體經濟利益」，公平會將作成書面處分，禁止其結合。

2. 無異議

倘該結合案「無限制競爭疑慮」，公平會將不採取任何行動，靜待 30 工作天經過，事業可逕為結合；公平會認為必要時，得發縮短通知予申報事業。

3. 附加條件或負擔不禁止結合

依公平交易法第 13 條第 2 項，公平會得附加條件或負擔，以確保結合後整體經濟利益大於限制競爭之不利益。

（三）同意結合時添加條件、負擔之「結合矯正措施」

1. 91 年間公平交易法增訂第 12 條（現行法第 13 條）第 2 項，其立法理由略以：「按事業結合所

涉及之經濟情況萬端，為使中央主管機關有一彈性處理之機制，有賦予其就不禁止之結合附加附款之必要。現行本法施行細則第 10 條第 1 項規定中央主管機關為結合許可時，為確保整體經濟利益大於限制競爭之不利益，得定合理期間附加條件或負擔之附款規定，爰配合本法採取『事前申報異議制』之作法予以修正，並比照第 15 條聯合行為許可之附款體例，將現行施行細則第 10 條第 1 項規定於修正後提升至本條第 2 項，以符法制。」

2. 同意結合時添加條件、負擔，可使公平會以撤銷、廢止原處分為手段，就結合事業為事後監督，程序簡便、快速，且使相關事業得事前預見，維護法安定性。

3. 例子(1)：

在 111 年全聯／大潤發結合案中，公平會採用最小市場界定原則，並進行結合競爭分析（單方效果、共同效果、參與程度、抗衡力量、全聯與供貨廠商各種約定條款衍生限制 競爭疑慮等）後，認定本結合案有提升營運效率、增加商品之調度效率、減少店面缺貨率及提升客戶滿意度之規模經濟及範疇經濟綜效，且有益於配合政府執行平抑物價措施擴及於大潤發門市及參與結合事業承諾事項之經濟利益。

但考量參與結合事業市占率高達 38.77%，顯為供貨廠商販售商品的關鍵性通路，為確保申報

人就限制競爭疑慮事項所提之承諾得以實現，仍應透過附加必要負擔，進一步消弭可能產生之限制競爭不利益，並確保整體經濟利益[296]，

是以公平會同意結合案時添加下列負擔[297]：

(1) 應確實履行主動提出之承諾，不得任意調漲價格。但非因參與結合事業之原因，例如供貨商本身成本結構改變之漲價等，不在此限。

(2) 結合實施之次日起 3 年內，維持全國各門市價格一致為原則之全國訂價政策，並針對各地區競爭情形得再調低價格。

(3) 結合實施之次日起，對於個別供貨商所取得之附加費用，不得任意提高。但基於新增服務所衍生之附加費用項目，不在此限。

(4) 結合實施之次日起 3 年內，全聯對於其供貨廠商不收取商品上架費、新點贊助費。

(5) 結合實施之次日起 3 年內，對於年度供銷制度之變更及交易條件之修正，不得更為不利。若有新增服務所衍生之附加費用項目，應由供貨廠商選擇及決定是否使用該項服務，且須事先取得同意。

(6) 結合實施之次日起，刪除供銷合約中有關最惠客戶相關約定條款及執行方式之約定。

(7) 結合實施起 3 年內，於每年 12 月 31 日前，提

---

[296]　公平交易委員會公結字第 111001 號結合案件決定書。

[297]　https://www.ftc.gov.tw/internet/main/doc/docDetail.aspx?uid=126&docid=17104

供履行負擔及有益於整體經濟利益成果報告送
交備查。

4. 例子(2)：

在 Microsoft/Nokia 結合案中，公平會認為
Microsoft 與 Nokia 結合後並無顯著減損市場之競
爭程度，雖無禁止的必要，但為確保整體經濟利
益大於限制競爭不利益，依當時公平交易法第 12
條（現行法第 13 條）第 2 項規定，附加負擔[298]。
Microsoft 及 Nokia 就附加之負擔不服，遂提起行
政救濟，臺北高等行政法院時，針對結合矯正措
施制度有詳盡闡述，詳實例 16[299]：

「2、又鑑於近來各國結合案件性特別是跨國
企業之結合日趨複雜，精確評估結合競爭效
果的困難度增加，故除『許可／不異議』或
『禁止』的審理結果外，主管機關以經常以
附加『結構面』或『行為面』『矯正措
施』，作為其不禁止結合的條件或負擔的作
法，則愈來愈常見。上開附加『矯正措施』
趨勢亦為競爭法國際潮流（如美國、歐盟、
英國、加拿大，以及 ICN 或 OECD 等國際組

---

[298] 公平交易委員會電子報第 5 期，http://www.ftc.gov.tw/upload/1030618-2-2.pdf（最後瀏覽日：01/31/2024）；公平會公結字第 103001 號結合案件決定書、臺北高等行政法院 103 年度訴字第 1858 號行政判決。

[299] 臺北高等行政法院判決 103 年度訴字第 1858 號、103 年度訴字第 1874 號理由欄六（一）「本件應適用之法律及本院見解」。另關於結合矯正措施制度，可參考陳志民、陳和全（2013），〈「結合矯正措施」制度之一項功能性導向的理解架構〉，《公平交易季刊》，21 卷 1 期，頁 1-66；陳志民（2010），〈結合矯正措施之研究〉，公平交易委員會委託研究報告。

織，均相當關注結合矯正措施之類型設計與實施實效性等問題甚至訂定相關之政策指引說明來加以因應）。又主管機關審查結合案，除須掌握結合行為所可能影響的相關市場現況外，對結合案最終的許可、不異議，或禁止等法律判斷，本質上更涉及對相關市場『未來可能變化的預測』。結合當事人申報內容之真實程度，以及主管機關本身在搜尋相關市場資訊時之主客觀條件限制，故主管機關判斷的過程中，本即充滿了不確定性與主觀色彩。而隨著知識經濟的來臨，市場愈強調『無形資產』與『動態』競爭的價值等，反映在結合審查實務上，可以被明顯判斷必然有利或不利於競爭的結合案件類型將愈來愈少；相反的，結合正反面競爭效果出現機率接近的案件，會愈來愈多。單純的『許可／不異議』或是『禁止』決定，其出現『錯殺』及『錯放』的機率也將隨之增高。因有關前述結構面或行為面『結合矯正措施』提供了位於結合審查光譜二個極端間的一項緩衝選項。主管機關透過設定條件或負擔，在許可結合的同時，亦要求結合當事人遵守或履行一定之結構面或行為面義務，除可確保結合所可創造之經濟效益不致因『錯殺』而喪失外，亦可透過與當事人間協商相關矯正措施的過程中，獲取更多的產業

與市場資訊，設計出最能反應市場現實的條件或負擔，進而創造出政府與業者雙贏的規範結果。前開行為時公平交易法第 12 條（現行法第 13 條）第 2 項規定『中央主管機關對於第 11 條第 4 項（現行法第 8 項）申報案件所為之決定，「得附加條件或負擔」，以「確保整體經濟利益大於限制競爭之不利益」』亦說明我國公平交易法主管機關，審查事業結合案件，自有附加至少前述『結構面』或『行為面』之『矯正措施』，以確保公平競爭，亦應敘明。」

「3、參照世界主要國家公平交易法主管機關對結合行為均加管制，我國公平交易法亦然，且採結合事前申報制度方式，加以管制。而世界各國對事業結合加以管制實踐結果觀察，約可歸納為三大類：第一類的看法，認為結合審查的目的，在於禁止對市場其『實質減損競爭』（Substantially Lessening Competition; SLC）效果之結合行為；持上開看法者，以美國法為代表。第二類則採『支配力檢視』（Dominance Test）標準，認為結合若具創造或強化結合事業於市場之支配地位者，主管機關應利用相關結合管制措施加以限制與禁止之；德國法即是採此一審查原則。第三類則結合是否有利於『公共利益』（Public Interest）實現作為其

審查標準，比較少國家採此標準。其中第一類及第二類（SLC 及 Dominance）審查及檢視標準，純從結合對市場經濟效果的評估言，與我國行為時公平交易法有關結合規定管制之目的相符。而不論是採前開第一類或第二類（SLC 及 Dominance）審查及檢視標準，因係市場經濟效果的評估（有其不確定性，詳下述）故自應有配套之『矯正措施』，以避免或限縮結合行為所可能出現的負面經濟效果（按我國公平交易法對結合管制似亦採取前述 SLC 審查及檢視標準），參照我國前開行為時公平交易法第 12 條（現行法第 13 條）規定可知，我國對事業結合管制，與前述 SLC 管制措施相近，亦應敘明。」

「4、再按『結合矯正措施』（Merger Remedies）為主管機關課以結合當事人『結構面』、『行為面』措施義務，避免市場競爭因結合而受到不當限制，有利於競爭法（即我國公平交易法）規範結合目的的實現，詳如上述。因此行為時公平交易委員會對於結合申報案件之處理原則第 14 點規定（結合附加條件或負擔之原則）：本會對於申報案件所為之決定，得附加條件或負擔，以消除因結合而造成限制競爭之疑慮，確保整體經濟利益大於限制競爭之不利益。附加

附款之類型例示如下：（一）結構面措施：要求參與結合事業採取處分所持有之股份或資產、轉讓部分營業或免除擔任職務等措施。（二）行為面措施：要求參與結合事業持續供應關鍵性設施或投入要素予其他非參與結合事業、授權非參與結合事業使用其智慧財產權、不得為獨家交易、不得為差別待遇或搭售等措施。本會仍得視個案情形採附加合適之條件或負擔，不受前項規定之拘束。本會得於作成結合決定前，徵詢參與結合事業對於附加條件或負擔內容之意見。」

「5、再參照世界各主要國家競爭主管機關有關結合案件管制審查經驗，『結合矯正措施』可進一步區分為『結構面』（Structural）與『行為面』（Behavioral）二大類型。

(1)『結構面』矯正措施，乃主管機關以調整市場結構的方式，預防結合完成後所可能出現之反競爭效果。而命令合併公司解體，是結構面矯正措施中最常使用的手段之一。以公司重組的觀點來看，公司資產解體往往是一家公司追求更大經濟利益的策略選項，無效率結合的大公司，可以透過解體手段，減少其經營活動的數量與種類。資產解體可能反應於比較優勢的專業考量之上。而透過出售資產予更加需求此資產者，可以獲取較高

報酬，從而提高公司的資產價值。另外常見的結構面解體措施，如以出售公司資產作為許可或不異議結合案條件之『解體』（Divesture）措施；智慧財產權的授權，特別是當授權條件是專屬（Exclusive）、不得撤銷（Irrevocable），且不得終止（Non-Terminable）也無持續支付權利金義務者，由於並未涉及事後遵守措施之行為監督問題，故實質上等同是一項特別的解體措施。上開結構面措施，從消極面來看，解體也可以做為購併（Takeover）的防禦措施。末按雖然實證研究指出，事業結合在結構面矯正措施在『執行』過程會出現許多問題，但亦呈現了結構面的矯正措施在維持市場競爭上，的確有相當實質的功能。

(2)『行為面』的矯正措施，為消極禁止結合後事業所得從事之競爭行為，或是要求結合事業積極採行其降低或排除競爭疑慮特定行為作為結合案之負擔。從經濟本質而言，亦為結合行為者之一組承諾（Commitments），結合者向主管機關承諾將其擁有的技術、生產要素、關鍵資產給予競爭者充分使用。若不如此，結合者同時擁有上游下游公司時（即垂直整合），它可能藉此市場地位而封鎖在生產鏈上的其他既存（或潛在）競爭者。而結合者為解除競爭主管機關對此一問

題的疑慮，結合者可以提出承諾，以保證既存（或潛在）競爭者之競爭地位不變。另外，行為面措施也可能在結構面措施難以實施的情況下，扮演著替代或輔助的角色，例如解體資產找不到適當的買主、或是結合交纏著如獨家交易、網路效應、或專利權等問題而無法單由結構面措施來解決、或是結構面措施實施後，反而導致無效率現象的出現等。而依『國際競爭網絡』（International Competition Network: ICN）的歸納，行為面矯正措施之目的與功能來看，可大致區分為：①『以智財為基礎』（IP-related），此類行為面措施類型下，常見者乃專利權的強制授權、智財權的近用（Access）管道安排等。②『促進水平競爭』（Facilitating Horizontal Rivalry），此類行為面措施類型下，ICN 進一步區分為三大類型即首為避免事業濫用水平市場地位，進行排除或減少競爭的行為，例如禁止搭售或限制掠奪性定價等；次為防止事業利用其垂直關係或整合程度，來扭曲或限制競爭，例如要求結合事業授權其所掌握之關鍵技術等；三為改變買方行為，以鼓勵競爭，例如，向買主提供訊息，使其可轉換供應之來源，如要求事業公開招標程序等。③『控制結果』（Controlling Outcome）此類行為措施上，主要是以直接

控制結合後事業之產品價格或範圍等競爭結
果的方式，來化解反競爭之疑慮，常見的類
型包括價格上限（Price Caps）、供應承諾
（Supply Commitments）、服務水準協議
（Service Level Agreements）等。

(3)前開『行為面矯正措施』乃從確保矯正行
為為回復競爭所需的角度來看，故任何行為
面措施之基本要求即是應具體與明確，亦利
主管機關評估措施與競爭問之關聯性，以避
免出現過度矯正與矯正不足的情形。由於行
為面的高度多元性，難以有統一之規定來達
到具體與明確性的要求。美國司法部在『政
策指引』第 II 點 B 項中，例示了幾項常見之
行為面矯正措施，以及如何提高各類型措施
之具體可行性。① 防火牆條款（Firewall
Provisions）此類行為面矯正條款的主要功能
在禁止結合後事業進行敏感訊息的交換，降
低相關市場中上下游業者進行勾結之協同成
本，強化事業進行聯合行為的誘因；訊息交
換亦可能導致結合事業更容易於結合後調高
市場價格，而出現不利競爭之單方效果。另
訊息交換會讓競爭者顧慮自身之重要競爭訊
息可能會被結合對手所取得，而較不願意從
事產品之創新，進而降低市場中之研發競
爭。② 不 歧 視 條 款（Non-Discrimination
Provisions）為避免結合事業於結合後，在交

易條上偏惠被結合事業，或拒絕與被結合事業之競爭者交易，主管機關得要求結合事業須平等對待所有交易相對人，作為不爭執結合之矯正措施。且主管機關須注意結合事業有無以實質效果等同歧視之其他手段，來規避矯正措施之要求。③強制授權條款（Mandatory Licensing Provisions）在某些情形下，主管機關允許結合當事人以公平與合理的價格，授權第三人使用其所掌握且對生產與競爭具重要性之技術或資產，以確保結合後之市場競爭能受到維護。④透明化條款（Transparency Provisions）在關於垂直結合的案件中，主管機關會要求結合事業向管制機關揭露相關之重要資訊，特別是當此類資訊有助於管制機關後續監督結合事業是否在結合後，進行對交易相對人之差別取價等損害市場競爭之行為。⑤反報復條款（Anti-Retaliation Provisions）常見的反報復條款，如要求結合後事業不得對與其競爭對手交易之客戶或第三人採行商業報復手段，以避免不當限制市場競爭。⑥禁止或要求結合事業採行特定行為在垂直結合的情形，主管機關得禁止結合事業採行具限制或排除效果之行為。必要時，得要求其採行類似像持續供應契約之措施。

(4)上開事業結合有關結構面及行為面之矯正

措施中，行為面部分矯正措施，核無背於前述行為時公平交易委員會對於結合申報案件之處理原則第 14 點規定，被告若援以適用，參照上開說明，本院自予尊重。」

「6、前述事業主管機關與申報結合事業間有關上開『結合矯正措施』（包括行為面及結構面），因主管機關與結合事業對矯正目標的看法存有先天上的不同，故難以避免地將出現彼此爾虞我詐之策略性考量。從競爭主管機關的角度來看，矯正措施的目的在於控管事業結合後之市場力量，以增加消費者剩餘；為使結合之矯正措施順利實施，原則故以『當事人主動提出，主管機關為可否決議』，因為主管機關如前述在結合案件之處理上，相對處於資訊之劣勢（特別是市場動向預測及動態發展等），而結合當事人擁有較完整的資訊，故由其提出矯正措施建議，主管機關較有可能獲得完整的管制訊息。故利用誘因機制設計（Mechanism Design），誘發結合申請人為誠實的矯正措施提案，為歐盟執委會制度。然我國實務作法，主管機關處理結合案時，或以座談會或以書面調查業者意見方式，以廣納相關產業及消費者的意見衡酌是否對結合案附加條件及負擔（即前述結合矯正措施），並由主管機關整合各方意見後，由主管機關單方決定，與前述歐

盟制度，即誘因機制設計不同，與美國透過『協議裁決』達成主管機關與結合事業間均能接受之矯正措施之方式亦不同；然究不能認我國考量國性不同之上開實務上單方決定之作法為違法，亦應先予敘明。」

Nokia 不服臺北高等行政法院 103 年度訴字第 1874 號判決[300]，向最高行政法院上訴後，最高行政法院作成 105 年度判字第 403 號判決。針對相關爭點，Nokia 之主張、公平會之答辯及最高行政法院之見解，簡述如下[301]：

Nokia 上訴主張

(1) **Nokia 未轉讓之智慧財產權權利行使仍受公平會負擔限制**，惟就 Nokia 行使其為轉讓之智慧財產權權利時，Nokia 本應遵守公平法及其他法規，因此公平會是否於結合決定添加負擔並無差異。

(2) Nokia 擁有之專利並不因本結合有變化，本結合不涉及市場力量更迭、未因本結合生市場競爭重大限制，此外，本結合案中專利授權市場並非相關市場。

(3) **公平會就 Nokia 未讓與之智慧財產權增添負**

---

[300] 臺北高等行政法院 103 年度訴字第 1874 號判決。

[301] 本段資料整理，感謝作者指導學生李昱恆之協助，由於其碩士論文花費許多時間在整理相關案件與脈絡，是以本段資料直接轉引用自李昱恆（2020），〈論涉及標準必要專利之事業的結合管制——以微軟、諾基亞併購案為例〉，國立清華大學科技法律研究所碩士論文，頁 66-69。

擔，有違法律保留原則。

(4) 結合後標準必要專利市場無變化結構、未修改過往已簽署之標準必要專利授權條款，不會產生限制競爭。標準必要專利授權行為僅為 Nokia 之商務行為，與市場結構無關。原決定以專利授權市場為前提針對 Nokia 標準必要專利授權方式設定負擔，該負擔與決定目的欠缺正當關聯。

(5) 原決定負擔 Nokia 要求遵守 FRAND 承諾，與公平法第 13 條第 2 項、行政程序法 94 條不當連結禁止原則以及同法第 36 條有利不利一併注意原則之規定有扞格。

(6) 原判決援引中國大陸商務部之結合決定為證據，然中國大陸之結合決定晚於原決定公布，故難以憑藉中國大陸之結合決定存在，即賦予原決定正當性。

(7) 原決定就 Nokia「應為特定行為的要求」性質為負擔，Nokia 自可單獨就負擔訴請撤銷。

公平會答辯

(1) 公平法所規範之「參與結合事業」包含：「出讓事業」、「受讓事業」，且依公平法施行細則第 8 條第 1 項之規定，出讓與受讓事業皆有結合申報義務，故原決定將 Nokia 納入審查合法。

(2) 公平會著重於：Nokia 於本結合後，因已不生

產相關產品，標準必要專利已無與其他廠商「交叉授權」的必要性，進而對專利授權市場價格更有主控權，有反競爭可能性。故公平會將「與智慧型行動裝置、智慧型行動裝置作業系統相關之專利授權市場」劃為相關市場，於原決定添加負擔，避免 Nokia 操縱市場價格，符合公平法第 13 條之意旨。

(3) 原決定添加之負擔目的是阻絕 Nokia 不當授權，增加智慧型行動裝置製造商選擇作業系統之難度或減損競爭能力；公平會若不添加負擔，Nokia 可任意調整專利授權金，對市場有害，故原決定添加負擔符合公平法第 13 條第 2 項。

(4) 原決定負擔與決定內容不可分，不得單獨訴請撤銷。

最高行政法院整理爭點

(1) 本件結合審查範圍為何？是否包含讓與事業未讓與的智慧財產權？讓與事業是否為結合管制對象？（特別是結合無變更市場力量之情形）

(2) 南韓公平法主管機關就 Microsoft／Nokia 結合案並未作成負擔，原判決援引南韓公平會於審理 Microsoft／Nokia 結合案於決定書添加負擔，以此佐證我國公平會原決定書之負擔正當性是否妥適？原決定之負擔可否單獨訴請撤銷？

(3) 法院審理原決定時，可否將原決定作成後之事實、證據納入判決基礎？

(4) 結合決定之負擔可否納入 FRAND 承諾？

(5) 如何判斷公平法第 13 條第 2 項之意涵？可否以法官造法填補法律空白？

針對前述爭點，最高行政法院判決如下：

(1) 本結合交易標的涉及有形、無形資產，故須審理時需將有形、無形資產對市場之影響納入審酌。前述資產對市場之影響，非僅限於相關權利移轉。倘權利人用不恰當行情無限期授權專利，若結合決定忽視此等行為，將無法維護市場有效競爭。本結合案 Nokia 給予 Microsoft 之專利授權與其他競爭者不同，故此部分的專利授權應納入結合審查範圍。

(2) 外國結合決定添加負擔與否，對我國之公平會決定無影響，公平會為決定時添加負擔毋庸以外國決定為憑。

(3) 原決定若不附加附款，公平會將不准許結合。結合後是否有助於市場競爭仍不確定時，公平會於結合決定加上附款能確保對整體經濟利益大於限制競爭之不利益。個案中如何選擇添加之附款性質為公平會之「裁量餘地」，除有明顯不當，法院應尊重。縱使公平會之結合決定明顯不當，「惟因其所附加之條件或負擔與其准許結合之處分互為條件」，原決定附款若有更迭，會影響公平會結合許可與否，故屬公平

會職權事項，不得由法院逕行判斷。

(4) 南韓公平會與中國大陸商務部對 Microsoft、Nokia 結案之決定皆添加負擔，可知我國公平會於原決定增添負擔非我國獨創。本件討論外國決定之目的為說明原決定符合國際趨勢，並非以外國決定直接賦予原決定合法權源。

(5) 法院認為：「**FRAND 承諾本身非針對事業結合案件而設計，亦未明文禁止各別國家於結合審查就標準專利權人附加條件或負擔**[302]。」

(6) Nokia 將於結合後不再銷售或製造智慧型行動裝置，重心將轉為專利授權服務。若 Nokia 授權 Microsoft 時給予特別優惠，Microsoft 之競爭者將陷入不利的狀態。對我國廠商而言，製造產品或提供服務必然須取得專利授權。結合後 Microsoft 與 Nokia 於在智慧型行動裝置沒有競爭，不利於我國廠商發展，故存續原決定有必要。

(7) 作成原決定時，公平會乃透過訪談、數據分析為基礎，非單純臆測，可作為證據。

(8) 公平會為主管機關，有義務提出措施維護市場公平競爭。只要公平會發現專利權人有不當提高標準必要專利授權金的可能性，即可採取應對措施，降低對整體經濟利益的不利影響。

(9) 公平法第 13 條第 2 項意涵之爭執，法院認為：

---

[302]　最高行政法院 105 年度判字第 403 號判決，頁 39。

「結合案是否應添加條件或負擔，為立法者留
給主關機關之裁量餘地，法院僅得事後就是否
違反法律原則為適法性審查」

綜上所述，最高行政法院認定原決定合法、
維持訴願決定、臺北高等行政法院之判決，判決
駁回 Nokia 之上訴。

問題 8：申報結合的判斷標準為何？有沒有方向可循[303]？

【範例】

我經營一家鋼鐵公司，打算收購一個小貨車製造廠，請問
這種收購案，公平會是否會禁止結合？

【相關條文】

➢公平交易法第 13 條

對於事業結合之申報，如其結合，對整體經濟利益大於限
制競爭之不利益者，主管機關不得禁止其結合。

主管機關對於第 11 條第 8 項申報案件所為之決定，得附
加條件或負擔，以確保整體經濟利益大於限制競爭之不利益。

【解析】

只要符合公平交易法第 11 條第 1 項各款之標準，收購案
就要申報。至於能否通過，在外國通常必須藉由專家的助力，
且審核標準會因水平、垂直與多角的結合而不同。目前公平會
的審核標準為何，尚無定論。但訂有「公平交易委員會對於結

---

[303] 修改自范建得、莊春發，《公平交易法 Q&A 範例 100》，問題 13，商周文
化，1992 年初版，後因授課需要，將原案例進行調整，編為課程講義使
用。

合申報案件之處理原則」，依不同類型之結合而有不同之審查考量因素。

公平交易法 13 條規定，對於結合的申請，若該結合「對整體經濟之利益大於限制競爭之不利益者」，公平交易委員會不得禁止。所以公平交易委員會於決定禁止結合與否時，即是在對此一「結合」所生的效果進行損益評估。然而公平交易委員會進行此一評估時究竟會考量哪些因素？有無方向可循？

一般而言，公平交易委員會對於結合申請案的核駁，會依公平法規定，對結合所生的「整體經濟利益」與「限制競爭的不利益」分別加以判斷。

一、衡量「整體經濟利益」的考慮因素：

①規模經濟效益。

即事業因結合而使生產成本降低，降幅越大，對整體經濟愈有利。

②技術效率。

事業因結合而使技術水準提升，提升幅度愈大，愈有利。

③其他考慮因素。

如結合後生產要素的價格及產品售價的降低幅度、結合事業之一是否為垂危的事業等。

二、衡量「限制競爭的不利益」的考慮因素：

①結合後事業是否達到公平交易委員會公告獨占事業的標準，進而有妨礙市場競爭的可能？

②市場進入障礙是否因結合而增加？其增加程度為何？

③結合事業所處市場的集中度變化情形。若因結合而使市場集中度增大則愈不利。

④市場競爭對手的變化情形。若結合使競爭對手大幅減少則愈不利競爭。

因此，為求結合案順利獲得許可，參與結合事業在對公平交易委員會提出「實施結合對整體經濟利益的說明資料」中，應就成本方面說明結合將產生的規模經濟效益，就技術方面說明進步的狀況，儘量仔細列明結合後的利益，以便得到有利於己的認定。

問題 9：結合的管制是否會影響我國既有的產業政策[304]？

【範例】

我經營一家電子工廠，近年來為配合政府推動的垂直整合政策，轉投資了許多上游零件製造廠，其中並有持股超過 50% 者。據悉，這種「控股」情形都要提出申報，這種規定豈非與政府政策背道而馳？

【相關條文】

➢公平交易法第 10 條

➢公平交易法第 11 條

【解析】

若該電子工廠所稱之「控股」，符合公平法第 10 條之結合定義及同法第 11 條之申報門檻，原則上應向公平會提出結

304　修改自范建得、莊春發，《公平交易法 Q&A 範例 100》，問題 15，商周文化，1992 年初版，後因授課需要，將原案例進行調整，編為課程講義使用。

合申報。事實上，此提出申報的要求，亦造成政府決策上應如何配合的困擾。

　　針對這種情形，我們應了解，發生此類政策衝突，並非公平會在與其他部門間奪權、或杯葛既有的產業政策，而是公平法須一體適用下產生的現象。事業應體認這個事實，依法從事，而主導這些行為的經濟部、財政部等相關部會，也應出面協助受規範的業者取得許可。公平會亦應與其他部會協商訂定通案處理原則，以利加速結合審查通過速度、降低因假性政策衝突所引發的損害。

第四節　公平會與結合相關之法規

一、事業結合應向公平交易委員會提出申報之銷售金額標準及計算方法

【事業結合應向公平交易委員會提出申報之銷售金額標準及計算方法】

公平交易委員會　公告

發文日期：中華民國 105 年 12 月 2 日

發文字號：公綜字第 10511610001 號

主旨：修正「事業結合應向公平交易委員會提出申報之銷售金額標準及計算方法」，並自即日生效。

依據：公平交易法第 11 條第 1 項第 3 款、第 2 項及第 6 項。

公告事項：修正「事業結合應向公平交易委員會提出申報之銷售金額標準及計算方法」

一、事業結合時，有下列情形之一者，應向本會提出申報：

（一）參與結合之所有事業，其上一會計年度全球銷售金額總計超過新臺幣四百億元，且至少二事業，其個別上一會計年度國內銷售金額超過新臺幣二十億元。

（二）參與結合之事業為非金融機構事業，其上一會計年度國內銷售金額超過新臺幣一百五十億元，且與其結合之事業，其上一會計年度國內銷售金額超過新臺幣二十億元者。

（三）參與結合之事業為金融機構事業，其上一會計年度國內銷售金額超過新臺幣三百億元，且與其結合之事業，其上一會計年度國內銷售金額超過新臺幣二十億元者。

二、參與結合事業為金融機構事業及非金融機構事業時，即應適用非金融機構事業之銷售金額標準。

三、本公告事項所稱金融機構事業，指金融機構合併法第四條之金融機構、金融控股公司法第四條之金融控股公司。

四、金融機構事業銷售金額之認定，銀行業以「公開發行銀行財務報告編製準則」規定綜合損益表之「淨收益」數據認定其銷售金額；金融控股公司以「金融控股公司財務報告編製準則」規定綜合損益表之「淨收益」數據認定其銷售金額；證券商以「證券商財務報告編製準則」規定綜合損益表之「收益」數據認定其銷售金額；保險業以「保險業財務報告編製準則」規定綜合損益表之「營業收入合計」數據認定其銷售金額。

五、公平交易法第十一條第一項第三款「上一會計年度銷售金額」之認定，採下列計算方法：

（一）參與結合之事業有實足一年之上一會計年度者，依其所提會計年度期間計算其銷售金額。

（二）參與結合之事業不足一年之上一會計年度者，按實際營業期間之月份相當全年十二個月之比例換算其銷售金額，其上一會計年度之銷售金額為：（實際營業期間之銷售金額／實際營業期間之月份）x 12

二、公平交易委員會對於結合申報案件之處理原則

【公平交易委員會對於結合申報案件之處理原則】

95.6.15 第 762 次委員會議通過

95.7.6 公壹字第 0950005804 號令發布

101.2.8 第 1057 次委員會議修正名稱、第 1 點

101.3.9 公服字第 1011260189 號令發布

101 年 8 月 8 日第 1083 次委員會議修正

101 年 9 月 7 日公服字第 10112610891 號令發布

103.6.25 第 1181 次委員會議修正第 5 點至第 8 點

第 11 點及第 13 點

103.7.7 公服字第 10312608241 號令發布

104.3.25 第 1220 次委員會議修正第 2 點至第 4

第 7 點、第 8 點、第 10 點及第 11 點

104.4.13 公服字第 10412603301 號令發布

105.5.18 第 1280 次委員會議修正第 7 點、第 12 點

105.7.18 公服字第 10512606791 號令發布

112.3.29 第 1643 次委員會議修正第 2 點至第 4 點、

第 6 點、第 7 點及第 14 點

112.6.30 公服字第 11212603991 號令發布

一、（目的）

公平交易委員會（以下簡稱本會）為使結合申報案件審理標準更臻明確，俾利事業遵循，特訂定本處理原則。

二、（名詞定義）

本處理原則用詞定義如下：

（一）相關市場：指事業就一定之商品或服務，從事競爭之區域或範圍。

（二）水平結合：指參與結合之事業具有水平競爭關係者。

（三）垂直結合：指參與結合之事業具有上、下游關係者。

（四）多角化結合：指參與結合之事業非屬水平競爭關係及上、下游關係者。

三、（相關市場之界定）

本處理原則界定相關市場依「公平交易委員會對於相關市場界定之處理原則」辦理。

四、（市場占有率之計算）

計算事業之市場占有率時，應先審酌該事業及該相關市場之生產、銷售、存貨、輸入及輸出值（量）之資料。

前項市場占有率原則上以劃定相關市場範圍內之銷售值（量）作為基礎，其不宜以銷售值（量）計算者，得依所處相關市場特性採計其他計算基礎。

計算市場占有率所需之資料，得以主管機關調查所得資料或其他政府機關記載資料為基準。

五、（審查程序）

本會審查結合案件程序分為簡化作業程序及一般作業程序。

六、（審查重點）

採簡化作業程序審理之結合申報案件，得認其結合之整體經濟利益大於限制競爭之不利益。

依一般作業程序審理之結合申報案件，水平結合經審酌第九點、第十點所列考量因素及市場占有率情形，垂直結合經審酌第十一點所列考量因素，多角化結合經審酌第十二點所列考量因素後，倘不具有顯著限制競爭疑慮，得認其結合之整體經濟利益大於限制競爭之不利益；若具有顯著限制競爭疑慮，則進一步衡量整體經濟利益，以評估其結合之整體經濟利益是否大於限制競爭之不利益。

七、（適用簡化作業程序之結合申報類型）

本會對於下列結合申報案件，得採簡化作業程序：

（一）參與水平結合之事業，其市場占有率總和未達百分之二十。

（二）參與水平結合之事業，其市場占有率總和未達百分之二十五，且參與結合之一事業其市場占有率未達百分之五。

（三）參與垂直結合之事業，在個別市場占有率總和未達百分之二十五。

（四）參與多角化結合之事業，經考量第十二點第一項所列考量因素，認定相互不具重要潛在競爭可能性。

（五）參與結合之一事業持有他事業三分之一以上，未達二分之一之有表決權股份或出資額，再與該他事業結合。

（六）參與結合事業在我國領域外進行結合，且結合交易金額未達新臺幣二十五億元。

（七）參與結合之一事業因有公平交易法第十一條第一項第一款或第二款情形而提出申報，且該結合申報案件符合下列情形之一者：

1.參與結合事業就水平結合相關商品或服務上一會計年度國內銷售金額合計未達新臺幣二億元。

2.參與結合事業就垂直結合相關商品或服務在個別市場之上一會計年度國內銷售金額均未達新臺幣二億元。

3.與其結合之事業上一會計年度國內銷售金額均為零。

前項第七款之銷售金額，應將與參與結合之事業具有控制與從屬關係之事業及與參與結合之事業受同一事業或數事業控制之從屬關係事業之結合相關商品或服務銷售金額一併計入。

八、（簡化作業程序類型之例外）

前點簡化作業程序之結合申報案件，如有下列情形之一者，應適用一般作業程序處理：

（一）參與水平結合之事業所屬相關市場有前二大事業之市場占有率達到三分之二或前三大事業之市場占有率達到四分之三之情形。但參與結合事業之市場占有率總和未達百分之十者，不在此限。

（二）結合內容涉及重大公共利益。

（三）結合主體之一為「金融控股公司法」或「臺灣證券交易所股份有限公司有價證券上市審查準則」所稱之控股公司。

（四）不易界定相關市場範圍或計算參與結合事業之市場占有率。

（五）參與結合事業所屬相關市場存在高度參進障礙、

高市場集中度等其他具有重大限制競爭不利益疑慮之情
形。

九、（水平結合限制競爭效果之考量因素）

一般作業程序之水平結合申報案件，本會得考量下列因素，
以評估該結合之限制競爭效果：

（一）單方效果：結合後，參與結合事業因消除彼此競
爭壓力，而得以提高商品價格或服務報酬之能力。前揭
情形，可依結合前後市場集中度變化、參與結合事業市
場占有率、非參與結合事業市場占有率及供給反應程
度、買方對價格變動的反應程度加以評估。若屬差異化
商品或服務之情形，則可進一步評估參與結合事業之商
品或服務替代緊密程度（是否為對方最佳替代選項、顧
客群是否高度重疊或只在參與結合事業間轉換、產品定
位及價格之接近程度、是否經由相同通路銷售）及結合
前的利潤等。

（二）共同效果：結合後，參與結合事業與其競爭者相
互約束事業活動、或雖未相互約束，但採取一致性之行
為，使市場實際上不存在競爭之情形。前揭情形可依事
業家數、市場集中度、參進障礙、產品同質性、事業間
規模與成本之對稱性、市場透明度、交易模式、產能利
用率、是否存在擁有獨特競爭誘因且可影響市場競爭程
度之事業，及該事業是否為參與結合事業等加以評估。

（三）參進程度：包含潛在競爭者參進之可能性與及時
性，及是否能對於市場內既有業者形成競爭壓力。

（四）抗衡力量：交易相對人或潛在交易相對人箝制參
與結合事業提高商品價格或服務報酬之能力

（五）其他影響限制競爭效果之因素。

十、（顯著限制競爭疑慮之水平結合）

一般作業程序之水平結合申報案件有下列情形之一者，本會原則上認為有顯著限制競爭疑慮，應進一步衡量整體經濟利益：

（一）參與結合事業市場占有率總和達到二分之一。

（二）相關市場前二大事業之市場占有率達到三分之二。

（三）相關市場前三大事業之市場占有率達到四分之三。

前項第二款或第三款之情形，參與結合事業之市場占有率總和應達百分之二十。

十一、（垂直結合限制競爭效果之考量因素）

一般作業程序之垂直結合申報案件，本會得考量下列因素，以評估該結合之限制競爭效果：

（一）結合後其他競爭者選擇交易相對人之可能性。

（二）非參與結合事業進入相關市場之困難度。

（三）參與結合事業於相關市場濫用市場力量之可能性。

（四）增加競爭對手成本之可能性。

（五）導致聯合行為之可能性。

（六）其他可能造成市場封鎖效果之因素。

十二、（多角化結合之審查方式）

本會於判斷多角化結合是否具有重要潛在競爭可能性時，得考量下列因素：

（一）法令管制改變之可能性及對參與結合事業跨業經營之影響。

（二）技術進步使參與結合事業跨業經營之可能性。

（三）參與結合事業原有跨業發展計畫。

　　（四）其他影響重要潛在競爭可能性之因素。

多角化結合依據前項判斷如認為具有重要潛在競爭可能性，應以其產生類似水平或垂直結合之狀態，進一步就水平或垂直結合限制競爭效果之考量因素進行分析。

十三、（整體經濟利益之考量因素）

具有顯著限制競爭疑慮之結合申報案件，申報事業得提出下列整體經濟利益考量因素供本會審酌：

　　（一）經濟效率。

　　（二）消費者利益。

　　（三）參與結合事業原處於交易弱勢之一方。

　　（四）參與結合事業之一屬於垂危事業。

　　（五）其他有關整體經濟利益之具體成效。

前項第一款所稱經濟效率，應符合：

　　（一）可被證明在短期內實現。

　　（二）無法透過結合以外之方法達成。

　　（三）可反映至消費者利益。

第一項第四款所稱垂危事業，應符合：（一）垂危事業短期內無法償還其債務；（二）除透過結合，垂危事業無法以其他更不具限制競爭效果方式存在市場；（三）倘無法與他事業結合，該垂危事業必然會退出市場。

十四、（結合附加條件或負擔之原則）

本會對於申報案件所為之決定，得附加條件或負擔，以消除因結合而造成限制競爭之疑慮，確保整體經濟利益大於限制競爭之不利益。

附加附款之類型例示如下：

　　（一）結構面措施：要求參與結合事業採取處分所持有

之股份或資產、轉讓部分營業或免除擔任職務等措施。

（二）行為面措施：要求參與結合事業持續供應關鍵性設施或投入要素予其他非參與結合事業、授權非參與結合事業使用其智慧財產權、不得為獨家交易、不得為差別待遇或搭售等措施。

本會仍得視個案情形採附加合適之條件或負擔，不受前項規定之拘束。

本會得於作成結合決定前，將可能之競爭疑慮告知參與結合事業，並徵詢參與結合事業是否提出足以化解競爭疑慮之結構面措施或行為面措施。

十五、（主管機關之意見）

本會審查事業結合案件得參酌產業目的事業主管機關之意見，以評估整體經濟利益與限制競爭之不利益。

十六、（特定產業之審查基準）

本會對特定產業，另訂有結合處理原則者，從其規定。但該特定產業之結合處理原則未規定者，仍適用本原則之規定。

三、公平交易委員會對於域外結合案件之處理原則

（本法已於 112 年 6 月 30 日公告廢止，並自即日生效）

【公平交易委員會對於域外結合案件之處理原則】

中華民國 89 年 8 月 18 日行政院公平交易委員會（89）
公法字第 02838 號令訂定發布全文 6 點；
並自 89 年 9 月 15 日起生效
中華民國 91 年 7 月 1 日行政院公平交易委員會公法字
第 0910006094 號令修正發布第 4 點、第 5 點
中華民國 94 年 2 月 24 日行政院公平交易委員會公法字
第 0940001281 號令修 正發布第 1 點、第 2 點、
第 5 點，並自 94 年 2 月 24 日生效（原名稱：行政院
公平交易委員會域外結合案件處理原則）
中華民國 101 年 3 月 13 日公平交易委員會公法字
第 1011560331 號令修正發布名稱及第 1 點，並溯及自
中華民國 101 年 2 月 6 日生效（原名稱：行政院公平交易
委員會對於域外結合案件之處理原則）
中華民國 104 年 2 月 13 日公平交易委員會公法字
第 1041560119 號令修正發布第 2 點、第 6 點，
並自即日生效
中華民國 105 年 12 月 1 日公平交易委員會公法字
第 10515608631 號令修正發布全文 6 點，並自即日生效
中華民國 112 年 6 月 30 日公平交易委員會公法字
第 1121560298 號令廢止，並自即日生效

一、公平交易委員會（以下簡稱本會）為處理域外結合案
件，特訂定本處理原則。

二、本處理原則所稱之域外結合案件，係指二以上外國事業在我國領域外之結合，符合公平交易法（以下簡稱本法）第十條第一項各款情形之一者。

三、域外結合案件，得考量下列因素，決定是否管轄：（一）結合效果對我國市場有無直接、實質且可合理預見之影響。（二）結合行為對本國與外國相關市場影響之相對重要性。（三）結合事業之所在地及主要營業地。（四）影響我國市場競爭之明確性程度及其預見可能性。（五）與結合事業所屬國法律或政策造成衝突之可能性程度。（六）行政處分強制執行之可能性。（七）對外國事業強制執行之影響。（八）國際條約、協定或國際組織之規範情形。（九）參與結合事業在我國領域內有無生產或提供服務之設備、經銷商、代理商或其他實質銷售管道。（十）其他經本會認為重要之因素。

四、域外結合案件，有本法第十一條第一項各款規定情形之一者，應於結合前先向本會提出申報。

五、依本處理原則第四點須向本會提出結合申報者，由下列事業為之：（一）與他事業合併、受讓或承租他事業之營業或財產、經常共同經營或受他事業委託經營者，為參與結合之事業。（二）持有或取得他事業之股份或出資額者，為持有或取得之事業。但持有或取得事業間具有控制與從屬關係者，或受同一事業或數事業控制者，為最終控制之事業。（三）直接或間接控制他事業之業務經營或人事任免者，為控制事業。前項之申報人為外國事業時，應由外國最終控制之事業向本會提出申報。但在我國設有關係企業、分公司或辦事處者，亦得由其關係企業、分公司或辦事處具名代向本

會提出申報。必要時，本會仍得命該最終控制之事業提出相關資料。應申報事業尚未設立者，由參與結合之既存事業提出申報。

六、前二點之規定，於下列情形準用之：（一）結合事業分屬我國及外國領域內，而有合致本法第十條第一項各款情形之一者。（二）外國事業於我國領域外結合，導致其所屬我國領域內之關係企業或分公司間有本法第十條第一項各款情形之一者。

四、事業結合申報書

事業結合申報書

　　茲依公平交易法第 11 條規定，申報事業結合，檢送下列文件，送請審核。電子檔如已上傳「結合申報及聯合行為申請線上填報系統」，案件編號：

茲依公平交易法第 11 條規定，申報事業結合，檢送下列文件，送請審核。

電子檔如已上傳「結合申報及聯合行為申請線上填報系統」，案件編號：

參與結合事業名稱[305]				代表人
申報事業名稱	代表人	聯絡人	聯絡電話	代理人[306]
（事業印鑑）	（簽章）			
（事業印鑑）	（簽章）			

---

[305]　公平交易法有關結合規定之事業，除公平交易法第 2 條所列舉外，依公平交易法第 11 條第 3 項規定，對事業具有控制性持股之人或團體視為本法有關結合規定之事業。申報書須經各申報事業簽章，法人並須經其代表人簽章，若申報事業經委任代理人者，得免於申報書簽章。表格欄位若不敷填寫，可以另紙填寫。

[306]　委任代理人者應檢具證明文件。

適用程序

☐一般作業程序

☐簡化作業程序（適用「公平交易委員會對於結合申報案件之處理原則」第 7 點第　　　款）

結合態樣（倘同時涉及二項以上之結合態樣，請一併勾選）：

☐水平結合

☐垂直結合

☐多角化結合

結合型態（倘同時涉及二項以上之結合型態，請一併勾選）：

☐1.與他事業合併者。

☐2.持有或取得他事業之股份或出資額，達到他事業有表決權股份或資本總額三分之一以上者。

☐3.受讓或承租他事業全部或主要部分之營業或財產者。

☐4.與他事業經常共同經營或受他事業委託經營者。

☐5.直接或間接控制他事業之業務經營或人事任免者。

適用之申報標準（倘同時涉及二項以上之申報標準，請一併勾選）：

☐1.事業因結合而使其市場占有率達三分之一者。

☐2.參與結合之一事業，其市場占有率達四分之一者。

☐3.參與結合之事業，其上一會計年度銷售金額，超過主管機關所公告之金額。

中　華　民　國　○　年　○　月　○　日

第五節　重要案例彙整

案例 13：掌握董監席次——
統一／維力結合案

✲案件事實

　　97 年 8 月間，統一公司原持有維力公司 31.84%之股份，欲提高至 49.75%，遂向公平會申報結合，公平會禁止該股權讓售之結合案。嗣後，97 年 10 月 6 日，統一公司由其總經理（並兼 70 餘家關係企業董事）羅智先、食糧群及速食群副總經理（同時擔任 20 餘家關係企業董事）謝志鵬、投資部協理劉宗宜當選擔任維力公司之董事；由其會計群副總經理（兼 20 餘家關係企業董事）股建禮當選擔任維力公司之監察人，占維力公司董事與監察人席次剛好各半數，並且由羅智先出任維力公司之董事長。

　　統一公司與維力公司 96 年會計年度銷售金額各約為新臺幣 452 億元與 19 億元，但統一公司未依公平交易法第 11 條第 1 項第 3 款規定向公平會申報本次結合。公平會認定統一公司之行為已直接或間接控制維力公司之業務經營或人事任免，符合公平交易法第 6 條（現行法第 10 條）第 1 項第 5 款規定之結合型態，且具備同法第 11 條第 1 項第 3 款規定應先申報結合之情形，其所為已違反公平交易法，故以 98 年 2 月 24 日公處字第 098035 號處分書（下稱原處分）處分如下：

　　「一、被處分人（統一公司）相關人員取得維力食品工業股份有限公司半數董事、監察人席次及擔任維力食品工業股份有限公司董事長職務，得以直接或間接控制維力食品

工業股份有限公司之業務經營或人事任免，應申報結合而未申報，違反公平交易法第 11 條第 1 項規定。二、被處分人自處分書送達之次日起，應免除相關人員同時擔任被處分人及維力食品工業股份有限公司職務達無實質控制狀態。三、處新臺幣 50 萬元罰鍰」。

統一公司不服，循序提起行政救濟，經臺北高等行政法院 98 年度訴字第 2814 號判決（下稱北高行前審判決）駁回其訴，統一公司上訴，最高行政法院 100 年度判字第 1346 號判決廢棄北高行前審判決，發回更審，臺北高等行政法院 100 年度訴更一字第 155 號行政判決撤銷訴願決定及原處分。公平會不服，提起上訴，經最高行政法院 101 年度判字第 1017 號行政判決上訴駁回。公平會提起再審之訴，最高行政法院 102 年度判字第 134 號行政判決再審之訴駁回。

？ 爭點

取得「剛好半數」席次之董監及派任董事長，是否已達「直接或間接控制他事業之業務經營或人事任免」之「控制」程度？

案例分析

（一）公平會原處分認統一公司取得維力公司半數席次之董監，並派任維力公司董事長，已得以直接或間接控制維力公司之業務經營或人事任免。理由為[307]：

1. 所謂「直接或間接控制他事業之業務經營或人事

---

[307]　公平會 98 年 2 月 24 日公處字第 098035 號處分書。

任免」，指一事業不論透過直接或間接方式，實質上足以影響他事業經營上作為或不作為之重要經營決策而言。故評估事業間是否有「實質影響」之控制力，除以持有股份或董事席次達特定比例作為判斷基準外，仍須綜合具體個案的事實基礎論斷，亦即在掌握之股份或董事未達一定比例之情形，一事業仍可能透過財務依賴、資訊分享及是否具有否決權等治理權利等，對他事業的經營決策有實質控制，致有結合減損競爭之情形存在：

(1) 統一公司依公司法第 27 條規定派任維力公司之董事，可依其職務關係，隨時改派。且羅智先、謝志鵬分別擔任統一公司總經理、副總經理等職，依公司法第 33 條及統一公司章程第 31 條規定[308]，統一公司對維力公司之董事長與半數董事席次應具有**實質控制力**，即能透過該等人員對維力公司**有相當影響**。

(2) 依維力公司章程第 16 條[309]，顯見該公司董事會仍掌控公司之業務經營及重要人事任免。

---

[308]　統一公司章程第 31 條規定：「本公司設經理人若干人，經理人應遵照董事會決議之決策管理公司一切事務。經理人之選任、解任及報酬由董事會決議定之。」

[309]　維力公司章程第 16 條規定：「董事會之職權如左：一、召開股東會並執行其決議案。二、決定業務方針審定業務計畫及檢查執行成果。三、審定重要契約及各項章則。四、審議預決算會計報告及營業報告書。五、審議盈餘分配或虧損彌補。六、審定分支機構之設立增減或裁撤。七、處理公司財產質押及權利設定。八、研議資本增減。九、重要職員之任免及其他重要事項之決定。十、其他法令或股東會賦予之職權。」

(3) 據統一公司表示，其派相關人員擔任維力公司董事，可監管維力公司避免業外投資，專注於速食麵本業經營。**可見統一公司派員擔任維力公司董事，可影響維力公司投資、經營的相關作為或不作為，顯見已有實質影響力。**

(4) 依維力公司章程第 18 條規定，董事會之決議應有過半數之董事出席，出席董事 2/3 以上之同意行之。以統一公司人員於董事會占有半數董事席次而論，董事會之召開及議案之決議，均需有統一公司人員之出席及同意，始有可能通過。**統一公司人員之出席及同意，對維力公司董事會之運作，實屬不可或缺。**

(5) 按維力公司與統一公司屬競爭對手，其經營本具有競爭敵對性，惟統一公司既掌握維力公司半數董事席次，則維力公司倘有不利於統一公司之經營策略，自難於其董事會獲得通過並執行，此益見統一公司對維力公司的經營決策，**有重大的影響力。**

(6) 統一公司人員擔任維力公司董事長，依公司法第 208 條第 3 項規定，董事長對內可主持維力公司董事會之會議進行及運作，對外就公司營業上一切事務更有辦理之權。

　　綜合上述，可見統一公司人員取得維力公司**半數董、監席次，並擔任董事長職務，已使統一公司具有能力影響維力公司之重要經營決策。**

2. 統一公司人員取得維力公司半數董監席事次，係

因獲有維力公司大股東 Long Life 公司之支持，而統一公司與該大股東 Long Life 公司訂有投資協議書[310]，顯見雙方早有協議由統一公司取得維力公司半數董監席位並擔任董事長，故在該等協議下，除非統一公司自行解職董監，否則由維力公司其他大股東決議解任該等董、監事職務之情形應不易見。

3. 「董事兼充」一般被認屬公平交易法第 6 條（現行法第 10 條）第 1 項第 5 款所定直接或間接控制他事業之業務經營或人事任免之結合型態之一，乃因在水平結合方面，因事業原處於競爭狀況，而透過企業經營人員之兼任，明顯的將因此種兼任而消弭彼此間之競爭，故應受競爭法有關結合之規範。董事兼充者實不應限於董事，舉凡企業之董事、監察人、總經理及其他一切有決定營業權限之人亦皆應包括在內。本案屬於競爭對手之統一公司與維力公司本應有其競爭敵對性，惟統一公司卻獲維力公司大股東之支持而取得維力公司半數董事席次並任董事長，顯見雙方已有以合作取代敵對之現象。故統一公司透過該等實質控

---

[310] 統一公司與該大股之投資協議書之約定內容：「乙方（Long Life 公司）應支持並確保甲方及其指定之人共同取得當時維力公司章程所訂 3 席董事中之 2 席董事及 2 席監察人中之 1 席監察人，並支持以 LINKHOPE（即美商力望公司；為統一公司之子公司 Cayman President Holdings Ltd.,百分之百持股之子公司）代表人身分當選之董事擔任維力公司董事長。其後，雙方應促使維力公司於首次股東會後 30 日內再次召開董事會，依新修正之維力公司章程補選 1 席董事，並支持乙方指定之人取得該席董事職位。」

制，實已弱化雙方市場競爭之誘因。

（二）公平會復於更一審[311]答辯時加強說明：「公平交易法對於結合之評價重點在於：一事業基本上受他事業之控制，從而**足以影響該事業之重要經營決策或經營成敗**即為已足，並非必須達到全部控制的地步，此觀諸公平交易法第 6 條（現行法第 10 條）第 5 款『直接或間接控制他事業之業務經營或人事任免』之文義，直接或間接控制均屬之。換言之，**公平交易法之『控制』，係指事業因控制從屬關係達成『經濟上』決策之一體化（原本競爭狀態因結合而消弭），預先進行評估其對市場結構可能產生之影響**；與公司法對於關係企業之規定，則著重於保護少數股東及債權人，二者規範意旨不同。此外，公司法之控制與從屬概念，係源自『正面控制理論』，其對於關係企業之規範為狀態後結果之監督，故所要求之持股比例較高；**公平交易法則自『反面控制理論』著眼，只要形成牽制作用，即可認定有控制從屬關係，並於市場結構形成前作事前之把關，故其所要求之持股比例較低**。此觀諸公司法第 369-2 條第 1 項規定：『公司持有他公司有表決權之股份或出資額，超過他公司已發行有表決權之股份總數或資本總額半數者為控制公司，該他公司為從屬公司。』而公平交易法第 6 條（現行法第 10 條）第 1 項第 2 款規定：『持有或取得他事業之股份或出資額，達到他事業有

---

[311]　臺北高等行政法院 100 年訴更一字第 155 號判決。

表決權股份或資本總額 3 分之 1 以上者』為公平交易
法所稱之結合，即可得知。是以公司法就公司控制從
屬關係之規定，與公平交易法就事業結合之規定，針
對持有表決權股份或資本總額之比例即有不同，亦見
二者間規範意旨與判斷標準之差異。」

（三）法院見解[312]：

1.最高法院發回之理由：

「原判決[313]認上訴人取得維力公司 6 席董事半
數之 3 席董事，則維力公司召開之董事會，非上訴
人取得之董事席次之董事如有 2 人缺席，則上訴人
以 4 席占 3 席之勢（逾出席董事 4 人之 2/3），非
不得控制維力公司業務方針、業務計畫、重要契
約內容、審議盈餘分配或虧損彌補、分支機構之
設立增減或裁撤、處理公司財產質押及權利設
定、資本增減、重要職員之任免及其他重要事項
之決定。**惟此已將上訴人能否控制維力公司之業
務經營及人事任免，繫於不確定因素（非上訴人
取得之董事席次之董事有 2 人缺席），已難認有
據**。」

「再依原判決認定之事實，……，維力公司
之真正股東為上訴人及 Long Life 公司，分別（間
接）持有維力公司之董事席次之一半，則上訴人
對該公司之事業經營及人事任免，如未得 Long

---

[312] 最高行政法院 100 年度判字第 1346 號判決、臺北高等行政法院 100 年訴更
一字第 155 號判決。

[313] 臺北高等行政法院 98 年度訴字第 2814 號判決。

Life 公司之同意，依經驗法則，Long Life 公司豈會任其董事 2 人缺席董事會，而使上訴人以 4 席占 3 席之勢，逾出席董事 4 人之 2/3 作成決定？**原判決上開假設，於本件持股情形，實不可能發生，其據以為不利於上訴人之論斷，違反論理法則。**」

「上訴人苟以其 3 席董事不出席董事會，或雖出席，但均反對而使董事會無法作成決議，**然此乃使維力公司消極地無法一定行為（不作為），而非積極地為一定行為。當維力公司無從積極地為一定行為，上訴人如何因而可能有妨害市場競爭，則成為待證事實**。是以上訴人於原審主張實務上殊難想像有透過『消極不作為方式』而可『控制』某公司經營，並進而改變當前市場競爭狀態之可能等語，此為上訴人之重要攻擊防禦方法，原判決未予採納然未敘明何以不可採之理由，判決不備理由。」

「原判決引為判決依據之被上訴人……公處字第 160 號處分書理由……、……公處字第 095175 號處分書理由……均是指取得『過半數以上』之董事席次，符合公平交易法第 6 條（現行法第 10 條）第 1 項第 5 款規定之結合型態。原判決以上開被上訴人之行政先例，作為駁斥上訴人所為被上訴人以往行政先例，均是取得『過半數以上』之董事席次，而非『半數以上』董事席次，符合公平交易法第 6 條第 1 項第 5 款規定之結合型態之主張，判決理由矛盾。」

「原判決所引上訴人之子公司 Cayman President Holdings Ltd.（美商力望公司為其 100% 持股之子公司）與維力公司大股東 Long Life 公司之投資協議書，關於 Long Life 公司協助 Cayman President Holdings Ltd.取得一定董監事席次之約定，效果僅及於 Cayman President Holdings Ltd.取得維力公司一定董監事席次，**並未涉及未來維力公司業務經營或人事任免事項**。原判決以該約定推論上訴人有直接或間接控制維力公司業務經營或人事任免情事，違反論理法則。」

2. 更一審法院判決公平會敗訴之理由[314]：

「事業是否具有公平交易法第 6 條（現行法第 10 條）第 1 項第 5 款所稱之直接或間接控制他事業之業務經營或人事任免情形，固不以取得他事業董事席次過半數為必要，然亦非以負責人兼任為已足，而應就具體個案情形，**探究原屬各自獨立之二個以上事業，經由該特定連結方式，是否有形成單一經營實體，達到實質限制競爭，足以促成獨占或有導致市場集中之虞**。易言之，須事業已將他事業之業務經營或人事任免置於自主控制之狀態，始符合公平交易法第 6 條（現行法第 10 條）第 1 項第 5 款所稱之結合情形，不能因該狀態可能繫於其他不確定因素而偶然成就，即謂該當此款規定。」

---

[314] 臺北高等行政法院 100 年度訴更一字第 155 號行政判決。

「依維力公司章程第 16 條[315]、第 18 條規定[316]，**顯見原告僅取得維力公司半數席次之董事，尚不能獨自決定維力公司董事會之職權事項（包括重要職員之任免）甚明**，且依維力公司之核決權限表，關於維力公司重要營業執行事項之核決權限係歸屬總經理，並非董事長，而維力公司總經理並非由原告之人員出任，亦無從徒因原告之人員兼充維力公司董事長，遽謂其可控制維力公司之業務經營或人事任免。又維力公司縱因需要原告挹注資金或提供優勢產銷系統，而自願聽命於原告，仍不能據以認定原告已對維力公司之業務經營及人事任免有控制之情形。」

「故被告（公平會）僅以原告之總經理及其他關係企業董事兼充維力公司之董事長及半數席次之董、監事，且維力公司因對原告有所需求及依賴，當順依原告之意思行事，若維力公司有不利於原告之經營策略，原告即得阻礙董事會通過並執行等情詞，認定原告有公平交易法第 6 條第 1 項第 5 款規定之結合情形，其理由難認已具足。」

---

[315] 維力公司章程第 16 條規定：「董事會之職權如左：一、召開股東會並執行其決議案。二、決定業務方針審定業務計劃及檢查執行成果。三、審定重要契約及各項章則。四、審議預決算會計報告及營業報告書。五、審議盈餘分配或虧損彌補。六、審定分支機構之設立增減及裁撤。七、處理公司財產質押及權利設定。八、研議資本增減。九、重要職員之任免及其他重要事項之決定。十、其他法令及股東會所賦予之職權。」

[316] 維力公司章程第 18 條規定：「董事會之決議除公司法另有規定外，應有過半數之董事出席，出席董事 3 分 22 以上之同意行之。」

案例 14：錢櫃／好樂迪第三次結合案（水平結合）[317]

❋案件事實[318]

> 　　錢櫃公司擬收購好樂迪公司之全部股份，並直接或間接控制好樂迪公司之業務經營或人事任免，依公平交易法第 10 條第 1 項第 2 款及第 5 款規定，於 108 年 2 月 27 日申報事業結合。
>
> 　　經公平會審查後，認為系爭結合對限制競爭之不利益大於整體經濟利益，爰依同法第 13 條第 1 項規定以 108 年公結字第 108001 號結合案件決定書禁止其結合。
>
> 　　錢櫃公司不服，向臺北高等行政法院提起行政訴訟，請求撤銷原處分。法院認定，不論以市場占有率為衡量指標，或以美國司法部引用之 HHI 為分析工具，本件結合案確有顯著限制競爭疑慮，本件結合案整體經濟利益明顯小於限制競爭的不利益。公平法第 13 條第 1 項規定禁止結合，並無違法，錢櫃訴請撤銷，為無理由，因此予以駁回，判錢櫃敗訴。可上訴。

---

[317] 錢櫃公司與好樂迪公司結合申報案，歷經公結字第 092003 號結合案件決定書、公結字第 096002 號結合案件決定書、公結字第 097002 號結合案件決定書、公結字第 098002 號結合案件決定書、公結字第 108001 號結合案件決定書等多次申報。

[318] 王志誠（2023），〈事業結合之典範變遷、執法檢討及展望〉，《公平交易季刊》，31 卷 3 期，頁 31-33。

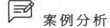
案例分析

（一）公平會禁止結合之理由：

1. 錢櫃公司及好樂迪公司於結合前為市場上前兩大業者，相互為最主要競爭對手，結合後導致直接相互競爭態勢消失，行使其市場力量之可能性甚高，有顯著限制競爭疑慮。且結合後，下游之個別消費者難有箝制參與結合事業提高服務價格之能力。公平會依「公平交易委員會對於結合申報案件之處理原則」第 9 點之考量因素，評估該結合之限制競爭效果，論述如下：

「三、本結合案之限制競爭效果：

（一）單方效果：指結合後，參與結合事業得以不受市場競爭之拘束，提高商品價格或服務報酬之能力。

1. 查本案**參與結合事業於結合前相互為最主要之競爭對手**，以 107 年『視聽視唱業』稅務統計資料計算，在全國地理市場下，本案參與結合事業結合前 HHI 為 1,124，屬低度集中市場，結合後參與結合事業於視聽歌唱服務市場之合計市場占有率增加為 45.35%，HHI 為 2,129，轉為中度集中市場，HHI 增量為 956，需進一步檢視系爭結合限制競爭效果。在雙北市、桃園市及新竹市等地理市場，結合後參與結合事業於視聽歌唱服務市場之合計市場占有率分別為 56.91%、65.35%及 72.94%，HHI 高達 3,315、

4,366 及 5,423，且結合前後 HHI 增量皆高於 200，顯示兩家公司結合後在雙北市、桃園市及新竹市等縣市將成為高度集中市場，且 HHI 增幅明顯，結合後行使其市場力量之可能性甚高，實有顯著限制競爭疑慮。至於臺中市、臺南市及高雄市於結合後仍屬低度集中市場，尚無限制競爭疑慮。

2. 又參與結合事業在結合前為市場上前二大業者，以 107 年『視聽視唱業』稅務統計資料計算，本案結合後參與結合事業於全國、雙北市、桃園市及新竹市視聽歌唱服務市場之占有率排名仍維持第 1 名。參據公平會委外『視聽歌唱服務之消費者行為調查』結果顯示，當錢櫃公司漲價 10%時，計有 58.4%的消費者『會更換』其他替代場所消費，其中消費者轉換至好樂迪公司消費的比例達 33.9%，明顯高於其他替代場所。反之，當好樂迪公司漲價 10%時，計有 56.7%的消費者『會更換』其他替代場所消費，其中有 30%的消費者換至錢櫃公司，亦明顯高於其他替代場所。而如果錢櫃公司及好樂迪公司均漲價 10%時，在其他視聽歌唱服務之價格不變下，計有 42.3%的消費者『會更換』其他替代場所消費，但其中替代性最高之競爭者，僅有 14.2%。從上述消費者行為調查結果顯示：**(1)參與結合事業彼此為消費者尋找替代場所之首選，足證彼此互為最主要的競爭者，且結合前一旦一方片面**

提高價格，均有過半之消費者將轉移至其他替代場所消費，有抑制參與結合事業提高價格之能力；(2)參與結合事業一旦結合後倘憑恃其市場力量同時提高價格，僅有 42.3%的消費者將轉移至其他替代場所消費，上揭抑制參與結合事業提高價格之能力將會降低，且結合後之主要替代者，其消費者轉移比率（14.2%）明顯低於參與結合事業在競爭關係下彼此間之轉移比率（33.9%及 30%），是從消費者移轉選擇及其他競爭者之競爭能力而論，**參與結合事業結合後具有提高價格之能力與誘因。**

3. 次按『向上調價壓力指標』（gross upward pricing pressure index，下稱 GUPPI）係評估水平結合單方效果之經濟分析方法。此方法直接透過結合所產生之各種價格變動效果，以衡量事業因結合而得以透過單方地（unilateral）提高產品價格而獲利，所造成減弱競爭的影響；其為結合在差異性產品市場可能產生的單方價格效果之評估指標。GUPPI 值愈大，代表著事業向上調價的可能性愈大而具有競爭疑慮。本結合案以 GUPPI 分析結果，錢櫃公司於全國、雙北市、桃園市及新竹市之 GUPPI 值介於 4.37%至9.26%間，好樂迪公司於全國、雙北市、桃園市及新竹市之 GUPPI 值介於 12.22%至 22.44%間，**顯示本案結合後，參與結合事業於前揭相關市場具有因結合雙方之間競爭的損失，而有導致**

價格向上調漲之可能性。

4. 綜上，本結合案不僅將使視聽歌唱服務市場之前二大事業直接相互競爭態勢消失，且從消費者移轉選擇及其他競爭者之競爭能力而論，參與結合事業結合後顯有提高視聽歌唱服務報酬之能力與誘因。

（二）共同效果：指結合後，結合事業與其競爭者相互約束事業活動，或雖未相互約束，但採取一致性之行為，使市場實際上不存在競爭之情形。本案競爭家數眾多，且未參與結合之其他競爭者的營業規模及市場占有率，均與參與結合事業有顯著的差距，彼此間從事勾結尚有困難度，可認結合後尚無明顯共同效果。

（三）參進程度：參進程度包含潛在競爭者參進之可能性與及時性，及是否能對於市場內既有業者形成競爭壓力。倘參進障礙須經過較長時間始能排除而達成參進目的，則該參進行為仍無法遏阻或抵銷結合所致競爭效果之損失。

1. 參進及時性：通常係指參進事業自計畫進入市場至實際在市場營運之時間。按本案參與結合事業固以包廂、多廳的視聽歌唱服務，輔以餐飲服務作為其主要營運型態，惟如產品市場所述，提供營業歌曲伴唱服務為主之營業場所，均得為其競爭者，其設立並無法令明顯之限制或資本規模之要求，故倘有計畫參進業者，均得在 1 年至 2 年內及時參進市場。

2. 參進可能性：此可衡量相關市場是否有獲利，歷史資料亦可作為重要參考依據。查參與結合事業均屬有穩定獲利之情狀，故可吸引其他潛在參進者考慮參進市場，惟就歷史經驗而言，近年僅有『星聚點文創股份有限公司』以相類多廳、包廂之營運型態參進市場，其他多數參進者較少考慮以較大規模參與競爭，而係選擇較小規模視聽歌唱服務參與競爭，客觀呈現該等行業雖有獲利，但顯示參與結合事業在高端之視聽歌唱服務較少面臨競爭，而在消費較低或非以包廂、多廳為主之視聽歌唱部分較易面臨競爭。

3. 相關潛在競爭者是否能對參與結合事業形成競爭壓力：如前所述近年在高端視聽歌唱服務部分，固然有業者參進，究屬少數，多數係屬規模較小之競爭者。而參與結合事業挾其市場規模，較有伴唱音樂著作授權之議價能力，潛在競爭者可能因無法降低授權成本而影響其參進意願。

（四）抗衡力量：指交易相對人或潛在交易相對人箝制參與結合事業提高商品價格或服務報酬之能力。本結合案所涉視聽歌唱服務業者，其交易相對人在上游為伴唱帶代理業者或唱片公司、在下游為個別消費者。

1. 上游伴唱產品代理市場：按參與結合事業於經營視聽歌唱服務須取得伴唱產品代理業者之伴唱

歌曲授權，雖於智慧財產權法訂有明文。惟事業依其交易數額等條件爭取更具優勢之議價能力，本即為商業談判之慣用手法。本結合將使參與結合事業對於伴唱產品授權之議價能力增加，是不排除上游交易相對人之抗衡力量將因而減弱，參專家學者、唱片公司及音樂著作權代理人協會函復意見，亦有此疑慮。惟上游伴唱產品目前多集中由少數伴唱產品代理業者代理，該等事業亦有相當市場力量，掌握甚多消費者喜愛之歌曲，是以參與結合事業縱因本案結合增加其授權條件之談判力，惟倘其因洽談授權金未被前揭伴唱產品代理業者所接受，而未取得授權，亦將對其經營造成重大影響，是具市場力之伴唱產品代理業者仍得維持一定基礎的抗衡力量。

2. 就下游交易相對人消費者而言，參與結合事業原即為視聽歌唱服務市場知名度較高業者，於全國市占率分別為第 1 名及第 2 名。參據公平會委外「視聽歌唱服務之消費者行為調查」結果，倘結合事業之一方片面調漲價格時，彼此互為消費者尋找替代場所之首選，呈主要直接競爭關係。結合後參與結合事業缺乏主要競爭業者，面對其調漲價格，不僅從結合前有過半之消費者願意選擇至其他競爭者消費，變成結合後不到半數之消費者願意轉移至其他競爭者消費，且結合後首要競爭者之替代性明顯比不上

參與結合事業結合前之替代關係，已如前述單
方效果之分析。故倘參與結合事業結合後調漲
價格，在市場內可選擇足資替代的視聽歌唱業
者相當有限，難期待個別消費者藉轉向其他視
聽歌唱服務業者之方式，達到箝制參與結合事
業提高服務價格之能力。」

2. 關於整體經濟利益之評估，錢櫃公司雖就本結合
案承諾諸多事項，然而，公平會認為這些承諾，
未必僅能透過結合來達成、或結合後錢櫃公司與
好樂迪公司仍有漲價之能力與誘因，該承諾僅是
短期內維持既有現狀，無法消弭長期的反競爭疑
慮、或僅是公平法相關條文之重申，為遵法所應
然，而不足採：

「四、整體經濟利益之評估：

（一）參與結合事業承諾結合後將維持雙品牌，
所有門市均會繼續經營，結合後 5 年內維持現有包
廂數、所有門市的價格（包含包廂及餐飲等所有
收費項目）、結合後不減少取得歌曲授權數量、
結合後 5 年內不會在海外投資視聽歌唱服務、結合
後至少 5 年不在視聽歌唱業內進行水平及垂直整合
的行為、3 年內分批更新好樂迪公司包廂裝潢設備
及視聽音響共 9 億元、5 年內將投資設備之研發及
設計或科技專案開發娛樂服務項目，每年至少
5,000 萬元、結合後不會有濫用市場力之行為等。
上述為參與結合事業為本結合案所承諾增進整體
經濟利益之事項。

（二）參與結合事業主張本結合案實施後有助於參與結合事業整合人力與財力，並承諾提升好樂迪公司現有裝潢設備、視聽音響，投資設備之研發及設計或科技專案開發娛樂服務項目乙節。**按事業之資源整合、服務品質之提升，本即為其為因應市場競爭所須自主採行之經營策略，參與結合事業雖就前揭所稱利益分別予以表述或承諾，但並未主張該等利益只能以採行本結合途徑始可達成，亦未證明即便未結合，面對市場競爭亦不會進行該等提升消費者環境及服務之投資與研發。另參與結合事業透過本結合案整合人力部分，仍有減少既有就業機會之疑慮。**

（三）參與結合事業雖承諾結合後仍維持好樂迪、錢櫃雙品牌經營之模式，原有會員的權益均不會受到任何影響，並承諾 5 年內不調漲服務價格、不減少任何提供給消費者的服務內容及優惠活動、不減少現有營運之總包廂數及歌曲數、不投資海外視聽歌唱服務市場，以及不在視聽歌唱產業內進行水平及垂直整合的行為等乙節，惟**參與結合事業除未檢據相關資料顯示現行視聽歌唱服務市場存有調漲價格之趨勢，而得以承諾不漲價的方式，來增加消費者的利益，況依據本會委外「視聽歌唱服務之消費者行為調查」之資料分析，參與結合事業在結合後有提高價格之能力與誘因。且前揭承諾僅能在短期內維持既有現狀，就長期而言並無法消除結合後，市場因消弭主要**

競爭對手之結構變化所產生提高消費價格、不調漲名目價格但服務品質或內容降低等反競爭疑慮。

（四）參與結合事業承諾不濫用市場地位，為不當價格的決定、維持或變更；限制伴唱產品代理業者及歌曲權利人不得與其他視聽歌唱業者或新進業者交易的行為及差別待遇；要求伴唱產品代理業者及歌曲權利人給予特殊優惠或獨家交易的行為等，惟此僅為針對公平交易法相關條文重申之形式承諾，為遵法所應然，與防免結合所減損之市場競爭無涉。

（五）至於參與結合事業主張倘本結合案遭禁止，參與結合事業預期國內視聽歌唱產業將不斷萎縮，消費人口及業者營收減少，以致於相應降低投入軟硬體設備及歌曲授權費用支出，如此惡性循環，最終導致參與結合事業退出市場，影響上游業者權利金收入，同時亦使政府稅捐收入減少乙節，經查自公平會前次禁止結合以來，近 10 年國內視聽歌唱服務市場仍維持約 160 億元營業額，雖有市場飽和趨勢，但尚無市場明顯衰退之情形，復查參與結合事業 107 年屬獲利之狀態，難謂有經營不善，亦非垂危事業，不生倘無進行結合必將退出市場之情，反之，倘不禁止參與結合事業進行結合，亦難確保國內視聽歌唱產業將不會有衰退之可能，是故本節主張亦不足採。

五、綜合評估：本結合案雖對參與結合事業自身

有明顯經濟利益，惟在整體經濟利益上，除短期
承諾外並不明顯。**蓋參與結合事業所承諾事項並
不足證明即便未結合，面對市場競爭亦不會進行
相關投資與研發；相關不調漲價格、不減少服務
等均屬短期承諾，無法解決長期而言市場因消除
主要競爭對手所產生提高價格之誘因；相關行為
承諾宣示亦屬遵法必然；參與結合事業亦非垂危
事業，不生倘無此結合，必將退出市場競爭之情
事；且結合後整合人力亦有減損就業之可能，是
故整體經濟利益並不明顯。但結合後將顯著減損
視聽歌唱服務市場之競爭機能，有提高價格之高
度誘因與能力，消費者或競爭者並無法有效對
抗、抑制，具有顯著限制競爭之不利益。兩相衡
酌，本結合案整體經濟利益明顯小於限制競爭之
不利益，爰依公平交易法第 13 條第 1 項規定禁止
其結合。」**

（二）臺北高等行政法院認同公平會就本結合案整體經濟利
　　　益與限制競爭之不利益之分析，原處分並無違法[319]：

　　「4、茲查：

　　（1）謂水平結合，係一家產業收購另一家在同一地
　　　　　理市場，生產製造相同或可密切替代產品的產
　　　　　業。通常，進行水平結合的雙方，係屬同一個或

---

[319]　臺北高等行政法院 108 年度訴字第 1685 號行政判決。臺北高等行政法院 108
　　　年度訴字第 1685 號原告錢櫃企業股份有限公司與被告公平交易委員會間公
　　　平交易法事件新聞稿 https://www.judicial.gov.tw/tw/cp-1888-328390-cd3fb-
　　　1.html

數個相關產品（地理）市場上的競爭者。因此，
水平結合有兩項重大顧慮；其一，發生結合的相
關市場勢必減少一個競爭者；其二，結合後的存
續產業將當然享有較大的市場占有率，而這正是
反獨占法所欲規範的。為避免結合後產生非出於
自由市場競爭所形成之獨占，其評價之標準，通
常依循『量』與『質』2 種方式分析。前者以數據
分析之，為研判市場力量，市場占有率及 HHI 指數
為主要數據；後者，則關注於個案對於相關市場
的結構、歷史以及未來的可能趨勢，以推究確定
真正反競爭效果。本件被告（公平會）權衡本件
結合案『整體經濟利益』與『限制競爭之不利
益』比重，除以市場占有率、HHI 指數、GUPPI 指
數分析原告（錢櫃公司）與參加人（好樂迪公
司）結合後單方效果顯著而明確外，亦認系爭產
品市場參進成本高，潛在競爭者參進意願低，幾
無可期待緩和獨占可能，如准予結合，除可確認
對原告本身有經濟利益外，**對整體市場或消費者
造成之經濟利益並不明顯**，與前述限制競爭不利
益之單方效果相較，整體經濟利益明顯小於限制
競爭之不利益等情為其主要論述，並以無法確保
競爭程度之恢復說明排除原告提出之結合補救措
施之原因。經核，原處分依循上開處理原則，**並
就結合之利弊為『量』與『質』雙軌分析，合於
結合管制之一般評價方式，復無與事件無關之考
慮，於合法性審查上，無可指摘。**

(2)原告雖稱：原處分使用 HHI 及 GUPPI 作為貫穿其認定原告與參加人結合將導致強大的單方力量，限制競爭之不利益大於結合後利益，然而，**對於 HHI 及 GUPPI 此二經濟學工具適用之限制、前提，及可能產生之錯估，暨於本件結合案中直接適用顯有疑慮乙節，原處分卻無絲毫說明，顯有『思慮不週』而屬具備裁量瑕疵之行政處分。**又原告自 92 年申報結合至 108 年再次申報結合，營業據點減少 3 個，包廂數減少 224 個；參加人營業據點減少 9 個，包廂數減少 620 個，且 105 年至 107 年參加人之淨利率分別為 8%、9%、5%，低於同業利潤標準，**確實呈現萎縮狀態，原處分未審酌上情，亦顯然『思慮不週』。**再者，原處分所界定之產品市場、地理市場過窄以致市場占有率之計算值偏高，且原告亦承諾 5 年內不調漲視聽歌唱服務之價格，以維護消費者權益。然而，原處分均未審酌上開有利於原告之事項，有違行政**程序法第 9 條之規定，且有裁量瑕疵等語。**參加人亦提出財政部統計資料庫查詢系統關於行業別『9322-11 視唱中心（KTV）』之營利事業家數及銷售額之資料，主張視聽歌唱產業確實萎縮等語。惟查：

A. 依據美國 **2010 年所發布之『水平結合準則』，可知 HHI 及 GUPPI 乃係國外競爭法主管機關審查結合案件經年使用之經濟分析方法，亦為結合案衡量單方效果之重要經濟理論，不**

因個別經濟分析工具之適用前提、限制，而妨礙或排除該等經濟理論之分析功能與結果之學術價值及實務運用。況且，本件被告除依結合申報處理原則所採之『市場占有率』為衡量指標外，另參酌 HHI 為分析工具，認本件結合案有顯著限制競爭之虞，復依系爭調查報告結果，顯示參與結合事業之服務替代緊密程度，再佐以 GUPPI 為相應經濟分析，綜合評估本件結合案之單方效果，符合競爭法審理結合案件之執法趨勢。換言之，**無論係 HHI 或 GUPPI 均是被告用來驗證其判斷參與結合事業結合後之市場力及所產生之單方效果而已，並非被告禁止結合所使用之唯一經濟分析方法，是縱有原告所稱之適用前提及限制，亦難遽認被告所判斷之市場力及單方效果有誤。**

B.原告及參加人自 92 年迄 108 年間之營業據點及包廂數固有減少，但原告 105 年至 107 年營業淨利率分別約為 25%、28%及 30%，營業淨利分別約為 9 億 3,927 萬元、10 億 6,429 萬元及 11 億 4,953 萬元；參加人營業淨利率分別約為 18%、17%及 21%，營業淨利分別約為 5 億 2,191 萬元、5 億 670 萬元、6 億 2,285 萬元，此有被告提出之原告及參加人 105 年至 107 年之綜合損益表在卷可稽。又原告及參加人 107 年於全國市場占有率分別為 26.06%、19.29%，長期分屬系爭市場第 1 大及第 2 大業者，足認其等非屬垂危事業，亦無

經營困難之情事。是以，本件參加人縱無與原告結合，均不致產生參加人或原告退出市場之疑慮，自無結合申報處理原則第 13 點第 4 款規定：『具有顯著限制競爭疑慮之結合申報案件，申報事業得提出下列整體經濟利益考量因素供本會審酌：……（四）參與結合事業之一屬於垂危事業。』之情形，故不足以影響整體經濟利益之評估。另據參加人所提出之財政部統計資料庫查詢系統 102 年至 106 年行業別『9322-11 視唱中心（KTV）』之營利事業家數及銷售額資料顯示，銷售額雖自 127.8 億元下滑至 122.1 億元，惟另觀諸被告提出 107 年及 108 年同該行業別之銷售額資料則分別提高至 125.4 億元及 128 億元。再者，參加人所提資料列載行業別『9322-11 視唱中心（KTV）』之家數約為 1,800 家，銷售額約為 120 餘億元，明顯小於系爭產品市場之界定外，與本件 107 年『視聽視唱業』稅務統計資料之統計基準（採計約 3,500 家及銷售額約 165 億元）亦不相同。換言之，參加人所提財政部之營利事業家數及銷售額統計資料，未納入所有視聽歌唱服務業者，僅以事業報稅項目所列營業項目為『9322-11 視唱中心（KTV）』之業者加以計算營利事業家數及銷售額，與系爭產品市場界定之計算基礎明顯不同。是以，原告及參加人依據上開資料主張系爭產品服務市場確實有萎縮乙節，委無足採。

此外，如前所述，參加人自 105 年至 107 年之營業淨利率分別約為 18%、17%及 21%，營業淨利分別約為 5 億 2,191 萬元、5 億 670 萬元、6 億 2,285 萬元，雖未達到財政部公告之同業利潤標準 26%，但其營業淨利及淨利率已不算低，自無所謂困窘之情事。此外，本件結合案關於產品市場及地理市場之界定，並無違誤，已如前述，是原告以前揭事由主張原處分違反行政程序法第 9 條『行政機關就該管行政程序，應於當事人有利及不利之情形，一律注意。』之規定，且有裁量瑕疵等語，亦無足取。

(3)原告另稱：系爭調查報告之調查樣本並不具代表性，被告自不應據以認定本件結合後原告具有提高價格之能力及誘因。又原告亦承諾不會利用結合後取得之市場地位，去限制伴唱產品代理商及權利人不得與其他視聽歌唱業者或新進業者交易或差別待遇。另原告負責人亦表示倘本件結合案申請獲准，預計每年投入 3 億，持續 3 年共計 9 億之資金來更新好樂迪 2,000 個包廂設備及裝潢，且同時承諾延長至 5 年不調漲視聽歌唱服務之價格，以維護消費者權益，足見原告已盡力說明本件結合後對於整體視聽歌唱產業及消費者所能增進之利益，被告自不應僅憑反對業者憑空臆測之詞，即認定本件結合所生限制競爭之不利益大於整體經濟利益而禁止原告之結合申報。況且，依被告向視聽歌唱相關產業及消費者問卷調查結

果，支持本件結合案者亦多有人在。至於伴唱帶代理業者授權金部分，由於公平法及智慧財產局均有相關規定及配套，足以禁止權利人為不合理的差別待遇，故亦無反對者屢稱原告與參加人結合後對於上游伴唱帶代理業者或唱片公司會有獨買力、排擠其他 KTV 業者之情事等語。但查：

A.如前所述，系爭調查報告之調查區域範圍為全國各縣市及金馬地區，調查對象則為普通住戶內年滿 18 歲以上民眾。而 18 歲以上之民眾既為視聽歌唱服務之潛在消費者，則以之作為視聽歌唱服務消費者行為之調查對象，難認有何不妥。

B.原告雖曾為 5 年內不漲價及 3 年內分批更新參加人包廂裝潢設備及視聽音響共 9 億元之承諾，惟參加人是否更新包廂裝潢設備及視聽音響，乃參加人面對市場競爭得自行採取之經營策略，尚難因此而遽認結合後之整體經濟利益明顯大於限制競爭之不利益。至於原告縱然承諾 5 年內不調漲視聽歌唱服務價格，惟此核屬短期承諾，僅係維持服務收費基準，使消費者利益與現狀相較似乎不會蒙受損失，但未必能使其獲得更多之利益。就長期而言，原告與參加人結合後將使視聽歌唱服務市場之前二大事業直接相互競爭態勢消失，顯無法消弭限制競爭之不利益及增進消費者利益之可能。

C.再者，依被告向視聽歌唱相關產業及消費者問

卷調查結果，固有部分相關產業及消費者支持本件結合案，但持反對意見之業者或消費者團體仍居多數，此觀相關產業之回文及被告上網公開徵詢意見之資料暨法律意見書即明。至於伴唱帶代理業者授權金部分，由於視聽歌唱業者之營業主要係向上游伴唱產品代理業者取得『伴唱產品』著作權之授權。另營業場所提供伴唱機供不特定消費者點播、演唱歌曲，構成音樂著作之公開演出，依法亦須向著作權集體管理團體申請其所管理之音樂著作『詞、曲』之『公開演出』授權。而目前視聽歌唱業者支付著作權集體管理團體（如社團法人中華音樂著作權協會、社團法人亞太音樂集體管理協會等）所管理音樂著作公開演出之使用報酬率，係由智慧財產局審定通過，惟其授權 KTV 業者之範圍僅為其所管理音樂著作（詞、曲）之公開演出權，其授權著作類別及權利不包含原聲原影等『伴唱產品』著作權之授權，此觀相關業者之函文記載：『大 VOD 業者－屬於大型多包廂式的視聽歌唱業者，業者自行裝設大型 VOD 系統供應多個包廂同時使用的伴唱設備，再由版權代理商提供歌唱檔案由業者灌入系統中，對於歌曲需求面較為全面，以原聲原影伴唱產品為主，要求歌曲較多且新歌最優先上架，其歌曲來源皆以唱片公司授權代理商原聲原影的歌曲為主，相對所需負擔之版權成本亦

為最高，就本公司所訂定之使用費依地區及經營規模訂定收費金額……。』等語，及原告、參加人曾與瑞影公司、揚聲公司就伴唱 VOD 檔案之授權事宜簽訂合約書，並就價金部分為議定等情即明。準此，可知伴唱產品代理商所提供伴唱產品予 KTV 及卡拉 OK 等營業場所使用，該使用費係依地區及經營規模訂定收費金額，並無著作權利用者所應繳付費率均相同之情事，是原告主張有關音樂著作（詞、曲）公開演出權、公開播送權、公開傳輸等著作權之授權金，均有智慧財產局依著作權集體管理制度審定並公告之統一費率可參，不論原告與參加人結合與否均無議價空間，音樂集管團體也不可能因原告結合後營業規模擴大而給予差別待遇等語，即非可採。」

案例 15：燁聯鋼鐵／唐榮結合案（水平結合）（非合意併購）

✳案件事實

　　燁聯鋼鐵公司擬於 98 年 12 月前在證券市場收購參加人唐榮鐵工廠公司之股份，使其持股比率達唐榮公司發行股份總數 34%以上，燁聯鋼鐵公司 98 年 3 月 10 日向公平會申報事業結合。經公平會審查後，認為此二事業於結合前，市場占有率分屬第一及第二大廠商，相互為主要競爭對手，結合後相互間牽制力量將削弱，彼此間競爭壓力將有所消減，結合將減少單方調整商品價格時之原有顧慮，減損不銹鋼板類市場之競爭機能，限制競爭之不利益大於整體經濟利益，且無相當條件或負擔可確保整體經濟利益大於限制競爭之不利益，遂以 98 年 5 月 8 日公結字第 098003 號決定書（下稱原處分）禁止結合。

　　燁聯鋼鐵公司不服，循序提起行政訴訟（而唐榮公司因不願與燁聯鋼鐵公司結合，而立於與公平會相同之立場，獨立參加訴訟），經臺北高等行政法院以 98 年度訴字第 2630 號判決駁回，燁聯鋼鐵公司上訴，經最高行政法院 100 年度判字第 1093 號判決廢棄，發回更審。嗣臺北高等行政法院以 100 年度訴更一字第 105 號判決駁回原告之訴，燁聯鋼鐵公司上訴，經最高行政法院 102 年度判字第 758 號判決廢棄，發回更審。其後，臺北高等行政法院以 103 年度訴更二字第 1 號判決原告之訴駁回，燁聯鋼鐵公司上訴，經最高行政院 105 年度判字第 124 號判決廢棄，發回更審。嗣經臺北高等行政法院再以 105

年度訴更三字第 26 號判決駁回，燁聯鋼鐵公司仍未甘服，提起上訴，經最高行政法院 108 年度判字第 400 號判決廢棄，發回更審，經臺北高等行政法院於 110 年 9 月 9 日以 108 年度訴更四字第 78 號行政判決仍判決原告之訴駁回。

✎ 案例分析

（一）公平會之原處分禁止結合之理由：

1. 公平會關於「顯著競爭疑慮」之判斷：

「三、本結合案之限制競爭效果：

（一）單方效果：單方效果係指結合後，參與結合事業得以不受市場競爭拘束，調整商品價格或服務報酬之能力。本案參與結合事業結合後，於我國不銹鋼板類（包括冷、熱軋鋼捲）市場占有率變化為：以本會調查之市場總值核算由 39.08%增至 57.25%、若以國內銷售量核算由 35.53%增至 55.29%，至以申報人自行提供資料核算由 37.52%增至 58.73%。雖不銹鋼板類（包括冷、熱軋鋼捲）屬國際性流通商品，在 WTO 架構下，會員國就鋼鐵品項皆採零關稅自由進出口，價格亦隨國際行情波動，惟相關業者於本會調查及召開座談會時表示，進口仍有地緣因素之考量，且深受交期較長、國際原料行情的波動、匯兌風險、進口料源供應不穩定及品質不易掌控等因素之影響，復酌本案結合後，其國內市場占有率已達 1/2 以上，參與結合

事業彼此間的競爭壓力將有所消減，是渠等將減少單方調整商品價格時之原有顧慮，而對商品價格提高更具影響之能力[320]。

（二）共同效果：共同效果係指結合後，結合事業與其競爭者相互約束事業活動或雖未相互約束，但採取一致性之行為，使市場實際競爭不存在之情形。我國不銹鋼熱軋鋼捲除燁聯公司有生產外，尚有唐榮、華新麗華等公司（因前開公司無不銹鋼熱軋鋼捲生產設備，前者委由中鋼、燁聯代工，後者委由中鋼代工），從事不銹鋼冷軋鋼捲生產之廠家計有6家，查前開業者之國內不銹鋼出口約占70%；另據參與結合事業所生產熱軋鋼捲之下游廠商表示，其原材料取得高達7～9成來自國外進口，向燁聯及唐榮等公司購進之熱軋鋼捲尚屬少量，故本案尚無積極事證足認結合事業與其競爭者有可能以相互約束事業活動或採取一致性之行為之疑慮。惟對於參與結合事業結合前供應冷軋鋼捲重疊之下游廠商，兩家事業結合後卻有可能導致一致性價格或聯合提高價格之共同效果[321]。

---

[320] 意即「強調在上述市場結構下，燁聯鋼鐵公司將取得『片面』決定產品售價之『相對』優勢地位（比較不擔心產品需求量因此減少太多，因為仍有足夠多的邊際需求者存在）」，詳參最高行政法院108年度判字第400號行政判決。

[321] 意即「指明『國內生產不銹鋼產品之其他有獨立效用函數之各別廠商，其等與燁聯鋼鐵公司聯合決定價格之可能性不高』。不過燁聯鋼鐵公司與結合後之唐榮公司聯合決定售價之機率即大幅度提高。」，詳參最高行政法院108年度判字第400號行政判決。

（三）參進程度：參進程度包含潛在競爭者參進之可能性與及時性，及是否能對於市場內既有業者形成競爭壓力。按不銹鋼產業生產技術雖已相當成熟，但考量建廠期間及熱軋機、冷軋機之投資成本（據業者表示，設立一座熱軋廠約需 68 億元，一座冷軋廠約需 45 億元，設立時間約需 2-3 年），仍非一般產業能輕易轉換，進而，潛在競爭者須同時進入熱、冷軋鋼捲市場始足以與結合事業進行有效競爭，其高資本額之進入門檻，將導致參進可能性及及時性極低，亦無足夠證據顯示其他競爭者將於結合後擴張規模。因此，本案之結合，對相關市場所產生之參進障礙，不無疑慮[322]。

（四）抗衡力量：抗衡力量係指交易相對人或潛在交易相對人箝制參與結合事業提高商品價格或服務報酬之能力。按我國為一資源進口國，生產不銹鋼產品所需之廢鋼、鎳及鉻等原料大部分皆仰賴進口，爰本案結合後對上游市場尚無影響。**又不銹鋼板類產品屬國際性流通**

---

[322] 意即「指明『在本案市場中，國內供給方有進入門檻，因此國內相同產品之既有產銷者或潛在產銷者，很難因為產品之國內市場需求增加，產品需求者願付之最高邊際價格上漲，而可以較低之成本、較短之時間，迅速進入本案市場，成為本案市場之供給者。是以本案之結合，對相關市場所產生之參進障礙，不無疑慮』。因為：(a)對國內相同產品之潛在產銷者，因為『設廠生產成本』投入極大，且耗費時日，對此等主體而言，市場存在進入門檻，極其明確。(b)至於國內相同產品之既有產銷者，公平會則認為『並無證據顯示國內既有之生產商有意擴張生產規模』。」詳參最高行政法院 108 年度判字第 400 號行政判決。

商品，價格亦隨國際行情波動，結合前，燁聯公司與唐榮公司因互為競爭而價格有所差異，結合後，唐榮公司或因無委託代軋之成本，而與燁聯公司間無成本之差異，其售價可趨一致，不無因本案結合而共同提高價格之可能；另國內下游業者雖有進口之事實，惟據下游業者表示進口料源供應不穩定，在結合後市占率大幅擴大，在國內及進口原料替代選擇不足情形下，交易相對人或潛在交易相對人將不具有抗衡結合事業提高商品價格或服務報酬之能力，應可認對下游交易相對人足以產生不利影響。

（五）綜上，本案結合事業市場占有率總和達到 1/2，有顯著限制競爭疑慮。」

2.關於整體經濟利益[323]：

---

[323] 最高行政法院 108 年度判字第 400 號行政判決整理公平會原處分之判斷體系邏輯及結果如下：「(D)在確定『以上申請結合行為已具顯著競爭疑慮』後，在經濟理論上應該繼續考量之議題則是：a.充分競爭只能確保既有社會資源之『靜態』最適配置，但不能促使經濟成長，『動態』增加社會整體福利之總量。經濟成長之動力實來自『創新』，不管是技術的創新，或組織架構的創新皆然。創新才會有新社會資源的形成，但『創新』往往需要適當環境，而適當環境之形成或提供，經常需要通過『限制競爭』之手段達成（例如智慧財產權所以給予創造知識產權者獨占性之壟斷地位，目的正在於鼓勵創新）」。而特定結合行為是否具有創新組織或創新技術之功能，致使該結合行為所造成之限制競爭結果，成為『必要之惡』，或是為創新所必須付出之成本。b.再者在形成均衡價格以前之動態競爭過程中，亦常會有市場之摩擦與波動，進而形成供需失衡之短期現象。此等短期失衡現象必須有緩解之道，使均衡結果能夠平緩達成。而結合行為亦具有『緩解競爭摩擦現象』之作用。c.以上二項因素即為公平會在決定結合行為之許可性（即不禁止之意思）時，所必須考量者。因此行為時公平交易法第 12 條第 1 項（現行公平交易法第 13 條第 1 項）規定『對於事業結合之申報，如其結合，對整體經濟利益大於限制競爭之不利益者，中央主管機關不得

「申報人主張唐榮公司無熱軋製程，故須向外尋求熱軋代工，產品成本因而較高，結合後可降低生產成本；另本案結合後透過策略聯盟方式擴大其經濟規模，達到最佳的設備利用率和經營資源、降低生產及經營成本、提高效能暨提升該兩公司之技術層次，因應未來加入 WTO 之國際鋼品市場的競爭趨勢，強化不銹鋼產業在國際市場地位云云，**惟其是否得以實現，除尚有待於申報人之實際營運策略及經營行為，且在缺乏市場有效競爭之下，實無有效機制確保能達一定程度之經濟利益。**」

3. 公平會衡量本結合案之「限制競爭不利益」與「整體經濟利益」：

「（二）本案燁聯公司擬於公開證券交易市場中，以穩定之股價收購唐榮公司股權達34%以上結合案，經研析二者結合後，市場占有率超過 1/2，

禁止其結合』。而此處所稱『整體經濟利益』，其具體內容則表現於行為時『公平交易委員會對於結合申報案件之處理原則』第 13 點中，該點第 1 項及第 2 項規定(a)具有顯著限制競爭疑慮之結合申報案件，申報事業得提出下列整體經濟利益考量因素供本會審酌：（一）消費者利益。（二）參與結合事業原處於交易弱勢之一方。（三）結合事業之一屬於垂危事業。（四）其他有關整體經濟利益之具體成效。(b)前項第 3 款所稱垂危事業，應符合：（一）垂危事業短期內無法償還其債務；（二）除透過結合，垂危事業無法以其他更不具限制競爭效果方式存在市場；（三）尚無法與他事業結合，該垂危事業必然會退出市場。d.以上規定第 1 項（一）（二）（三），正是針對『緩解競爭摩擦現象』所為之規定，而第1項（四）則是針對創新需求所為之規定。(E)因此公平會在原處分中，依前開法規範進行利益權衡之審查，並基於以下理由認『因本案結合行為所造成之限制競爭不利益，大於整體經濟利益』，因此作成本件『禁止結合』之規制決定。a.沒有事證足以證明，本件結合行為具有『緩解競爭摩擦現象』之功能。b.也沒有事證足以證明，本件結合行為具有組織創新及技術創新之作用。」

且本案結合後確存在造成國內市場集中度提高及增加結合事業國內市場占有率之疑慮，對不銹鋼平板類市場之交易行為造成影響，其他競爭者難以對申報人形成競爭壓力，下游交易相對人亦難以與之抗衡，相關市場潛在競爭者之參進可能性與及時性亦極低，亦無證據顯示其他競爭者將於結合後擴張營運規模，難有足夠競爭壓力能使申報人繼續從事創新、提升服務品質，將使市場處於缺乏效能競爭之狀態。又倘申報人利用該等力量對於不銹鋼冷軋平板類市場之新進業者或其他既存業者進行差別待遇，將更提高新進業者之參進障礙並對既存業者造成不公平競爭。（三）據上，本結合等同以人為方式形成市場之集中，嚴重限制甚至消弭不銹鋼平板市場之競爭，降低市場效能；且申報人一旦濫用市場力，即使據公平交易法相關規範予以規制處罰，其行為對中下游所造成之傷害亦將難以彌補。而本結合就該市場之整體經濟利益，僅有申報人可減少成本並提昇己身競爭優勢，是本結合案於不銹鋼板類市場造成之整體經濟利益小於限制競爭之不利益。

六、綜上，本案參與結合事業於結合前市場占有率分屬第一、第二大廠商，相互為主要之競爭對手，結合後燁聯公司與唐榮公司相互間牽制力量將削弱，參與結合事業彼此間的競爭壓力將有所消減，是渠等將減少單方調整商品價格時之原有顧慮，減損不銹鋼板類市場之競爭機能。本案燁

聯公司擬與唐榮公司結合，其限制競爭之不利益大於整體經濟利益，且無相當條件或負擔可確保整體經濟利益大於限制競爭之不利益，爰依公平交易法第 12 條第 1 項規定禁止其結合。」

（二）法院見解[324]：

1. 關於顯著競爭疑慮之判斷：

(1) 燁聯鋼鐵公司於更四審主張，公平會錯誤認定「地理市場」致高估結合後市占率，本案結合後市占率顯未達 1/2，根本不具顯著競爭疑慮，依法應逕認整體經濟利益大於限制競爭之不利益[325]：

「(5)原告（燁聯鋼鐵公司）與參加人（唐榮公司）結合之市場占有率明顯未達 1/2，本件結合案並不具有『顯著限制競爭疑慮』：本件結合案地理市場應為至少包含臺灣、中國、日本、韓國在內之東北亞市場，則原告與參加人結合之 98 年市場占有率僅為 10.3%，故不具有顯著限制競爭疑慮[326]，依法即得認其結合之整體經

---

[324] 臺北高等行政法院 108 年度訴更四字第 78 號行政判決。

[325] 臺北高等行政法院 108 年度訴更四字第 78 號行政判決。

[326] 公平會於本案原處分，認定本案之地理市場為我國境域，「（二）地理市場：地理市場範圍應界定為各廠商提供商品或服務從事競爭的區域範圍，在此範圍內交易相對人可自由選擇及無障礙的轉換交易對象。為反映我國對不銹鋼板類產品之真實需求量，本案所涉地理範圍仍以『我國境域』不銹鋼板類（包括冷、熱軋鋼捲）市場為計算基礎。另不銹鋼類產品屬國際性流通商品，我國業者所產之不銹鋼類產品除自行使用外，亦有出口及進口之情形，足見不銹鋼產業業者亦面對國際之競爭，併予敘明」，詳參行政院公平交易委員會公結字第 098003 號結合案件決定書。

濟利益大於限制競爭之不利益，是原告就結合可帶來之整體經濟利益實無庸說明或舉證。被告因誤將地理市場界定為『國內市場』，其所認原告與參加人結合後之市場占有率約為58.73%，超過 1/2，即屬錯誤。是以，被告依行為時（下同）『行政院公平交易委員會對於結合申報案件之處理原則』（下稱結合申報處理原則）第 10 點規定[327]，遽認本件結合案有『顯著限制競爭疑慮』，並以本件結合案之限制競爭不利益大於整體經濟利益，且無相當條件或負擔可確保整體經濟利益大於限制競爭之不利益，故依公平法第 12 條第 1 項規定，作成禁止結合決定云云，即有明顯認事用法之錯誤，原處分實應予撤銷。」

(2) 法院則認為本結合案具顯著競爭疑慮：

「（六）原告市場力之衡量：

1.市場力之行使涉及競爭效率之衡量，結合申報處理原則採用『市場占有率』為衡量指標，而依行為時公平法施行細則第 4 條規定：『（第 1 項）計算事業之市場占有率時，應先審酌該事業及該特定市場之生產、銷售、存

---

[327] 行為時處理原則第 10 點規定：「一般作業程序之水平結合申報案件有下列情形之一者，本會原則上認為有顯著限制競爭疑慮，應進一步衡量整體經濟利益：（一）結合事業市場占有率總和達到 1/2。（二）特定市場前二大事業之市場占有率達到 2/3。（三）特定市場前三大事業之市場占有率達到 3/4。前項第 2 款或第 3 款之情形，參與結合事業之市場占有率總和應達15%。」

貨、輸入及輸出值（量）之資料。（第 2 項）計算市場占有率所需之資料，得以中央主管機關調查所得資料或其他政府機關記載資料為基準。』及前揭結合申報處理原則第 4 點規定，已揭示市場占有率之計算基準，故市場占有率原則上應以相關市場範圍內之銷售值作為基礎，例外於市場性質特殊時得採計其他計算基礎；蓋銷售值於供給面上代表一事業可創造之營收及利潤、於需求面上代表需求者對該事業之商品或服務所願支出之對價，乃最足以反映事業市場力量之根據。

2. 經查，依本件結合申報書之記載，原告於不銹鋼熱軋鋼板捲、不銹鋼冷軋鋼板捲等產品之國內市場占有率分別為 34.7%、39.5%，參加人分別為 10.1%、29%，經核算原告於不銹鋼板類（包括冷、熱軋鋼捲）國內市場占有率為 37.52%，參加人為 21.21%，該 2 公司結合後於不銹鋼板類市場占有率約為 58.73%。復經被告調查，以市場總值核算原告之國內市場占有率為 39.08%、參加人則為 18.17%；倘以國內銷售總量核算，原告國內市場占有率為 35.53%、參加人則為 19.76%，二者結合後市場占有率，以市場總值核算約為 57.25%，以國內銷售量核算約為 55.29%。是以此結合後之市場占有率，揆諸結合申報處理原則第 10 點規定，可認已具有顯著限制競爭疑慮。

3. 又近年來，國際間結合管制衡量市場力之主要經濟分析工具為賀氏指數（HHI），係取市場上前50大廠商（若產業中廠商數不及50，則取其廠商總數），將每家廠商銷售額市場占有率的百分比取平方和，以測量市場集中之程度，此以產業內所有事業作衡量標準，其市場集中度指標具有反映市場中參與事業數目及參與事業個別市場占有率資訊之功能，衡量結果合理而廣為人所接受（關於以HHI分析市場集中度之理論文獻，詳見本院更一審卷二第387至436頁）。而參酌美國司法部修正於2010年之水平結合指導原則 5.3 所示，美國司法部將市場區分為『非集中市場』（HHI 指數低於1500）、『中度集中市場』（HHI 指數介於1500至2500之間）及『高度集中市場』（HHI指數高於2500）。對於結合後仍是非集中市場者，通常被認定不太可能產生反競爭效果；若結合後為中度集中市場，倘 HHI 指數增加 100點以上，即足以引起重大競爭疑慮，通常須進一步加以審查；若結合後為高度集中市場，倘HHI 指數增加 100 點至 200 點，會被認定足以引起重大競爭疑慮，通常須進一步加以審查，倘 HHI 增加 200 點以上，則會被推定可能強化市場力。經被告援引其產業市場結構調查、業者提供、ITIS 及海關進出口資料所得之原告與參加人 97 年於冷熱軋市場占有率資料（原告為

43.96%，參加人占有率為 14.44%，數據資料詳見本院更一審卷二第 474 頁），不計入市場上其他競爭者（如華新麗華或進口業者），結合前之 HHI 為 2140【（43.96×43.96）＋（14.44×14.44）】，結合後不計入市場上其他競爭者（如華新麗華或進口業者）之 HHI 為 3410【（43.96＋14.44）×（43.96＋14.44）】。倘加計市場上其他競爭者（如華新麗華或進口業者），HHI 顯然較 3410 更高，指數較諸結合前增加 1000 點以上；而如以原告結合申報書自承結合前其與參加人之占有率分別為 37.52%及 21.21%，結合後於不銹鋼板類市場占有率為 58.73%，結合前 HHI 至少為 1858【（37.52×37.52）＋（21.21×21.21）】（未計入其他業者及進口），結合後 HHI 至少為 3449【（37.52＋21.21）×（37.52＋21.21）】（未計入其他業者及進口）。揆諸美國司法部前揭關於市場集中度之判斷標準，原告與參加人結合後之市場集中度甚高，顯然有限制競爭之疑慮。

4.綜上，不論以結合申報處理原則所採『市場占有率』為衡量指標，或以美國司法部引用之賀氏指數（HHI）為分析工具，本件結合案均應認有顯著限制競爭之虞，必須有結合後之『整體經濟利益』高於『顯著限制競爭疑慮』，始能為結合之准許。」

2. 關於「整體經濟利益」與「限制競爭之不利益」之比較，法院認為公平會的判斷並無違誤：

「1.限制競爭不利益部分：市場力量之衡量，市場占有率僅能提供分析對於競爭影響之開端，於衡量是否禁止事業結合時，仍須依結合申報處理原則第9點規定，就本件水平結合為單方效果、共同效果、參進程度及抗衡力量而為『限制競爭不利益』之判斷。又被告對本件結合案之限制競爭之不利益分析如下：……（略）。

2.整體經濟利益部分：被告就本件結合案之整體經濟利益分析略謂：1.……（略）。2.原告所申報之結合型態，顯屬敵意併購，實難達成其所宣稱之結合目的。

3.是以，被告就本件結合案之總和評估，認為原告與參加人結合後，市場占有率超過 1/2，確存在造成國內市場集中度提高及增加結合事業國內市場占有率之疑慮，對不銹鋼平板類市場之交易行為造成影響，其他競爭者難以對原告形成競爭壓力，下游交易相對人亦難以與之抗衡，相關市場潛在競爭者之參進可能性與及時性亦極低，亦無證據顯示其他競爭者將於結合後擴張營運規模，難有足夠競爭壓力能使原告繼續從事創新、提升服務品質，將使市場處於缺乏效能競爭之狀態。且原告如利用該等力量對於不銹鋼冷軋平板類市場之新進業者或其他既存業者進行差別待遇，將更提高新進業者之參進障礙並對既存業者造成不

公平競爭。而本件結合案，就該市場之整體經濟利益，僅有原告可減少成本並提昇己身競爭優勢，是本件結合案於不銹鋼板類市場造成之整體經濟利益小於限制競爭之不利益。

4.茲查，所謂的水平結合，係一家產業收購另一家在同一地理市場，生產製造相同或可密切替代產品的產業。通常，進行水平結合的雙方，係屬同一個或數個相關產品（地理）市場上的競爭者。因此，水平結合有兩項重大顧慮；其一，發生結合的相關市場勢必減少一個競爭者；其二，結合後的存續產業將當然享有較大的市場占有率，而這正是反獨占法所欲規範的。為避免結合後產生非出於自由市場競爭所形成之獨占，其評價之標準，通常依循『量』與『質』2種方式分析。前者以數據分析之，為研判市場力量，市場占有率及HHI指數為主要數據；後者，則關注於個案對於特定市場的結構、歷史以及未來的可能趨勢，以推究確定真正反競爭效果。本件被告權衡本件結合案『整體經濟利益』與『限制競爭之不利益』比重，除以市場占有率分析原告與參加人結合後單方效果顯著而明確，而鋼鐵業市場參進成本極高，潛在競爭者參進可能性與及時性極低，幾無可期待緩和獨占可能，如准予結合，除可確認對原告本身有經濟利益外，由於係敵意併購而為結合，對參加人及其員工也未必有利，尤其是對整體市場或消費者造成之經濟利益並不明顯，與前

述限制競爭不利益之單方效果相較，整體經濟利益明顯小於限制競爭之不利益為其主要論述，並以無法確保競爭程度之恢復說明排除原告提出之結合補救措施之原因。核被告依循上開結合申報處理原則，並就結合之利弊為『量』與『質』雙軌分析，合於結合管制之一般評價方式，復無與事件無關之考慮，於本件合法性之審查上，無可指摘。況且，原告就『結合行為所形成整體經濟利益，大於限制競爭所造成之不利益』一節之論述，亦經系爭發回判決認為不足以動搖原判決此部分爭點判斷結論之正確性。因為遍觀原告所提證據資料及事實主張，不僅無法證明本件結合行為具有『緩解短期競爭失衡』現象之功能，而且也無法證明原告打算透過本案之結合行為，進行具體且特定之技術創新與組織創新活動等情（參系爭發回判決理由欄七、2.C.(6)）。是以，堪認被告認定本件結合案所造成之整體經濟利益明顯小於限制競爭之不利益，洵無違誤。」

（三）學者見解：

　　另有學者主張觀察最高行政法院與臺北高等行政法院來回四次發回更審之判決理由，本案爭議之關鍵，顯然在於地理市場之界定[328]。所謂地理市場，指就參與結合事業提供之某特定商品或服務，

---

[328]　莊春發（2022），淺評臺北高等行政法院108年度訴更四字第78號判決——由相關地理市場觀點評論訴訟十二年的燁聯公司與唐榮公司不銹鋼平板的結合案，法源法律網。

交易相對人可以很容易地選擇或轉換其他交易對象之「區域範圍」。

　　本案之關鍵因素仍在於地理市場之界定，自應就事業提供之特定商品或服務，交易相對人可以很容易地選擇或轉換其他交易對象之區域範圍進行判斷。因此，就不銹鋼板類產品之地理市場界定是否限定在「我國境域市場」之考量因素而言，應著重於不同國家間不銹鋼板價格變化及運輸成本大小、不銹鋼板之特性及其用途、交易相對人在不同國家購買不銹鋼板之交易成本大小、交易相對人對不銹鋼板獲取之便利性、交易相對人在不銹鋼板價格調整時選擇至不同國家購買之情況等進行判斷，而非僅考量外國廠商之市占率及潛在競爭[329]。

---

[329]　王志誠，〈事業結合之典範變遷、執法檢討及展望〉，《公平交易季刊》，31卷3期，頁1-58。

案例 16：Microsoft／Nokia 案（垂直結合）

✳案件事實

Microsoft Corporation（下稱 Microsoft）與 Nokia Corporation（下稱 Nokia）102 年 9 月 2 日簽訂股份與資產買賣契約，Microsoft 擬受讓 Nokia 之裝置及服務事業部門絕大部分的營業與資產，包括行動電話與智慧型裝置事業單位及設計團隊，含 Nokia 公司裝置及服務事業部門所有生產、設備之營運，裝置及服務事業部門有關之銷售與行銷活動相關之支援功能、以及裝置及服務事業部門所生產之裝置之新式樣專利。Nokia 將授予 Microsoft 10 年非專屬專利授權，Microsoft 擁有將該授權展延至永久之選擇權，另 Microsoft 將提供 Nokia 另一事業部門 HERE 業務（數位地圖及定位服務）之互惠授權。

依公平交易法第 6 條（現行法第 10 條）第 1 項第 3 款暨同法第 11 條第 1 項第 2 款、第 3 款規定，本案於 102 年 11 月 20 日向公平會申報事業結合，經公平會審查後於 103 年 2 月 19 日作成公結字第 103001 號決定書，雖不禁止其結合，但為確保整體經濟利益大於限制競爭之不利益，依公平交易法第 12 條（現行法第 13 條）第 2 項規定，附加下列負擔「一、Microsoft 不得於與智慧型行動裝置相關之**專利授權**為不當之價格決定或差別待遇，妨礙智慧型行動裝置製造商自由選擇行動作業系統。二、Nokia 對於**標準必要專利之授權**，應持續遵守公平、合理及無差別待遇（FRAND）原則。Nokia 若將標準必要專利讓與他事業，應確保受讓事業於授權時遵守前述之原

則。」

✏️ 案例分析

（一）公平會作成處分之理由[330]：

1. 本結合案之市場界定：

(1) 產品市場：

本結合案所涉相關產品市場為：(1)智慧型行動作業系統市場（下稱行動作業系統）；(2)智慧型行動裝置市場（下稱行動裝置）；**(3)與提供前兩項產品有關之專利授權市場。** Microsoft 主要從事電腦軟體、硬體設備及相關服務之設計、開發及供應，但 Microsoft 與本結合相關之業務為開發及授權 Windows Phone、Windows RT 及 Windows 8 作業系統，及生產 Surface 平板電腦。Nokia 主要從事行動電話手機等行動裝置之生產製造，行動與固定通信網路及關聯服務、地圖及定位服務之開發，但與本結合相關之業務為行動裝置之生產製造。另 Microsoft 及 Nokia 分別擁有與行動作業系統及無線通信之相關專利，基於評估該結合對於市場競爭影響程度之目的，應以行動作業系統、行動裝置及與前兩項產品相關之專利授權，作為結合分析之重點。

(2) 地理市場：

---

[330] 公平會公結字第 103001 號結合案件決定書。

本案參與結合事業提供商品或服務的範圍遍及全球，其主要競爭對手提供產品服務範圍亦為全球，並與參與結合事業相互競爭，故本案相關地理市場應為全球。但因本案係域外結合案件，且涉及多國競爭主管機關之管轄權，爰以結合後對我國市場之影響程度為審查重點。

2. 限制競爭效果之評估：

(1) 本結合案屬垂直結合：

結合前 Microsoft 與本結合相關之業務為開發及授權 Windows Phone 行動作業系統，Nokia 則主要從事行動裝置之生產製造，因為製造智慧型手機需搭載作業系統，二者具有上下游產業關係，故本案係屬垂直結合之型態。雖然雙方皆生產平板電腦（Microsoft 之 Surface 及 Nokia 之 Lumia 2520），惟截至 102 年底，Nokia 尚未於國內銷售平板電腦，是目前該項業務雙方尚無水平重疊之處，故本案應就垂直結合之限制競爭效果進行分析，並就關係人及行動裝置製造商所提出之競爭疑慮進行評估。

(2) 垂直結合之市場封鎖：

垂直結合最主要之競爭疑慮為「市場封鎖」，亦即垂直結合後，參與結合事業的下游競爭者（例如本案 Nokia 裝置及服務部門以外之其他行動裝置廠商），無法取得上游事業（例如 Microsoft）關鍵性投入（例如 Windows

Phone），或者參與結合事業之上游競爭者（例如 Google 開發授權之 Android 系統）無法取得足夠的通路（例如行動裝置廠商之搭載），而無法在市場中持續競爭之情形。垂直結合之事業若能成功地封鎖競爭對手，參與結合事業必須在所屬市場均已具有相當之市場占有率。

(3) 參與結合之事業，是否有誘因（incentive）或能力（ability）採行封鎖策略：

I. 有關 Microsoft 在受讓 Nokia 裝置及服務部門之後，是否有誘因或能力藉由停止將 Windows Phone 系統授權予在下游市場之競爭對手，或利用差別授權條件、保留進階版本，限制下游行動裝置廠商之競爭乙節，雖然競爭對手及部分行動裝置廠商指出，結合後 Microsoft 透過銷售行動裝置所獲得之毛利，遠高於授權 Windows Phone 系統所獲得之毛利，Microsoft 將更有誘因阻礙其他行動裝置製造商與自身之行動裝置製造部門競爭。但經評估採取此種投入要素的封鎖可能性極低，因 Microsoft 的 Windows Phone 在全球市場占有率僅 3.4%，在國內市場之占有率約 2.2%，市場上仍存有 Android 系統（全球市場占有率約 80%）可供選擇，Microsoft 無法藉由拒絕授權 Windows Phone、提高授權金或對其他下游行動裝置競爭對手差別授權達成封鎖

競爭之目的，否則即等同將客戶推向使用 Android 的陣營。Microsoft 收購 Nokia 裝置及服務部門之目的，係要成為 Apple iOS 及 Google Android 以外的第三個生態系統，因此必定儘可能擴張 Windows Phone 安裝基礎（installed base），因此拒絕授權 Windows Phone 或提高授權金係違背擴張安裝基礎之目標，Microsoft 應無誘因採行該垂直封鎖策略。

II. **有關 Microsoft 是否會對採用 Android 系統之行動裝置製造商，收取高額的「Android 授權計畫」權利金，墊高採用 Android 系統之成本乙節，公平會經評估認為有此誘因，而產生市場封鎖效果**：Microsoft 自 99 年開始陸續與採用 Android 系統之行動裝置廠商簽訂「Android 授權計畫」，參加該授權計畫之國內行動裝置廠商合約期間約在 103 年起陸續屆滿而需重新議約。Microsoft 若採用提高「Android 授權計畫」權利金，墊高使用 Android 系統成本之策略，用以擴張 Windows Phone 安裝基礎，成功與否仍受限於另一個生態系統 Apple iOS 之競爭壓力，因行動裝置及行動作業系統受歡迎與否，最終仍是取決於消費者需求，而影響消費者選擇的重要因素之一，係應用軟體（apps）的數量、多樣性及豐

富程度。即使 Microsoft 以前述策略迫使裝置製造商放棄 Android 系統改用 Windows Phone，但因 Windows Phone 生態系統之應用軟體仍遠低於 Apple iOS 生態系統（iOS 及 Android 生態系統應用商店 apps 數量皆約 100 萬個，Windows Phone 生態系統僅 15 萬個），Microsoft 未必可以成功擴張安裝基礎進而獨占行動作業系統之市場。儘管如此，**結合後 Microsoft 將擁有自己的裝置製造部門，將降低對於其他行動裝置廠商之依賴程度，因此確實有提高「Android 授權計畫」權利金之誘因：一方面可增加行動裝置廠商採用 Android 系統的反誘因（disincentive），以鼓勵其改用 Windows Phone，拉近與另外兩個生態系統在規模上的差距；另一方面增加已決定採用 Android 系統裝置廠商權利金支出，以達到墊高（下游）競爭對手成本（raising rivals cost）之目的，最終將反映在更高的行動裝置售價上。**愛有必要要求 Microsoft 不得於與智慧型行動裝置相關之專利授權為不當之價格決定或差別待遇，妨礙智慧型行動裝置製造商自由選擇行動作業系統，以消除限制競爭之疑慮。

III. 有關 Microsoft 是否會利用 Exchange ActiveSync （EAS）通訊協定專利於智慧

型行動裝置與搭載 Microsoft Exchange
Server軟體之伺服器上郵件、聯絡人、行事
曆及代辦事項同步化之優勢，迫使採用
Android行動裝置製造商支付高額 EAS專利
權利金，或拒絕將 EAS 專利授權予採用
Android 行動作業系統之製造商，抑或藉由
限制其他行動裝置產品與 Exchange Server
整合性，損害其他行動裝置廠商之競爭力
乙節，經評估認為：雖然 EAS 協定功能廣
泛被行動裝置製造商採用，但據 Microsoft
表示EAS技術規格自97年即已經可以為公
眾免費取得，且 Microsoft 已廣泛提供 EAS
授權，所有的 Apple 裝置以及大約 80%現有
的 Android裝置都已經取得EAS專利授權。
前開授權均為長期契約，Microsoft 不能單
方面提高權利金。已有數家行動裝置製造
商與 Microsoft 單獨協商並簽署 EAS 專利
授權，EAS 可單獨授權，亦可包裹於
Microsoft 對 Android 廠商之「Android 授權
計畫」。況且，在 EAS 協定之外，還有其
他之通訊協定（如 POP3、IMAP 等）可支
援行動裝置與企業郵件伺服器之互通（接
收及瀏覽郵件），因此 Microsoft 於結合後
較無可能採行限制 EAS 授權之方式進行封
鎖，且透過要求 Microsoft 不得於與智慧型
行動裝置相關之專利授權為不當之價格決

定或差別待遇，妨礙智慧型行動裝置製造商自由選擇行動作業系統，亦可防範 Microsoft 藉由 EAS 授權或提高權利金之方式，傷害行動裝置製造商之競爭能力。

IV. 有關結合後 Nokia 仍保有主要行動裝置專利，但不從事行動裝置之生產製造，因無需擔心遭反訴其產品侵害他人專利權，亦不需要與行動裝置廠商交互授權，是否會更積極主張專利或提高權利金乙節，雖申報人主張歐盟執委會於審理本件結合過程中，亦有關係人表達 Nokia 將有誘因或能力積極的主張專利並收取高額權利金之疑慮，歐盟執委會則表示歐盟結合規則規定結合審查之範圍僅限於移轉的資產及受讓方之行為，對於讓與方如何利用其剩餘的資產，並不在結合審查之範圍。惟依照公平交易法第 6 條（現行法第 10 條）第 1 項規定：「本法所稱結合，謂事業有左列情形之一者：……三、受讓或承租他事業全部或主要部分之營業或財產者。……」公平交易法施行細則第 7 條（現行法第 8 條）規定：「本法第 11 條第 1 項之事業結合，由下列之事業向中央主管機關提出申報：一、與他事業合併、受讓或承租他事業之營業或財產、經常共同經營或受他事業委託經營者，為參與結合之事業。……」。

是以，**讓與事業既為公平交易法所稱之參**
與結合事業，讓與事業因系爭結合而使其
從事競爭活動之誘因及能力之改變，仍在
結合之「限制競爭不利益」或「整體經濟
利益」之審查範圍。因 Nokia 將行動裝置
及服務部門讓與 Microsoft 之後，將改變原
本行動裝置專利授權市場之均衡態勢，
Nokia 有可能對於使用其標準必要專利之行
動裝置廠商提高所收取之權利金，進而增
加行動裝置之生產成本與售價，而此亦屬
於結合所造成之限制競爭不利益之範圍。
<u>為避免 Nokia 於結合後對於標準必要專利</u>
<u>之授權政策改變，或將標準必要專利轉讓</u>
<u>予他事業，迴避權利金及授權條件必須符</u>
<u>合之「公平、合理且無差別待遇」</u>
<u>（FRAND）之規範，爰有必要要求 Nokia</u>
<u>對於標準必要專利之授權，應持續遵守公</u>
<u>平、合理及無差別待遇（FRAND）原則。</u>
<u>Nokia 若將標準必要專利讓與他事業，應確</u>
<u>保受讓事業於授權時遵守前述之原則。</u>

(4) 效率及其他經濟利益之評估：

I.　垂直結合確有提升效率之效果：

依照經濟學理論，垂直結合對於可將
因為上、下游事業各自定價（或產量、品
質等決策）對於交易相對人所產生之外部
性予以內部化，化解因倚賴市場交易所產

生之「交易成本」及「雙重邊際化」問
題，帶來價格降低及產量增加之正面效
果。Microsoft 與 Nokia 結合前雖已就行動
裝置業務進行合作，**據 Microsoft 表示，透**
過受讓 Nokia 裝置及服務部門後，
Microsoft 將取得 Nokia 在硬體設計、工
程、製造、供應鏈管理、需求預測與銷售
通路等方面之能力，而前開能力係
Microsoft 所欠缺且急需，藉由整合軟體及
硬體設計，改善成本結構、加速創新及統
一品牌與行銷，而具有明顯之綜效，而該
綜效僅能透過本結合始能實現。

　　據 Microsoft 推估與 Nokia 進行結合
後，產量於 104 年將增長約 100%，且可增
強電信業者、開發商及代工廠對於
Windows Phone 之信心。前述經由結合帶來
之效率提升程度雖尚難實際驗證，惟從先
前類似型態之 **Google** 與 **Motorola** 結合案後
續發展觀察，**Google** 之 **Android** 系統之市
場占有率從結合前（100 年）之 **40%至 50%**
成長至目前 **80%**，間接顯示在行動作業系
統及行動裝置產業中，垂直結合確有提升
效率之效果。行動作業系統供應商及行動
裝置製造商間垂直結合之效率利益，可經
由降低價格、提高品質、增加產出及促進
創新等形式，透過市場競爭過程，間接反

映在最終**消費者之利益**。

II. 行動作業系統具有「雙邊市場」（two-sided market）及「網路效應」（network effect）等典型網路經濟的特性。所謂雙邊市場係指事業同時透過平台滿足兩個互動組群需求，**不同的客戶組群透過平台完成彼此間的交易**，平台帶給其中一組客戶（如 apps 開發商）的效用或價值取決於另一組客戶基礎（customer base，如行動裝置使用者數量）或安裝基礎（installed base，如特定作業系統於行動裝置上的安裝比例）的規模，因此服務提供者必須同時吸引足夠數量且隸屬不同群組的客戶加入平台。結合前 Microsoft 之 Windows Phone 全球市場占有率僅約 3%，較難吸引 apps 開發商為 Windows Phone 使用者開發 apps，故其應用軟體商店之 apps 數量僅 15 萬個，僅為另兩個生態系統 apps 數量之 15%。結合後 Microsoft 如能順利擴張 Windows Phone 安裝基礎進而吸引足夠數量的 apps 開發商加入其陣營，而成為 Google 及 Apple 以外第 3 個生態系統，將有助促進生態系統間之競爭。

3. 綜上論結，公平會認為本案 Microsoft 與 Nokia 結合並無顯著改變相關市場之結構，亦無顯著減損相關市場之競爭程度，尚無依公平交易法第 12 條

（現行法第 13 條）第 1 項規定禁止其結合之必要，惟為確保整體經濟利益大於限制競爭之不利益，爰依公平交易法第 12 條（現行法第 13 條）第 2 項規定，附加負擔如決定內容。

上述案例可知，公平會在評估垂直結合市場封鎖效果時，主要衡量因素為參與結合事業之封鎖「能力」及封鎖「誘因」。本案中，公平會認為 Microsoft 若提高其原有「Android 授權計畫」權利金可能使行動裝置廠商改用 Windows Phone，故認為 Microsoft 有提高權利金的誘因。公平會亦認為 Nokia 可能轉型以專利權利金收入作為營收來源，有誘因對於使用其標準必要專利之行動裝置廠商提高權利金。

（二）法院之見解[331]：

Microsoft 與 Nokia 就公平會之處分所附加之負擔不服，循序提起行政救濟請求撤銷負擔。訴訟中，主要爭點之一為，**原處分附加之負擔是否違法？**

Microsoft 主張本結合案不存在涉及「與智慧型行動裝置相關之專利授權市場」之交易，公平會針對與本結合案無關之「智慧型行動裝置有關之專利授權市場」附加負擔，顯有重大違誤且不當擴張結合之審查範圍。Nokia 主張公平會對 Nokia 未讓與、且控制權亦未變動之營業與財產進行審查與管制，

---

[331] 臺北高等行政法院 103 年度訴字第 1858 號行政判決、臺北高等行政法院 103 年度訴字第 1874 號行政判決。

顯然逾越其於公平交易法下之權限。Nokia 更進一步主張其為「讓與營業及財產」之事業（賣方）而非「受讓營業及財產」之事業，Nokia 讓與營業及財產予 Microsoft 後，所餘事業財產或如何利用所餘事業財產，非本件結合案審查之對象。

惟 Microsoft 與 Nokia 上開主張，並未獲得法院採認。法院於判決中指出：

「（三）再查原告雖主張申報結合案中轉讓之財產部分之相關市場，不包含原處分負擔所示之專利市場；同時原處分負擔規範本件原告間結合交易契約以外之相關行動裝置及作業系統之專利，故原處分違法云云。然查：

1.本件原告間結合案中，有關訟爭行動裝置之主要製造廠商為臺灣、中國大陸及南韓，而行動裝置產業占我國出口比值甚高，詳如前述本院認定之事實。而現今生產製造行動裝置之廠商已經造成『微利』現況，因此生產行動裝置之必要相關專利之授權金只要有微調，即會影響廠商之可否獲利，若國內外之專利授權金不符合公平、合理、無差別待遇原則，甚且會影響國內製造商及與國外（特別是主要競爭對手中國大陸及南韓）廠商間競爭力問題，亦會造成限制競爭，因此原處分認為審查本件結合案之市場，應將專利授權市場納入等語，即屬有據。

(1)原告舉美國、歐盟等國家皆未將相關專利

授權市場納入評估為據，主張原處分違法云云，亦因前揭國家並非行動裝置主張之生產製造國家，而無法相提併論，因此原告此部分主張並無理由。

(2) 原告再舉原證 22 之專家意見書（陳志民副教授）支持其主張，然上開專家意見書提及『……公平會附負擔處分之學理依據，乃是一項在競爭法學理上仍在有高度爭議，且其運用有賴諸多市場條件配合理的理論。很遺憾的，公平會認定 Nokia 具策略性排除誘因的理由，非但不具明確的說明力，與維持競爭公平性最基本的「證據優勢」標準也有相當之差距。……』等語，似亦強調要運用『諸多市場條件』配合理，故可間接推論本件原處分將原告結合標的即行政裝置及行動作業系統，與生產製造行動裝置直接相關之專利授權市場納入，對公平競爭即有必要。

2. 又參照本院說明，在行動裝置與網路、雲端結合之市場，事業快速崛起及發展，大者恆大、強者恆強之過於集中的市場結構，考量結合，特別是垂直結合時，主管機關自應對事業競爭之重要資訊財產、相關之基礎專利，結合直接或間接可能不當提高市場參進門檻，可能削弱潛在競爭原可發揮的制衡功能及結合造成改變市場結構的『商業策略』

等說明，亦足證本件主管機關審查本件訟爭結合案時，因我國之產業結構是屬行動裝置產業之生產製造之一環，因此將行動裝置及行動作業系統之專利市場結構納入，始能正確評估。……另原告 Microsoft 受讓 Nokia 行動裝置與服務部門後，將擁有屬於自己的行動裝置製造部門，且其本身開發及授權用於行動裝置之 Windows Phone、Windows RT 等作業系統，及其擁有並授權使用於行動裝置之 EAS 通訊協定相關專利，及『Android 授權計畫』內所涵蓋之相關專利技術，亦屬本結合案之相關產品市場，因此原告主張被告原處分之訟爭負擔，將相關專利市場一併考量違法云云，亦有誤會，而不足採。

3. 再查行為時公平交易法第 6 條第 1 項第 3 款之結合型態，參與結合事業即為『受讓事業』及『讓與事業』，且據行為時公平交易法施行細則第 7 條第 1 項規定，於該款結合型態下，『受讓事業』及『讓與事業』均負有申報義務，被告依法可對本件結合事業即原告進行結合審查；前開公平交易法第 6 條第 1 項第 3 款所稱『主要部分』之營業或財產之認定方式，僅作為判斷事業間營業或財產之轉讓，是否合致公平交易法事業結合之定義，而非界定結合審查對象或範圍；且本件原告審查時計算參與結合事業之銷售金額，係以

參與結合事業之全部銷售金額為準據，並不區隔『讓與』或『未讓與』財產所產生之銷售金額。且儘管原告 Nokia 結合後，將裝置及服務部門之業務及資產讓與 Microsoft，惟原告 Nokia 亦無需面對其原本於專利授權市場中所面臨的競爭壓力，故較結合前有更大的誘因及能力提高權利金或拒絕授權，而本件系爭負擔既在於防範市場力的集中造成實質減損競爭之情形，<u>則原告間因結合而使其從事競爭活動或誘因之改變，當然屬於結合審查之範圍</u>。因此被告之結合審查並無違背競爭法學理及原則，更無逾越公平交易法所賦予之權限，原告所舉之前開專家意見，亦未直接否定被告之審查。

4. 參照本院前開法律見解（即理由六（一）2 所示），本件原告結合前在行動裝置及行動作業系統上，均曾經或現在仍具主宰地位之國際事業，而主管機關審查此類結合案時，本質上即屬對相關市場『未來可能變化的「預測」』，該預測受限於申請合當事人申報內容之真實程度，主管機關本身在搜尋相關市場資訊時之主客觀條件等限制，及對『無形資產』、『資訊分析及掌握評估及利用』（按即大數據觀念）『動態』市場競爭的價值等，本即充滿了不確定性與主觀色彩；同時亦如同本件申請結合案之原告，對本件簽

立契約後，能否達到預期之經營利益亦具極大之商業風險，因此被告審查本件結合案時，綜合各項事證後，附加行為面之矯正措施（即原處分之訟爭負擔）後准予結合，參照上開說明，本未違法。且參照上開說明，有關結合後，原告是否會增加控制價格之市場能力，在變幻莫測之市場下，本即無法提出明確證據，因此原告誤解結合案審查本質上，為對相關市場『未來可能變化的「預測」』，認原處分未提出原告可能調整價格而違反差別待遇之證據，以『臆測』方式作成原處分云云，亦對事實及法律有誤會，而不足採。

5. 按行動裝置具備獨立的行動作業系統，可透過安裝應用軟體、遊戲等程式來擴充功能或運算能力，行動裝置作業系統為管理行動裝置之硬體及軟體之程式，以確保行動裝置之運作。行動裝置或行動作業系統尚須使用相關的專利技術，部分係屬於『標準必要專利』。因此原告 Nokia 雖主張其所有『標準必要專利』非本結合案之相關市場且本案對市場並無重大之影響，原處分負擔無合理必要關聯云云，並不足採。

(1) 所謂『標準必要專利』，依據歐洲電信標準協會（下稱 ETSI）智慧財產權政策之定義：『適用於智慧財產權的「必要」是指

在技術（但不是商業）基礎上，考慮到一般技術實踐和在標準化時一般可用的技術發展水準，不可能在符合標準且不侵犯該智慧財產權的情況下去製造、銷售、租借或者處置、修理、使用或者運行裝置或方法。為了避免在特殊情況中某個標準只能由技術解決方法實行的疑慮，所有這些都是對智慧財產權的侵犯，所有這些智慧財產權都應當被認為是「必要」。』另標準制定組織（Standard Setting Organization，下稱 SSOs）根據技術性能和其他相關因素促進技術之標準化，一般會在他們的管理規則中要求其成員應當在標準被接受前提前披露所有相關的智慧財產權，或者承諾在『公平、合理和無差別待遇條件下』（Fair, Reasonable and Non-Discriminatory，即所稱 FRAND）授權任何與標準相關的智慧財產權。原告 Nokia 擁有眾多與 GSM、UMTS、CDMA、Wi Max、LTE 等第 2 代、第 3 代及第 4 代行動通信標準及 WiFi、NFC 等標準相關之無線通信專利之『標準必要專利』，而目前國內多家行動裝置廠商如宏達電、廣達、奇美及宏碁等，因使用原告 Nokia 之專利組合，已與原告簽訂專利授權契約，並依生產行動裝置之數量支付每部裝置售價一定百分比之權利金予

原告 Nokia。

(2) 次查上開原告 Nokia 擁有上開『標準必要專利』，對國內行動裝置廠商而言為不可或缺之投入要素，在結合前因原告擁有自己之行動裝置業務，各家行動裝置廠商間相互牽制而形成『相互確保毀滅』之均衡態勢。然結合後，原本制衡原告之競爭壓力已不復存在，原告於結合後是否改變專利授權政策及權利金之收取標準等議題，均為『結合特有』（merger-specific）之反競爭疑慮，故在『行動作業系統』、『行動裝置』之外，『與行動作業系統及行動裝置有關之專利授權』核屬本案之相關產品市場，並非無據。

(3) 上開原告 Nokia 擁有行動裝置有關之專利即標準必要專利（及行動作業系統有關之專利授權）中，將增加控制價格能力，對該市場有重大影響：①原告擁有上開眾多『標準必要專利』在行動裝置中，目前尚無其他在功能上可替代之專利技術，故『與行動作業系統及行動裝置有關之專利授權市場』，有相當顯著之市場力。而經濟部技術處產業技術知識服務計畫辦公室『智網』網站上所刊載之產業分析：『……Nokia 雖擁有大量的行動通訊相關之標準必要專利，過去策略上這些專利多

用於抵禦裝置製造產業的競爭者，作為與其他公司進行專利授權協議時的籌碼，少直接以取得授權費用收入為目的。然而，近幾年 Nokia 陸續對其他終端業者進行專利訴訟，Nokia 將其裝置及服務事業部門售於 Microsoft 後，少了裝置事業的包袱 Nokia 亦宣布未來將轉而把這些專利授權其他廠商來取得新的營收來源，目前 Nokia 將可能以售價之 2%為基準來做為基本專利收費標準。因此可預見的是，未來 Nokia 將可能持續對於其他裝置業者發動專利訴訟以迫使裝置製造業者與其達成授權協議』、『2014 年 1 月為止所累積之美國專利獲證數量來看……Nokia 有 11,096 件（其中有 1,700 多件為行動通訊相關之標準必要專利），相較於此，累計我國業者聯發科握有 1598 件、HTC 有 521 件……專利授權費用所帶來的成本支出仍是業者在進軍國際市場同時維持低價策略的挑戰。』顯示原告在『與行動作業系統及行動裝置有關之專利授權市場』不僅具有相當顯著之市場力，結合後亦可能轉型以專利權利金收入作為營收來源。②結合後原告因無需面對原本在專利授權市場中之競爭壓力，故較結合前有更大的誘因及能力提高權利金或拒絕授權，原告在專利授權

市場中，將擁有更大的控制價格能力。尤其近年行動裝置市場競爭激烈，行動裝置廠商毛利微薄，倘原告提高專利授權之權利金，將立即影響行動裝置之售價及消費者利益，增加反競爭效果之風險，而該風險與本結合具有直接關聯，故原處分附加『Nokia 對於標準必要專利之授權，應持續遵守公平、合理及無差別待遇（FRAND）原則。Nokia 若將標準必要專利讓與他事業，應確保受讓事業於授權時遵守前述之原則。』之負擔，與『確保本結合之整體經濟利益大於限制競爭之不利益』之行政目的間，具有合理正當之關聯性。③再按如前述被告審查本件結合案時，本即是對市場未來變化的預測，無論是法院、競爭法主管機關，均無法較市場參與者更了解市場未來變化，甚且業者本身亦無法完全掌控。因此國際間競爭法主管機關於審查結合案時，亦均會特別徵詢市場參與者（交易相對人或競爭者）之看法。被告於審查本案過程中，已考慮過原告之競爭對手，可能會出於為阻止渠等結合之目的，策略性地作出偏頗、不客觀之陳述，同時被告又廣泛徵詢國內行動裝置廠商，亦即交易相對人之意見，並對於所有受訪者提出之疑慮和建議結合補救內

容，被告亦均逐一詳細分析及評估，並充
分予以審酌。其中原告 Nokia 指稱國內第
三方廠商有樂見本結合，卻遭被告蓄意忽
視云云乙節，然查原告所指第三方廠商之
商業模式係純粹『代工生產』，專利權利
金係由委託人負擔，且在座談會時與會廠
商均提出結合後可能影響原告既有專利授
權政策之疑慮，況且，在本案決定書第 8
頁至第 10 頁亦對本案所能產生之效率及其
他經濟利益加以評估，故並無原告所稱對
於原告有利事項不予注意之情形。

(4) 再查原告 Nokia 早經承諾本件結合案有關
之『標準必要專利』會遵循前開無差別待
遇即 FRAND 原則，再參照前開本院有關
ICN 歸納之行為面矯正措施之目的及功能
法律見解（即理由六（一）5、(2)所示，
及附加負擔目的與功能可大致區分為：①
『以智財為基礎』。②『促進水平競
爭』。③『控制結果』。），本件原告既
已承諾遵循無差別待遇即FRAND原則，原
處分負擔即已為原告承諾，核亦未違法。
又本件原告 Nokia 對『標準必要專利』就
目前言，為極大之影響能力，故被告原處
分認為原告上開專利縱然移轉時，亦應確
保受讓事業於授權時遵守前開無差別待遇
即 FRAND 原則，亦應敘明。」

　　另補充說明的是，公平會對本結合案為「附加負擔而不禁止結合」之處分，Microsoft及Nokia主張負擔性質上獨立於原處分，且原處分違法增加負擔，僅單獨訴請撤銷負擔，而不欲連同「不予禁止結合之處分」一併被撤銷。惟此主張未獲法院認同，法院於判決中表明：

「原告雖主張原處分違法增加負擔，性質上亦屬獨立之行政處分，故可獨立撤銷云云。然如前述本院法律見解，公平交易法自91年間修法增列行為時第12條第2項規定時，即已考慮知識及產業經濟特性，致結合案相關連項目及產業甚廣且愈來愈複雜，能精確評估結合競爭效果的困難度增加，及從原『許可／不異議』或『禁止』的審理結果外，採取與世界競爭法主要國家相同之立法方式，於審查結合案附加『結構面』或『行為面』之『矯正措施』，作為其不禁止結合的條件或負擔（即條文規定『得附加條件或負擔』），因此原告主張本件訟爭負擔可獨立於原處分（准許結合部分）云云，即與本院前開見解不符，核無足採。」

案例 17：外國私募基金 KKR／榮化公司案（多角化結合）

✳案件事實

　　私募股權基金 KKR 公司之子公司 Carlton 公司，透過楷榮公司收購李長榮化學工業股份有限公司全部股份，本案完成後，KKR 公司成為榮化公司最大股東並持有控制權，將與 Karlton Investment Limited 共同經營榮化公司，合致公平交易法第 10 條第 1 項第 2 款、第 4 款及第 5 款規定之結合型態。

　　又 106 年榮化公司之「熱可塑性橡膠（TPE）」、「異丙醇」、「異戊四醇」、「多聚甲醛」等產品於我國市占率超過 1/4，合致公平交易法第 11 條第 1 項第 2 款之申報門檻，依法提出事業結合申報[332]。

📝 案例分析

（一）公平會之決議及理由

　　　　公平會依「對於結合申報案件之處理原則」第 12 點綜合評估，認本結合案不具有顯著限制競爭疑慮，依同處理原則第 6 點第 2 項規定，得逕認其結合之整體經濟利益大於限制競爭之不利益，爰依公平

---

[332] 有關美商 KKR & Co. Inc.、盧森堡商 Carlton (Luxembourg)Holdings S.à.r.l.、楷榮股份有限公司及李長榮化學工業股份有限公司結合案，公平交易委員會委員會議決議不禁止結合決議書。
https://www.ftc.gov.tw/uploadDecision/bf2cfb38-3e34-4016-b24e-076ef5dc761e.pdf

法第 13 條第 1 項規定，不禁止結合，亦不發縮短書面通知予申報事業。

而公平會之理由是：

1. 本案屬多角化結合：

KKR 公司及李榮化工公司產品在全球及我國並無水平重疊，且無上下游之垂直關係，故本案屬多角化結合。公平會於判斷多角化結合是否具有重要潛在競爭可能性時，依「公平交易委員會對於結合申報案件之處理原則」第 12 點第 1 項規定，得考量下列因素：

* 法令管制改變之可能性及對參與結合事業跨業經營之影響。
* 技術進步使參與結合事業跨業經營之可能性。
* 參與結合事業原有跨業發展計畫。
* 其他影響重要潛在競爭可能性之因素。

2. 是否具有重要潛在競爭可能性之審查如下：

(1) 法令管制改變之可能性及對參與結合事業跨業經營之影響：

查 KKR 公司係一全球投資公司，於我國之子公司主要產品為真空系統、貨櫃、製作螺絲工具之素材、電力工具及軟體授權服務；李長榮化工公司主要產品為「熱可塑性橡膠（TPE）」、「異丙醇」、「異戊四醇」、「多聚甲醛」。前揭產品並無相關法令管制限制，故對參與結合事業或其他事業從事跨業經營尚不會產生影響。

(2) 技術進步使參與結合事業跨業經營之可能性：

按 KKR 公司子公司所投資之主要產品品項與李長榮化工公司所經營之石化產業，相關技術發展已臻成熟，故相關技術的進步與發展應不會對參與結合事業或其他事業跨業經營前揭產品產生困難。

(3) 參與結合事業原有跨業發展計畫：

除本案外，KKR 公司並無參與我國「熱可塑性橡膠（TPE）」等產品市場之計畫，李長榮化工公司亦無參進 KKR 公司所生產或銷售真空系統等產品之計畫。

(4) 其他影響重要潛在競爭可能性之因素：

本案完成後，「熱可塑性橡膠（TPE）」等產品市場結構並未改變，KKR 公司及李長榮化工公司仍將面臨全球及我國相關產品業者激烈競爭，必須在市場上以較有利之價格、數量、品質、服務或其他條件，爭取交易機會。另我國「熱可塑性橡膠（TPE）」屬中度集中市場；「異丙醇」、「異戊四醇」及「多聚甲醛」屬高度集中市場，然參與結合事業彼此間並無水平競爭及上下游關係，結合後市場結構及集中度並未改變。且參與結合事業所涉產品並無其他法令、資本額、原材料取得來源及關稅障礙等市場進出限制，故本案對相關產品市場尚無限制競爭之疑慮。

（二）魏杏芳委員協同意見書（節錄）

1. 私募股權基金（private equity）與收購標的公司之關係，宜再深入詳為調查。

　　私募股權基金的收購通常鮮少引起競爭疑慮，概因私募股權基金與擬收購的標的公司間，甚少有實質業務重疊的情況，公平會就本案按審查密度較低的多角化結合進行檢視，理由即在此。然而私募股權基金的目的在於財務性投資，為基金投資人或合夥人找尋最適合的投資標的，追求最理想的報酬，而不在永續經營基金集團內的事業；私募股權基金就其收購的投資組合公司，終將再以首次公開發行、出售或其他方式獲利回本，這是私募股權基金收購的本質。從而就與私募股權基金有關的結合案，主管機關的審查邏輯與脈絡雖然原則上與一般結合案並無實質上差異，仍按既有的規則進行，**但隨著私募股權基金所關聯或控制的投資組合公司營業活動範圍日益擴大，對於私募股權基金結合案，從競爭政策的觀點，競爭機關有必要另作特殊考量**。此時競爭主管機關所應關注並確認者，是作為收購方的私募股權基金旗下各投資組合公司與標的公司之間的水平或垂直關係，進而依據水平結合或垂直結合的不同態樣及相關規則，判斷在收購當時、將來獲利再出售或內部結構調整時，對市場競爭可能帶來的影響。以 KKR 這樣的大型全球投資公司，它旗下擁有數個私募基金，各基金又控制多個投資組合公司，例如此次 KKR 收購榮化，就是

由 KKR 旗下亞洲第三資金（Asia Found III）為本案進行換股的交易，**因此公平會審查 KKR／榮化案時，KKR 應提出完整的組織關係圖（mapping），以呈現任何潛在的水平或垂直關係，供公平會審酌，而不是只簡易呈現結合前後該集團在臺灣境內的狀態，如此一來公平會始可能作成合理而有意義的判斷**，可惜公平會在審查時並未注意及此。

由申報資料顯示，參與結合事業 KKR 單方宣稱其為全球投資公司，強調它在我國與其擬收購的榮化公司沒有任何水平或垂直連結關係；KKR 並表示為利本會審查，自行提出榮化公司 4 項市占率超過 1/4 的產品（熱可塑性橡膠、異丙醇、異戊四醇、多聚甲醛），以及 KKR 之投資組合公司在臺灣銷售金額前五大之產品相關資料，供公平會審查。然而 KKR 的投資組合公司在台設有 5 家子公司，KKR 並提供各該子公司的名稱及營業收入等資料，但上述所謂 KKR 在臺灣市場銷售金額前 5 大的產品，卻有 3 項是由其他 KKR 控制的投資組合公司製造並自外國進口銷售，形成集團內部的交易，非全部由 KKR 在臺子公司製造銷售，故參與結合的各個事業所提供的主要產品、在臺子公司或銷售狀況等資料，由形式上觀察顯然風馬牛不相及，實無競爭疑慮之可言，如果僅僅以這些資料作為審查的基礎，根本談不上有任何實質意義的審查，因此在行政作業上似乎只要採簡化作

業程序審查即可。但公平會既然覺得本案應採一般作業程序審查，卻又未要求 KKR 進一步提供其整體投資組合公司營業活動領域及其概況，供公平會確認 KKR 內部各基金及各投資組合公司與榮化公司之間沒有任何可能的水平或垂直關係，依舊以參與結合事業所提供的上述資料，據以衡酌是否有重要潛在競爭可能性，遂依結合處理原則第 12 點第 1 項所定多角化結合的考量因素，行禮如儀地逐項加以說明，可想而知，每項考量因素盤點的結果，都是不會產生任何限制競爭疑慮，使 KKR ／榮化案不禁止結合決議書的研析內容，形同贅（廢）文。

　　以歐盟的實務為例，倘同一私募股權基金公司旗下的兩個基金，其中一基金擬收購的標的公司，其業務活動所在的市場，與另一基金所控制的投資組合公司業務活動的市場相同，執委會即依據水平結合的規則進行審查。執委會拒絕各該收購標的及投資組合公司是由不同投資人控制及管理營運的主張，也不接受在進行結合評估時各該公司的市場占有率不應合併計算的說法；換言之，歐盟執委會認為，凡在同一基金公司之下的所有投資組合公司，只要在同一市場有營業活動，就競爭評估的目的而言，都應視為同一事業；基金公司未來是否有進一步整合各該公司的計劃，是否維持獨立營運或品牌等，都與結合審查的考量沒有關聯。事實上，私募股權基金在收

購結合後，將來在同一基金公司旗下不同基金所控制的投資組合公司之間進行的任何合作，很可能因為已納入同一公司集團，集團間成員的交易，得豁免於禁止違法水平聯合規範的適用，因此在許可私募股權基金結合之初，競爭機關採取較寬鬆的市場界定以及較嚴格的審查標準，實有其必要。

另外就私募股權基金收購可能產生的垂直限制競爭疑慮，歐盟則是採取擴大取得資訊嚴謹審查的模式，以評估基金收購後對市場的影響；執委會不僅檢視標的公司與投資組合公司之間實際的垂直關係，同時也注意各該公司間潛在的垂直關係。歐盟結合申報書（Form CO）第 6.3 點有關「受影響市場」（Affected Markets）的說明指出，在填具所謂垂直關係中受影響的市場，其定義包括「不論參與結合事業之間是否已經或沒有任何既存的供應商與客戶關係存在」，都屬於應提供相關市場資料的範圍，例如只要參與結合之一方在他方事業的上游市場營業而其市場占有率超過 30%，所謂垂直的關係就已形成，各該上游與下游市場都屬於該結合申報案的「受影響市場」而有填報的必要，俾利執委會的審查。不過在私募股權基金涵概範疇日漸擴大的情況下，類似歐盟這樣垂直關係的定義，申報事業必須揭露的資訊甚多，極可能導致案件的審查延宕而冗長，因此歐盟在實務上也就個案之不同，發展出

快速篩選的檢查模式。例如執委會當然較重視實
際的垂直關係，因此通常會排除潛在垂直關係有
封鎖效果的可能；就算有實際的垂直關係存在，
執委會將進一步檢視該結合集中的結果，是否會
改變公司許可第三人取得重要生產投入的誘因，
而且所謂的生產投入，必須是指對下游事業的產
出具有關鍵性（critical to downstream company）的
投入；此外，執委會也運用「微小（de minimis）
原則」或不具有未來發展性的理由，較快速處理
垂直關係的個案。

由處理本 KKR／榮化案的經驗可知，公平會
日後面對私募股權基金的收購合併案時，雖大致
上仍得依據結合案件處理原則的架構進行審查，
但就參與結合的私募股權基金應提出的資料內
容，應要求以該私募基金公司的整體，包括旗下
各基金及其投資組合公司的資訊，完整而充足的
提出以供公平會作成判斷。

2. 涉及私募股權基金的合併案（尤以外國私募股權
基金收購我國重要企業之案件），就「整體經濟
利益大於限制競爭不利益」的考量應有所調整。

依結合處理原則第 6 點規定，無論是水平、垂
直或多角化結合，經依相關考量因素檢視後，
「倘不具有顯著限制競爭疑慮，得認其結合之整
體經濟利益大於限制競爭之不利益；若具有顯著
限制競爭疑慮，則進一步衡量整體經濟利益，以
評估其結合之整體經濟利益是否大於限制競爭之

不利益。」（第 6 點第 2 項）但協同意見書認為，就 KKR ／榮化案，無論對是否有顯著競爭疑慮這個要件的認定結果為何，本結合對我國整體經濟利益的影響，都有重新認識及評估的必要，蓋榮化公司位居我國石化產業的重要地位，其所生產的熱可塑性橡膠、異丙醇、異戊四醇等化工原料，在我國都是最大的生產廠商，該等化工原料尤其是熱可塑性橡膠，更是生產廣泛運用的各類橡膠產品的重要投入，從產業關聯程度及產業供應鏈的觀點，榮化公司的產品及產值於我國都具有實質的重要性。然據 KKR ／榮化案收購方 KKR 的規劃，在本案收購完成後，榮化公司將下市，如此一來不僅我國資本市場的規模縮小，結合完成後的榮化公司將成為大部分由外資持有的非公開發行公司，屆時榮化公司受主管機關監督的強度勢必較小，公司營運與發展策略等議題也沒有對外說明或溝通的必要，雖然收購方宣稱在下市後數年將再上市，但榮化公司在重新上市之前，畢竟仍完全受 KKR 集團的控制，誠如 KKR 在結合申報書裡所述，本結合「表彰了符合其投資策略的投資機會」，就算榮化公司藉此結合引進擁有經驗及資源的第三方，以優化其管理營運及資本投資，從 KKR 的角度而言，榮化公司的任何改善，都是為了實現其在大中華地區的銷售而獲利，為其客戶帶來效益。這就是私募股權基金的本質，其投資買賣與我國整體經濟利益其實是沒

什麼關聯的，因此在 KKR 控制榮化公司的期間（無人知道哪一年可以真正重新上市，或是否會真的再上市），我國石化產業上下游供應鏈的完整性如何，著實令人憂慮。公平會應至少意識到此問題，在參酌產業目的事業主管機關意見（結合處理原則第 15 點參照）後進行評估，並且視情況採取必要的措施（例如附加妥適的負擔），確保榮化公司在管理、技術、資金或市場等各方面的改進或提昇確實到位，真正有助於我國整體經濟利益的實現。

國家圖書館出版品預行編目(CIP) 資料

公平交易法釋義. 一, 限制競爭篇/范建得著. -- 初
版. -- 臺北市：元華文創股份有限公司，2024.11
面； 公分

ISBN 978-957-711-402-0 (平裝)

1.CST: 公平交易法

553.433　　　　　　　　　　　113013445

公平交易法釋義(一)：限制競爭篇

范建得　著

發 行 人：賴洋助
出 版 者：元華文創股份有限公司
聯絡地址：100 臺北市中正區重慶南路二段 51 號 5 樓
公司地址：新竹縣竹北市台元一街 8 號 5 樓之 7
電　　話：(02) 2351-1607　　傳　真：(02) 2351-1549
網　　址：www.eculture.com.tw
E - m a i l：service@eculture.com.tw
主　　編：李欣芳
責任編輯：立欣
行銷業務：林宜萱
出版年月：2024 年 11 月 初版
定　　價：新臺幣 630 元

ISBN：978-957-711-402-0 (平裝)

總經銷：聯合發行股份有限公司
地　　址：231 新北市新店區寶橋路 235 巷 6 弄 6 號 4F
電　　話：(02)2917-8022　　傳　真：(02)2915-6275